亏损价值论

KUISUN JIAZHILUN

杜 勇 著

中国农业出版社

图书在版编目（CIP）数据

亏损价值论 / 杜勇著 .—北京：中国农业出版社，2013.9

ISBN 978-7-109-18262-2

Ⅰ.①亏… Ⅱ.①杜… Ⅲ.①上市公司-亏损-研究-中国 Ⅳ.①F279.246

中国版本图书馆 CIP 数据核字（2013）第 199396 号

中国农业出版社出版

（北京市朝阳区农展馆北路 2 号）

（邮政编码 100125）

责任编辑 刘明昌

中国农业出版社印刷厂印刷 新华书店北京发行所发行

2013 年 9 月第 1 版 2013 年 9 月北京第 1 次印刷

开本：850mm×1168mm 1/32 印张：8.5

字数：226 千字

定价：30.00 元

本书得到中国博士后第四十七批科学基金面上项目、教育部人文社科研究项目（11YJC630243、12YJC630010）等项目的资助，同时也是教育部人文社科研究项目“投资者预期、亏损逆转性与负权益亏损公司价值”（13YJC630027）、中央高校基本科研业务费专项资金重点项目“中国上市公司亏损逆转的驱动因素及其路径研究”（SWU1309116）及一般项目“基于模糊数学的高校教育经费支出绩效评价指标体系研究”（SWU1309202）的阶段性研究成果。

序　言

本书首先在对国内外相关研究进行梳理和国内制度背景分析的基础上，分别从财务行为目标、财务行为主体、财务行为客体、财务行为环境、财务行为方式和财务行为结果等方面对当前中国亏损上市公司的财务行为特征进行了较为深入地分析和探讨，以为合理评估亏损上市公司的财务价值奠定良好的理论基础。然后，分别研究了公司治理特征、债务融资行为、盈余管理行为以及资产重组行为对亏损上市公司财务价值的影响。

实证结果表明：

(1) 在公司治理特征要素中，第一大股东持股、控制权市场对亏损上市公司财务价值存在明显的正面影响；国有股比例等公司治理要素均对亏损上市公司财务价值存在明显的负面影响，管理层持股、独立董事比例、董事会规模、审计意见类型等公司治理要素均对亏损上市公司财务价值无明显影响。

(2) 债务融资期限结构对亏损上市公司的财务价值同时存在侵害和治理两种效应，并且随着流动负债比例的增加，亏损上市公司的财务价值表现出先升后降的趋势；从债务融资方式来看，银行借款的债务融资方式对亏损上市公司的财务价值也同时存在侵害效应和治理效应，但利用商业信用和临时性占用款进行债务融资的方式对亏损上市公司财务价值产生明显的反向驱动效应；债务融资规模对亏损上市公司的财务价值也同时存在正向和反向两种驱动效应，同样，随着负债比率的增加，亏损上市公司的财务价值也表现出先升后降的趋势。

(3) 绝大多数亏损上市公司在亏损当年会发生负向盈余管理行为，而且其盈余管理方向和幅度对亏损上市公司的财务价值均具有显著的正向驱动效应；分组样本检验发现，负向盈余管理幅度对亏损上市公司财务价值的驱动效应明显高于正向盈余管理幅度，在盈余管理途径的选择上，负向盈余管理样本组更倾向于通过操控营业成本、公允价值变动损益、资产减值损失等项目来达到盈余管理的目的；而正向盈余管理组则更倾向于通过操控财务费用、投资收益等项目来实现盈余管理的目的。

(4) 资产重组对亏损上市公司产生的财务价值驱动效应不仅受到资产重组方式、重组频率以及重组幅度等反映资产重组行为自身特征的因素影响，还会受到重组对象（即亏损上市公司）之间的亏损异质性影响，即：不同类型的资产重组行为对同一类重组对象会产生不同的财务价值驱动效应，同一种资产重组行为对不同类型的重组对象也会产生不同的财务价值驱动效应。

本书的创新之处在于：

（1）本书基于公司治理和财务行为的视角对中国亏损上市公司的财务价值驱动因素进行研究具有一定的创新性。现有的国内外专门针对亏损上市公司价值驱动因素研究的文献并不多，鲜有的研究主要围绕研发支出、销售收入、现金流量等因素展开分析，本书则重点分析了公司治理特征、债务融资行为、资产重组行为对公司价值的影响。

（2）本书基于行为要素的六个方面对中国亏损上市公司的财务行为特征进行全面分析和总结具有一定的创新性。以前的学者们很少单独对亏损上市公司的财务行为特征进行分析，更多的是在分析上市公司的财务行为时将亏损类公司作为异常样本删去，或者与盈利上市公司混合在一起进行研究，没有考虑到亏损公司与盈利公司在财务行为上的差异。

（3）本书基于亏损异质性就同一种资产重组行为对不同类型的重组对象产生的价值驱动效应进行研究具有一定的创新性。以前学者的研究更多的是分析重组发生与否对亏损上市公司价值的影响，而本书不仅研究了资产重组方式、重组频率以及重组幅度等特征要素对亏损上市公司财务价值的影响，而且还考虑到重组对象之间的亏损异质性。

Preface

This book is based on the perspective of financial management, and analyzes and discusses in-depth the features of financial behavior of Loss listed companies in China from the objectives of financial behavior, financial actors, the object of financial behavior, the environmental of financial behavior, the method of financial behavior and the results of financial behavior respectively. Its aim is to lay a good theoretical basis for a more reasonable assessment of financial value of loss listed companies. This book studies the drive path and the driving mechanism of the three characteristics of the behavior of debt financing, including debt financing term, debt financing and debt financing scale, to financial value of the loss listed companies.

The empirical results presented in the thesis can be summarized as follows.

(1) The driving effects of the maturity structure of debt financing on the financial value of the loss listed companies includes two aspects: against and governance the financial value, and with the increase of the proportion of current liabilities, the financial value of the loss listed companies show the trend of increasing first and then decreasing. On the way of debt financing, the driving effects of banks financing on the loan on the financial value of the loss listed companies includes two aspects: against and governance the financial value, but the use of commercial credit

and money for temporary occupation on debt financing have obvious reverse drive effect of the financial value of loss listed companies. The driving effects of the size of debt financing on listed companies of the losses financial value also include against and for effects, and the same as the debt ratio increases, the financial value of the loss listed companies also showed a trend of increasing first and then decreasing.

(2) The book combines the background of Chinese system, theoretically derivates the relationship between corporate governance and their financial value and study how the level of corporate governance affect the value of listed company losses. Research results show that, In the corporate governance factors, the largest shareholder and the market of control power have obvious positive effects on the financial value of loss listed company; the proportion of state-owned shares, the type of audit opinion and corporate governance factors have obvious negative effects on the financial value of loss listed company; managerial ownership, the proportion of independent directors, the size of the board have no obvious driving effects on the financial value of loss listed company.

(3) This book shows that the vast majority of the loss listed companies occurs the behavior of negative earnings management, and its direction and magnitude of earnings management have a significant positive driving effect on the financial value of the loss companies. The test for grouped samples finds that the driving effect on the financial value of the loss companies from the magnitude of the negative earnings management significantly higher than the driving effect of the magnitude of positive earnings management. In the choice of the approach to earnings management,

the sample group of negative earnings management is more inclined to control operating costs, the changes in fair values and the impairment losses of assets to achieve the purpose of earnings management. The sample group of positive earnings management is more inclined to manipulate the financial expenditures and investment income to achieve the purpose of earnings management.

(4) The book compares in depth and analyzed the different types of loss listed company's financial value-driven effects produced in different types of asset restructuring from a new perspective of loss heterogeneity. The study found, the financial value-driven effects produced in the asset restructuring were influenced not only by the approach, the frequency and the range of the reorganization but also the loss heterogeneity between the objects of the reorganization (ie, the loss listed companies) . Namely, the different types of asset restructuring behavior will produce different effects of the financial value drivers on the same type of restructuring objects, and the same behavior of asset restructuring will produce different effects of the financial value drivers on different types of the restructuring objects.

The innovation of this book includes:

(1) The book has certain innovation on studying driving factors of loss listed companies in China based on corporate governance and financial behavior perspective. There is a little literature about value driving factors of loss listed company existing domestic and foreign research. Few studies mainly focus on R & D, sales revenue and cash flow analysis. This book focuses on the analysis of the impact on company value from the characteristics of corporate governance, debt financing and asset recombines behavior.

(2) The book has certain innovation on undertaking

comprehensive analysis and summary loss listed company ' s financial behavior characteristic based on the six aspects of the elements of behavior. The previous scholars rarely analyze the characteristic of financial behavior of loss listed companies, and they always conside loss companies as abnormal samples and delete them from listed companies or mixed loss companies with profit companies together, do not take into account differences in the financial behavioral between loss companies and profit companies.

(3) The book has certain innovation on studying the value driving effect of the same kind of asset reorganization on different types of objects based on loss heterogeneity. The previous academic research more analyze the influence of the occurring of asset recombination to the value of loss listed company. This book not only researches the value driving effect of the characteristic elements including the way of assets restructuring, the frequency of reorganization and the amplitude of restructuring financial value influence, but also considers the loss heterogeneity among different objects.

目　录

1 绪 论

1.1 研究背景和意义

1.1.1 研究背景

在知识经济时代，公司所处的经营环境日趋复杂化、动荡化，这使得那些业绩较好的优质上市公司也难免陷入财务困境。事实上，上市公司年报中披露亏损的原因及其特征也日益多样化，这使得上市公司的亏损问题成为财务理论界探讨的一个热点。据上证报资讯统计，2010 年 2 089 家上市公司总计实现营业收入 171 309 亿元，归属于上市公司股东净利润 16 396 亿元，同比分别增长 34%、37%。其中，1 430 家公司业绩实现同比增长、144 家扭亏，二者合计所占比例达 75%；102 家公司期末依旧为亏损，亏损面为 4.9%[①]。中国证监会 2009 年 5 月 20 日通报 2008 年国内上市公司年报披露情况。相比 2007 年，沪深两市 1 624 家上市公司 2008 年的亏损面积扩大了近 8 个百分点，资产减值损失同比增加了 250%。截至 2009 年 4 月 30 日，1 624 家境内上市公司均如期披露了 2008 年年度财务书。据统计，1 624 家上市公司实现净利润数为 8 208 亿元，比上年减少 16.82%。其中，254 家上市公司亏损，与 2007 年相比亏损面扩大了 7.99%[②]。一旦上市公司陷入亏损状态，特别是那些已经被 ST 的上市公司，如果不能在短时期内实现扭亏为盈，就将面临退市的风险。因此，许多亏损上市公

---

① http：//www.cnfol.com，2011－04－29，中金在线/股票编辑部。

② http：//www.sina.com.cn，2009－05－20，《东方早报》。

司在自身经营难以好转的情况下，实施了资产重组等行为。对它们而言，资产重组或许是帮助其扭转业绩、起死回生的有效手段。然而，亏损上市公司在亏损当年发生的资产重组行为会给亏损上市公司在亏损当年和亏损以后年度的财务价值带来影响吗？如果会，是正面还是负面影响呢？其驱动机理又是怎样的呢？此外，许多亏损上市公司都有较高的负债比率，即它们都发生了债务融资行为，而且这种行为发生的程度较大，据2010年上市公司年报显示，出现亏损的上市公司中大部分公司的资产负债率高达100%以上，即处于资不抵债的境地，那么，对于处于亏损状态的上市公司而言，公司的债务融资行为究竟对亏损上市公司的财务价值是否存在驱动效应？如果存在，其驱动路径又是什么呢？另外，中国正处于经济转轨体制中，存在特殊制度背景，与英美国家不同，中国上市公司的股权结构较集中、流动性差、产权模糊，且中国的企业债券市场发展缓慢，法律系统对投资者的保护较弱，这些使得中国上市公司治理水平普遍偏低（肖作平，廖理，2008）。而治理水平低的公司存在许多与其亏损相关的问题，如控制股东通过隧道挖掘、过量的薪酬和控制权私人利益等手段加大上市公司亏损的严重程度、加重上市公司在亏损以后发生亏损逆转的难度等。因此，治理水平低的公司在进行亏损逆转时可能会遇到许多困难，这势必影响到其公司价值。那么，亏损上市公司的治理状况对其公司价值会产生影响吗？如果会，其影响机理又是什么？带着对这些问题的回答，本书重点分析了公司治理行为、债务融资行为、盈余管理行为以及资产重组行为对亏损上市公司财务价值的影响。

1.1.2 研究意义

（1）理论意义 在理论上，本研究从科学观和方法论的角度深入分析资本市场理论研究过程中存在的错误倾向以及传统的线性资本市场理论失灵的方法论根源，提出了在资本市场理论的研究上应持有的基本观点和方法，从而为进一步完善资本市场理论搭建一个思想平台。本研究注重行为主体的财务行为研究，将心理学、社会学、行为经济学、决策理论、预期理论等其他学科知识融入到证券投资领域的研究中来，拓宽财务金融研究工作者的研究视野，使其研究结论更加符合现代金融市场的实际。

（2）实践意义 对亏损上市公司财务行为——价值传导机制进行研究，有利于规范上市公司的财务行为，促使其及时披露有关上市公司重组、高层变更、大股东占用资金、对外担保等信息，以尽量降低亏损公司信息不对称的幅度，提高亏损公司股票价格反应市场信息的效率，从而为规范证券市场行为、提高证券监管部门对于这类上市公司的监管力度、维护市场投资者的根本利益提出建议和意见；对公司治理特征、债务融资行为以及资产重组行为对亏损上市公司财务价值的驱动效应进行研究，将有助于提高公司治理效率、完善融资约束制度、规范资产重组程序，指导投资者和证券管理部门对这些亏损上市公司的公司价值进行合理估价，从而减少股价的异常波动，优化配置“壳”资源，制约中国股市的投机行为，维护中国证券市场的正常秩序。另外，此研究还将为完善上市公司治理结构、防止上市公司业绩变脸、提升上市公司业绩提出可行的解决方案和措施，同时，也为国有企业和其他非上市公司寻求摆脱亏损困境的途径提供建议和参考。

1.2 研究思路和框架

本书基于财务行为驱动的视角，首先对国内外有关财务行为、亏损上市公司价值评估的文献进行了梳理和评述，然后从财务行为目标、财务行为主体、财务行为客体、财务行为环境、财务行为方式和财务行为结果等方面对当前中国亏损上市公司财务行为特征进行了较为深入地分析和探讨，重点就亏损上市公司在公司治理特征、债务融资行为、盈余管理行为以及资产重组行为等方面所具有的一些特征进行了研究。在此基础上，结合中国制度背景，理论推演公司治理特征、债务融资行为以及资产重组行为与亏损上市公司财务价值之间的关系，并选择了从2003—2010年发生亏损的1 336家亏损上市公司作为研究总样本，分别从控制权市场、国有股比例、审计意见类型、管理层持股、第一大股东持股、独立董事比例、董事会规模等公司治理特征、债务融资期限、债务融资方式、债务融资规模等债务融资行为特征、资产重组方式、重组频率、重组幅度等资产重组行为特征以及重组对象之间的亏损异质性等方面对亏损上市公司财务价值的驱动效应进行了实证检验，最后得出了有关公司治理特征、债务融资行为以及资产重组行为对亏损上市公司财务价值驱动机理的结论，并提出了相关的政策建议。

本书的研究框架见图1-1。

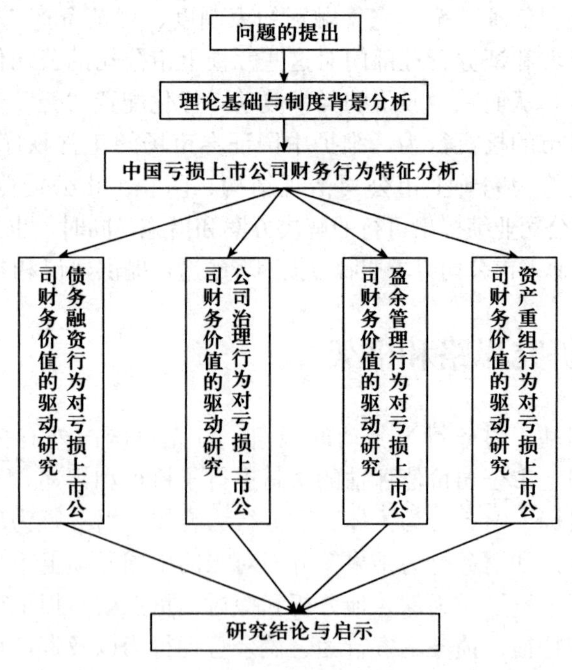

图1-1 本书的研究框架

1.3 研究内容与方法

本书主要围绕亏损上市公司治理特征、债务融资行为以及资产重组行为对亏损上市公司财务价值的影响展开了研究。具体内容如下：

（1）从财务行为的内涵与构成要素、亏损上市公司价值评估问题等方面对已有的研究文献进行了梳理和评述，并从有关亏损处理的制度变迁、有关公司治理的制度变迁、有关债务融资的制度变迁以及有关资产重组的制度变迁等方面分析了现阶段中国亏损上市公司价值评估所处的现实制度背景和约束条件。

（2）基于财务管理的视角，分别从财务行为目标、财务行为主体、财务行为客体、财务行为环境、财务行为方式和财务行为结果等方面对当前中国亏损上市公司财务行为特征进行了较为深入地分析和探讨，从而为合理评估亏损上市公司的财务价值奠定良好的理论基础。结合中国当前的社会经济发展现状，分析了作为市场经济的主体——上市公司，在亏损状态下所具有的公司治理特征、债务融资行为特征、资产重组行为特征。

（3）结合中国制度背景，理论推演了公司治理特征和亏损上市公司财务价值之间关系，采用2003—2010年发生亏损的1 336家亏损上市公司年作为样本，系统分析了各种公司治理要素对亏损上市公司财务价值的影响。

（4）选择了2003—2010年发生亏损的1 336家亏损上市公司作为研究总样本，研究了债务融资行为的三种特征（债务融资期限、债务融资方式和债务融资规模）对亏损上市公司财务价值的驱动路径和驱动机理。

（5）以中国2003—2010年的非金融类亏损上市公司为研究样本，分析了公司高管发生的盈余管理行为（包括方向、幅度和途径三种行为特征）对亏损上市公司财务价值的驱动效果。

(6) 从亏损异质的新视角，就不同类型的资产重组行为对不同亏损类型的上市公司财务价值的驱动效应进行了深入的比较和分析，以此判断资产重组对亏损上市公司产生的财务价值驱动效应是否不仅受到资产重组方式、重组频率以及重组幅度等反映资产重组行为自身特征的因素影响，还会受到重组对象（即亏损上市公司）之间的亏损异质性的影响。

本研究主要通过运用 EVIEWS6.0 和 SPSS17.0 统计软件进行描述性统计分析和回归模型的参数估计和假设检验，最后得出研究结论。其中，就公司治理特征、债务融资行为、盈余管理行为对亏损上市公司财务价值的影响研究运用了描述性统计分析和多元回归分析法，就资产重组行为对亏损上市公司财务价值的驱动机理和路径的研究运用了主成分分析法、独立样本检验、均值差异检验和 LSD 检验法。

1.4 研究创新与特色

本书的创新之处在于：

(1) 本书基于公司治理和财务行为的视角对中国亏损上市公司的财务价值驱动因素进行研究具有一定的创新性。现有的国内外专门针对亏损上市公司价值驱动因素研究的文献并不多，鲜有的研究主要围绕研发支出、销售收入、现金流量等因素展开分析，本书则重点分析了公司治理特征、债务融资行为、盈余管理行为以及资产重组行为对公司价值的影响。

(2) 本书基于行为要素的六个方面对中国亏损上市公司的财务行为特征进行全面分析和总结具有一定的创新性。以前的学者们很少单独对亏损上市公司的财务行为特征进行分析，更多的是在分析上市公司的财务行为时将亏损类公司作为异常样本删去，或者与盈利上市公司混合在一起进行研究，没有考虑到亏损公司与盈利公司在财务行为上的差异。

（3）本书基于亏损异质性就同一种资产重组行为对不同类型的重组对象产生的价值驱动效应进行研究具有一定的创新性。以前学者的研究更多的是分析重组发生与否对亏损上市公司价值的影响，而本书不仅研究了资产重组方式、重组频率以及重组幅度等特征要素对亏损上市公司财务价值的影响，而且还考虑到重组对象之间的亏损异质性。

本书的研究特色在于：

（1）在对资产重组产生的财务价值驱动效应分析中采用了主成分分析方法，通过因子综合得分数值的高低来度量重组价值驱动效应。

（2）对公司价值的衡量摒弃了传统的价值度量指标，采用了每股市场附加值指标对亏损上市公司的财务价值进行了测度。

2 文献述评与概念界定

2.1 文献述评

从国内外现有的研究成果来看，关于亏损上市公司价值问题的研究内容和范围大体可以分为三个阶段：单纯的会计盈余与股票价格相关性研究阶段、影响会计盈余价值相关性因素的探讨阶段、亏损上市公司股价影响因素的探讨阶段。下面笔者就这三个方面分别展开述评。

2.1.1 会计盈余价值相关性研究述评

早期关于会计盈余价值相关性问题的研究主要集中于单纯地对会计盈余与股票价格之间关系进行研究上，从已有的研究文献来看，会计盈余与股票价格之间主要存在以下两种类型的相关关系。

2.1.1.1 线性相关关系

长期以来，为了研究会计盈余的信息含量，许多学者将注意力集中在对未预期盈余（unexpected earnings）和超额股票回报（abnormal stock returns）之间的关系探讨上。以 Beaver(1980)、Freeman(1983) 及 Lipe(1986) 等为代表的国外学者利用股利贴现价值模型推导出未预期盈余与股票回报的线性模型：

$$UR_{it} = \lambda_{it} + \sum_{k=1}^{\infty} \lambda_{it+k} \prod_{\tau=1}^{\kappa} \tau\{1/[1+E(R_{it+\tau})]\} UX_{it}/P_{it-1}$$

他们大多采用关联研究的实证方法证明了未预期盈余与未预期股票回报之间存在显著的线性相关性。国内关于会计盈余信息含量的研究文献也大多数是集中于线性盈余回报关系模型的探讨上，所不同的是他们大多采用事件研究（event study）的方法，如：赵宇龙（1998）首次利用事件研究法探讨了我国沪市上市公司各年度会计盈余数据的披露与股票非正常报酬率的关系，结果表明未预期会计盈余的符号与股票非正常报酬率的符号之间存在统计意义的显著线性相关性。此后，陈晓、陈小悦和刘钊（1999）、李增泉（1999）、孟焰（2004）等也分别运用此方法探讨我国上市公司会计盈余的信息含量，结果也均表明会计盈余与股票报酬之间存在近似线性相关关系。注意到，所有这些表明会计盈余与股票回报之间存在线性相关性的研究均存在一些基本假设，即均把会计盈余看做是公司未来业绩的唯一替代变量，假设会计盈余与未来股利相关，当盈余发生变化时会导致投资者对未来股利预期的修正，从而导致股票价格发生相应的线性变化，并假定未预期盈余的各绝对水平是同质的，这些假设可能与许多实际情况不符。首先，由于会计盈余存在异常变化的情况（如亏损上市公司经常会发生亏损逆转的现象），导致会计盈余与未来股利之间并不一定存在相关性，进而影响到会计盈余与股票价格之间的线性相关关系。其次，未预期盈余按照其持续能力存在永久性和短暂性两种属性，这与将未预期盈余的各绝对水平看成同质的假定显然不符。此外，把会计盈余与股票回报之间看做简单的线性相关关系的研究仅仅关注了盈余信息对股票价格的影响，忽视了其他可能对公司股价带来影响的潜在因素，如公司规模、债务风险、重组信息等，而这些被后来学者的研究证实确实存在对股票价格的影响。

2.1.1.2 非线性相关关系

考虑到会计盈余与股票回报之间线性相关关系的微弱性以及相关假设的局限性，许多学者利用各种曲线去拟合未预期盈余与股票异常收益之间的关系，试图探寻它们之间是否存在的非线性相关关系。Freeman 和 Tse(1992）率先利用反正切函数检验了未预期盈余与未预期回报之间的关系，并与线性模型进行了对比。他们发现非线性模型比线性模型更加准确地拟合了会计盈余与股票回报之间的关系，并且认为会计盈余与股票回报之间的非线性关系源自盈余的持续能力与未预期盈余的绝对水平之间存在相关性，正是这种非线性关系导致了亏损上市公司股价的异常变化。Das 和 Lev(1994）提出了利用一些非线性估计方法（如反正切形式、二次曲线、局部加权回归等）去描绘会计盈余与股票回报之间的关系，并检验了不同形式的非线性盈余回报模型，但他们运用了许多测试均无法判断这些方法的优劣。另外，他们还调查了非线性盈余回报关系是否源自暂时性盈余项目，当他们从盈余中扣除非正常项目以及特别项目之后，发现仍然存在着非线性的盈余回报关系。他们认为这是由于研究过程中不能准确地将所有暂时性盈余项目从经营利润中去掉所致。Subramanyam (1996）研究了当信息的准确度存在不确定性时信息对股票价格的效应问题。当考虑到信息准确度的不确定性时，价格对信息的反应既不是线性的，也不是简单递增的，因为市场是建立在信号实现的基础上对预期进行调整。他们认为非线性关系发生的原因是市场认为极端消息的准确度较低，当信息的准确度以伽马函数形式分布时，每个象限内的回报函数应该是单峰曲线，并且在极端值处具有负的斜率。当基本信息结构具有条件多元正态性时，股票价格对会计盈余的反应是非线性的，而且这种反应系数随着非预期盈余绝对水平的增加而减少。国内学者程小可（2004）通过对我国 1992—2001 年上市公司数据进行实证检验发现，利用反正切函数模型显著地比线性模型对盈余回报关系的拟合优度更好，这也说明会计盈余与股票回报之间存在明显的非线性相关关系。注意到，尽管将股票回报和会计盈余之间看做是非线性相关关系的研究比单纯的线性关系的研究更为深入，考虑到了盈余逆转的特殊性和盈余信息本身的异质性，但是在研究范围上仍然没有脱离仅仅用会计盈余去解释股票回报的狭隘视野，仍然忽视了对其他可能会给公司股价带来影响的潜在因素（公司规模、债务风险、重组信息）的分析。为弥补这些缺陷，后期的研究便开始了对各种影响会计盈余价值相关性的因素进行分析。

2.1.2 影响盈余价值相关性因素研究述评

经过长期的对会计盈余与股票回报之间关系的研究和探讨，学者对会计盈余确实具有价值相关性这一观点已经达成共识，但同时也感觉到仅仅用会计盈余去解释股票回报的变化显然是不够的（Bernard，1989；Lev，1989；等），他们试图进一步寻找影响会计盈余价值相关性的其他原因。从现有的关于影响会计盈余价值相关性因素的研究文献来看，主要对以下一些影响因素进行了深入探讨。

2.1.2.1 盈余性质特征的影响

最早对会计盈余价值相关性影响因素进行研究的是 Kormendi 和 Lipe(1987)，他们用盈余反应系数（ERC）表示会计盈余与股票收益的相关程度，通过对影响盈余反应系数的盈余时间序列特征进行研究，发现盈余持续性会影响到会计盈余的价值相关性。之后，Easton 和 Zmijewski(1989)、Collins 和 Kothari(1989) 及国内学者施鲲翔（2003）通过经验数据分析也发现，盈余反应系数与盈余的持续性和增长性呈正向相关关系。Lev 和 Thiagarajan(1993)、Ramakrishnan 和 Thomas(1993) 等则认为会计盈余与股票回报之间关系微弱的原因在于盈余信息本身包含了一些临时性成分，这些临时性成分要么与公司价值无关，要么对公司价值的影响非常有限。另外，Kormendi 和 Lipe(1987)、Kothari(1992) 还认为盈余测量的误差也是导致盈余反应系数较低的重要原因。Lipe(1986) 则认为会计盈余的可预测性也会影响到会计盈余的价值相关性。

2.1.2.2 公司自身因素的影响

长期研究的结果使学者认识到各个公司的盈余反应系数存在

一定的差异，他们试图从公司自身去寻找引起这些差异的原因。Rayburn(1987) 通过实证研究首先发现许多公司的特殊要素（如公司的规模、成长性及债务风险等）会引起会计盈余与股票回报之间的关系发生变化。Easton 和 Zmijewski(1989) 以及 Collins 和 Kothari(1989) 通过经验数据分析也发现会计盈余价值相关性与公司规模、成长性之间呈正相关关系，与贝塔系数之间呈负相关关系。Dhaliwal 和 Reynolds(1994) 的研究发现公司会计盈余与股票收益的关联程度明显受到公司的债务风险大小的影响。此外，Subramanyan 和 Wild(1993) 研究发现盈余信息含量明显与公司执行清算期权的可能性相关，即证明会计盈余的价值相关性与公司面临的破产风险有关。这一结论与 Berger、Ofek 和 Swary(1993) 提出的“清算期权”假说一致，都表明公司面临的破产风险会影响到会计盈余的价值相关性。Lindenberg 和 Ross(1981)、Mandelker 和 Rhee(1984) 研究发现，如果会计盈余反映了有关未来经济纯利的信息，那么 ERC 与公司所处行业的竞争程度呈反向关系，并受到固定成本与变动成本比率的影响。Anthony 和 Ramesh(1992) 提出并证实了用企业生命周期和经营战略的相关性可以解释 ERC 的变化。

2.1.2.3 各种题材事件的影响

根据信号传递理论，公司发生的各种题材事件也可能会对会计盈余价值相关性产生影响。Beaver、Lambert 和 Morse(1980) 的研究指出，由于会计盈余不能全面反映公司在未来时期所发生的潜在经济事件（如债务重组、股权转移以及高层变更等事件均会对亏损上市公司的股价带来影响），因此，公司的股票价格并不随着会计盈余发生同步变化。John、Lang 和 Netter(1992)、Ofck(1993) 认识到，对于一些资质较好的上市公司，当它们发生亏损时，投资者很有可能会给公司的管理层一次扭亏为盈的机会。这时，管理层可以通过消减成本、剥离非盈利性的业务以及扩大销售额等方法来改善公司的经营业绩，或者管理层可以采取

“洗大澡”（taking a big bath）一次性地将以后年度的亏损累积到当期（Guay，Kothari，Watts，1996），使得公司在以后年度发生亏损逆转的可能性增大。正是这种亏损逆转的可能性，使得亏损上市公司会计盈余的价值相关性变得很微弱，并且亏损逆转的可能性越大，上市公司的股票价格受到亏损的负面影响程度就越小（Edward Watts，2000）。国内学者薛爽（2002）专门针对亏损信息价值相关性进行研究，发现公司权益账面价值、会计盈余以及公司发生的重组事件等因素对亏损上市公司股价有显著性的影响。另外，孟焰、袁淳（2004）认为亏损公司盈余价值相关性的主要因素在于亏损公司发生卖壳行为的可能性。这些都说明公司发生的各种题材事件也会影响到会计盈余的价值相关性。

2.1.2.4　其他相关因素的影响

为更加全面探讨盈余价值相关性的影响因素，国外还有许多学者从伴随着盈余公告披露的其他信息上去寻找影响股票变动的因素。Kane、Lee and Marcus(1984）检验了与盈余公告同期宣布的股利发放事件对上市公司股票价格有明显的影响。Hoskin、Hughes 和 Ricks(1986）也证实了与年收益公告同时披露的股利和其他增加的财务信息对股价有一定的影响。另外，Hayn(1995)、Collins，Pincus 和 Xie(1999)、Samantha Sin 和 Edward Watts(2000）等将盈利样本和亏损样本公司分离开来进行研究发现，相对于盈利的信息含量而言，亏损的信息含量明显是较低的，从而导致亏损信息价值相关性也偏低。他们认为是股东拥有对亏损公司进行清算的隐性期权导致了亏损公司较低的盈余价值反应。此外，国内有学者从会计信息质量、财务指标、外部监管等方面去分析会计盈余价值相关性的影响因素。如：赵宇龙（2000）在研究会计盈余披露信息含量时，认为公司净资产、董事会分配预案、审计意见类型等因素会影响到会计盈余的价值相关性；袁淳、王平（2005）以深交所每年对上市公司信息披露考评结果作为反映信息披露质量的变量，采用价格模型研究了会计信息质量对会计盈余价值相关性的影响，结果发现交易所的信息披露考评结果对会计盈余价值相关性有着显著影响，即信息披露考评结果越好，会计盈余价值相关性越高。

2.1.3 亏损上市公司股价影响因素研究述评

一般认为，影响股票内在投资价值的因素通常有三大类：①基本面因素。主要有国内外经济形势、国家政策动向、行业发展前景、上市公司经营业绩以及上市公司的流通股本大小等。②技术面因素。主要是指股价波动中的量价关系，其分析方法有K线理论、形态理论、趋势线理论、波浪理论和技术指标分析等，这些方法把股票成交价格和成交量这两个指标加以综合处理，灵敏地反映二级市场上股票多空力量的对比情况。③题材面因素。主要有重组概念、送配概念、热点与板块因素等。在现实的股价波动中，这三方面的因素又是通过复杂的交互作用影响着股价的波动，但所有这些因素对股价的影响都是通过影响投资者对上市公司未来盈利状况的预期而实现的（檀向球，周维颖，夏宽云，2001）。然而，亏损上市公司会计盈余以及每股净资产等指标对股票价格的弱相关性，使得传统的股票价格影响因素及定价模型对于这类特殊上市公司已难以适用，特别是对于亏损及亏损概念股、绩差股这两类股票来说，投资者主要是看它是否能够在未来进行资产重组而达到扭亏为盈，从而达到配股资格。因此，对这两类股票来说，股价的波动主要由各种题材因素（如资产重组、庄家操纵等）来决定。然而，截至目前，国内外对亏损上市公司股价影响因素的研究都只是凤毛麟角。

2.1.3.1 亏损上市公司股价的影响因素：国外的经验数据

国外虽有大量文献探讨了上市公司会计盈余与股票回报之间的关系，但直接涉及亏损上市公司股价的影响因素研究的文献并不多，其主要有以下几个方面：

（1）亏损状态的持续性对亏损上市公司股价的影响 长期以

来，人们对会计盈余与股票回报的关系研究是建立在假设它们之间是线性相关这一基础之上的，如：Ball 和 Brown(1968)、Beaver(1972)、Beaver，Lambert 和 Morse(1980)、Lipe(1986)、Kormendi 和 Lipe(1987) 以及 Collins 和 Kothari(1989) 都发现股票价格的盈余反应程度与盈余的持久性或盈余时期的连续性之间呈正线性相关关系，并且认为股价对亏损和盈利的反应是同质的。事实并非如此，亏损公司会计盈余与股票收益之间的相关关系弱于盈利公司。这一点最早被 Hayn(1995) 认识到，她通过对盈利公司样本和亏损公司样本分别考察会计盈余的价值相关性发现，亏损公司的盈余反应系数明显低于盈利性公司，并且将这种现象的存在归因于亏损公司会计盈余的暂时性，究其根源是股东拥有对亏损公司进行清算的隐性期权导致了亏损公司较低的盈余价值反应。此后，Jan 和 Ou(1995)、Collins，Pincus 和 Xie(1999)、Samantha Sin 和 Edward Watts(2000) 利用各种不同的回归模型也得出了与 Hayn(1995) 相似的结论：相对于盈利的信息含量而言，亏损的信息含量明显是较低的。

尽管 Hayn 等人提出了亏损的信息含量比较低，但没有区分永久性亏损和短暂性亏损。而当短暂性亏损转变为永久性亏损时，这种亏损可能增加公司破产失败的风险，这一点被 Martikainen(1997) 认识到。他以美国股票市场数据为研究样本发现有些会计盈余（如永久性的部分）反映了未来现金流量的信息，而另一些信息（如短暂性的盈余）却不能反映未来现金流量的信息。因此，股票价格仅仅反映的是永久性盈余，而不包含短暂性盈余。进一步，Martikainen(1998) 选取芬兰股票市场数据采用事件研究法通过比较会计亏损和盈利的信息含量差异，发现会计盈余与股票回报之间的关系明显是被现存的会计损失所削弱的，最后他得出结论：如果市场是理性和有效的，将不会对会计盈余中的暂时性成分做出价格反应，因为暂时性亏损在以后年度不会再发生，不能进入未来现金流量折现的股票定价模型，当然对股价不会产生影响，而持续到未来的永久性亏损将会对股价产生重大影响。而亏损的低信息含量取决于亏损的短暂性。

亏损状态的持续性使得投资者对短暂性亏损和永久性亏损的预期出现“异质”，进而影响到亏损公司的股票价格。Peter Joos 和 George A. Plesko（2005）首次利用亏损逆转（loss reversal）模型去选择了永久性亏损和短暂性亏损的公司样本，发现一般情况下，就同一时期的样本而言，投资者给短暂性亏损定价更为积极，似乎短暂性亏损意味着执行清算期权的可能性较低。同时，他们还发现，正与清算期权假说那样，在这一时期开始投资者不会对永久性亏损定价。相反，在这一时期的末期，永久性亏损越大，回报越高，这与清算期权假说的预测不相符。为了弄清为什么在同一时期对永久性亏损的价值会发生变化，他们研究了永久性亏损的构成，并确定了研发费用是价值评估的关键。他们发现投资者不会对不含研发费用的永久性亏损定价，这种亏损意味着财务困境和执行清算期权的可能性。然而，当永久性亏损包含研发费用时，投资者会分别定价，将研发费用看作是资产，其他看作是短暂性亏损。因此，投资者并不认为亏损是同质的，而是要考虑到亏损的原因和性质去评估它们对公司价值的长期效应。

（2）非预期盈余及非线性关系对亏损上市公司股价的影响

大量研究盈余价值相关性或信息含量的文献都是采用线性模型作为其研究的基础。由于未预期盈余的绝对水平与盈余的持续性之间存在着相关性，异常大或小的盈余可能意味着较小的持续性，即盈余存在着逆转现象。但是，这种线性模型的前提是：盈余是未来业绩的良好替代变量，并且未预期盈余的各绝对水平是同质的。因此，未预期盈余的绝对水平与盈余持续性的负相关性会影响到当前盈余与未来股利之间线性关系的成立，也使得会计盈余与股票回报之间的线性关系的理论基础失去了说服力（程小可，李玲玲，2004）。另外，未预期盈余的绝对水平会影响永久性盈余以及暂时性盈余的构成比例，也导致了会计盈余与股票回报之间线性关系的失效。

鉴于此，国外许多研究文献通过质疑会计盈余与股票回报之间的线性相关关系，深入探讨了它们之间存在的非线性相关关系。Freeman 和 Tse(1992）利用反正切函数检验了未预期盈余与未预期回报之间的关系，并与线性模型进行了对比。他们发现，非线性模型比线性模型更加准确地拟合了会计盈余与股票回报之间的关系，说明线性模型对研究会计盈余与股票回报之间的关系而言是一个方程形式错误问题，并且认为会计盈余与股票回报之间的非线性关系源自盈余的持续能力与未预期盈余的绝对水平之间存在相关性，正是这种非线性关系导致了亏损上市公司股价的异常变化。Das 和 Lev(1994）提出了利用一些非线性估计方法（如反正切形式、二次曲线、局部加权回归等）去描绘会计盈余与股票回报之间的关系，并检验了不同形式的非线性盈余回报模型，但他们运用了许多测试均无法判断这些方法的优劣。另外，他们还调查了非线性盈余回报关系是否源自暂时性盈余项目，当从盈余中扣除了非正常项目以及特别项目之后，发现仍然存在着非线性的盈余回报关系，他们认为这是由于研究过程中不能准确地将所有暂时性盈余项目从经营利润中去掉所致。Subramanyam(1996）研究了当信息的准确度存在不确定性时信息对股票价格的效应问题。当考虑到信息准确度的不确定性时，价格对信息的反应既不是线性的，也不是简单递增的，因为市场是建立在信号实现的基础上对预期进行调整。他们认为非线性关系发生的原因是市场认为极端消息的准确度较低，当信息的准确度以伽马函数形式分布时，每个象限内的回报函数应该是单峰曲线，并且在极端值处具有负的斜率。当基本信息结构具有条件多元正态性时，股票价格对会计盈余的反应是非线性的，而且这种反应系数随着非预期盈余绝对水平的增加而减少。另外，Ashton, D.、T. Cooke 和 M. Tippett（2003），David Ashtona、Chen

Limb、Mark Tippettc 和 Brian Wrightb(2005）也均通过实证检验得出了“股票价格与会计盈余之间存在的非线性相关关系”这一相同结论。

（3）亏损逆转的可能性对亏损上市公司股价的影响 根据上述提到的清算价值理论，当投资者认为亏损公司在未来年度可能发生好转，他们就会推迟执行清算期权的行为。特别是对于一些资质较好的上市公司，当它们发生亏损时，投资者很有可能会给公司的管理层一次扭亏为盈的机会。这时，管理层可以通过消减成本、剥离非盈利性的业务以及扩大销售额等方法来改善公司的经营业绩（John，Lang，Netter，1992；Ofck，1993），或者管理层可以采取“洗大澡”（taking a big bath）一次性地将以后年度的亏损累积到当期（Guay，Kothari，Watts，1996），使得公司在以后年度发生亏损逆转的可能性增大。正是这种亏损逆转的可能性，使得亏损上市公司会计盈余的价值相关性变得很微弱，并且，亏损逆转的可能性越大，上市公司的股票价格受到亏损的负面影响程度就越小（Edward Watts，2000）。Samantha Sin 和 Edward Watts(2000）以 1983—1993 年在澳大利亚股票交易所上市的公司数据为样本，通过对财务健康型公司的亏损进行研究，发现亏损的弱盈余反应系数取决于股东对未来盈余逆转的预期，因为股东认为这些有潜力的公司可以通过管理者行为来达到扭亏为盈。另外，David Ashtona、Chen Limb、Mark Tippettc 和 Brian Wrightb(2005）认为，亏损上市公司股价也会受到与公司进行业务重构的能力相关的潜在实物期权的影响。而这种业务重构的能力显然是决定了公司实现亏损逆转的可能性。

（4）特殊事件的披露对亏损上市公司股价的影响 许多学者认为，公司发生的一些特殊事件在财务报告披露前后会造成股价的波动。事实上，对于亏损上市公司而言，其股票价格势必也会受到年度盈余公告之时和之后的特殊事件的影响，如亏损后发生的债务重组、股权转移以及高层变更等事件均会对亏损上市公司的股价带来影响。Kane、Lee 和 Marcus(1984) 检验了与盈余公告同期宣布的股利发放事件对上市公司股票价格有明显的影响。Hoskin、Hughes、Ricks(1986) 也证实了与年收益公告同时披露的股利和其他增加的财务信息对股价有一定的影响。Robert N. Freeman 和 Senyo Tse(1989) 指出了在上市公司年度盈余报告后发布的公告信息也会对其股票价格带来一定程度的影响。他们指出，投资者在盈余报告披露时不能确定盈余是否会持续增加或减少，因此，他们不是很清楚是否应该调整他们对公司未来盈余的预期以及调整多少。当投资者获悉了年报后的信息时，他们将会通过重新评估过去盈余的价值来调整他们对未来盈余的初始估计。结果是，年报后的股价反过来会受到以前公告的盈余信息的影响。Burgstahler 和 Dichen(1997) 认为亏损公司股价和盈余之间的负相关关系是由于亏损不可能一直持续下去，因而 EPS 不能作为未来现金流的替代。对亏损公司来讲，公司的清算价值对公司的定价更为重要。无论在哪种理论框架之下，权益账面价值都应该作为影响股价的因素之一而加进估价模型。James Alan Larson(1999) 通过调查发现，小公司相对于大公司而言，在发生亏损的状态下，关键管理人员的突然死亡会给其公司股价带来较大的负面影响。

另外，还有学者认为股利政策、亏损发生的频率等因素也会给亏损上市公司股价带来一定的影响。如，Harry Deangelo、Linda Deangelo 和 Douglas J. Skinner(1992) 认为当公司发生亏损时，有关消减股利与否的信息会增强公司以当前盈余去预测未来盈余的能力，由于信号传递机制的作用最终会导致这类公司的股票价格发生波动。Teppo Martikainen、Juha - Pekka Kallunki 和 Jukka Perttunen(1997) 认为，不同的盈余计量方法会影响到亏损发生的频率，进而改变盈余回报的关系。这说明亏损发生的频率会对亏损上市公司的股价产生影响，并且发生亏损的频率越高，亏损上市公司股价波动的幅度就越大。

2.1.3.2 亏损上市公司股价的影响因素：国内的经验数据

国内学者对亏损上市公司股价相关问题的探讨大多数集中在对其亏损原因的分析及对其进行盈余管理的动机和方法的研究上，涉及亏损上市公司股票定价问题的研究主要是考虑了公司重组、清算期权价值、预期卖壳的可能性及其他非会计信息等因素的影响。

（1）重组事件对亏损上市公司股价的影响 当公司发生亏损时，通常会采取重组、转行的办法来调整公司业务，扩大公司销售量，从而有可能使得公司扭亏为盈。牟旭东（1998）对1994—1997年度自上市后在公开会计报表中公布亏损的62家上市公司进行研究，发现在已发生经营亏损的62家上市公司中，有32家公司已经实施了重组。针对实施重组的亏损公司所作的各项统计表明：①亏损公司随时间的推移数量不断增加，同时实施重组的公司数也在不断上升；②公司亏损持续时间越长，实施重组的比率也越高，发生经营亏损越早，则重组的比率也越高。

如果投资者预期到重组会给公司以后年度带来更多的盈余这一财富效应时，他们就会抬高亏损上市公司的股价。檀向球、周维颖、夏宽云（2001）在综合借鉴西方比较成熟的市场股票定价方法的基础上，指出对于亏损及亏损概念股、绩差股这两类股票来说，18个基本面指标中对股价影响最大的是A股流通股的大小和流动比率，作为上市公司基本面中最重要的盈利指标“每股收益”却对股价没有影响。实际上，对这两类股票，投资者主要是看它是否能够在未来进行资产重组而达到扭亏为盈，从而达到配股资格。因此，对这两类股票来说，股价的波动主要由各种题材因素（资产重组、庄家操纵等）来决定。薛爽（2002）以1998—2000年的A股上市公司为样本，研究了影响亏损上市公司股票价格的因素。检验结果表明：扭亏压力使得重组成为公司扭亏的捷径。重组对亏损公司的股价有显著影响。他认为，如果亏损公司在发生亏损的下一个会计年度进行重组，其股票价格就会普遍高出未重组公司。这种现象的可能解释是公司的这种重组行为改变了投资者的预期："亏损"不仅是一个表示公司盈利能力的数字，它很可能是接下来进行"重组"的信号。这可能就是为什么有些公司在亏损年报公告后，股票不跌反涨或在下跌后迅速反弹的主要原因。

（2）清算期权价值对亏损上市公司股价的影响 由于投资者认为亏损是公司经营过程中的暂时现象，并且为了免遭继续亏损，股东能够对公司实施清算，以实现既得的变现收入，即公司赋予了投资者一项清算期权，这种期权价值势必会对公司股价造成影响。孙国茂（2002）认为股票定价是以公司价值评估为基础的，并且从理论上讲，股票定价问题就是在公司价值确定之后对其进行分割的过程。他在总结了各种公司价值评估模型的基础上认为，公司价值取决于两个方面的内容：一是公司现有业务未来现金流量的现值总和；二是各种未来机会的现值总和。未来机会实质上就是公司持有的实物期权，而期权估计法是评估实物期权价值的重要方法。目前许多处于亏损状态的网络公司，其价值高高在上的重要原因就是未来机会价值较大。

薛爽（2002）以1998—2000年的A股上市公司为样本，研究了影响亏损上市公司股票价格的因素。检验结果表明：①由简单的盈余资本化模型，会计盈余与亏损公司股价正相关。但进一步控制了公司规模和流通股比例，并考虑权益账面价值对股价的影响后，相关关系不再显著。②权益账面价值与亏损公司股价存在显著的正相关关系，并支持权益账面价值代表公司清算价值的假说。这一点与 Collins、Pincus 和 Xie（1999）等得出的结论相同。

（3）预期卖壳的可能性对亏损上市公司股价的影响 上市公司作为一种壳资源，其自身是有价值的，主要包括股权资本的价值和由其入市权力形成的市场产权价值（陈永忠，2004）。朱筠笙（2001）经过对中国上市公司所存在的特殊卖壳收益进行细致的分析后，认为“企业买壳上市后，通过低成本融资与关联交易，利用壳资源获得大量收益，同时也置上市公司于微利或亏损境地；而对壳资源的激烈争夺所导致的接管威胁，一方面使得买壳上市公司缺乏动力改善上市公司质量，另一方面它又有动力使上市公司保持亏损状态以获得卖壳收益，因而上市公司的亏损部分是人为制造的结果”。孟焰（2004）对1998—2003年度的5 705个研究样本中亏损上市公司会计盈余价值相关性的特性进行了实证分析，发现亏损上市公司会计盈余价值相关性要明显弱于盈利公司，同时也发现净资产变量的价值相关性同样偏弱。而决定亏损公司股票价格的主要因素则在于亏损公司发生卖壳行为的可能性。并且认为，“已有的价值相关性研究都把盈利公司与亏损公司放在同一个样本中研究，其隐含的假设是盈利公司与亏损公司的会计盈余的价值相关性是相同的。这种混合样本研究会使得研究结果无法反映会计盈余价值相关性的真实状况，回归结果将会使得盈利公司会计盈余价值相关性偏弱，而使得亏损公司会计盈余价值相关性偏强。特别是对会计盈余价值相关性影响因素的研究中，包含亏损样本可能会使得总体研究结果收到亏损公司特殊股价决定因素的影响。”这一点与Hayn(1995)的结论相似。

亏损上市公司会计盈余价值的弱相关性，使得投资者无法依据会计信息来判断其价值，不过，投资者预期卖壳行为的可能性会给其带来一定的收益，并据此来判断亏损上市公司的股票价值。这就要求亏损上市公司在信息披露时，除了对会计报表信息的公允披露外，更应当及时披露有关重组、改制等信息，以尽量降低投资者和亏损公司的信息不对称幅度，提高亏损公司股票价格反映市场信息的效率。

（4）其他非会计信息的披露对亏损上市公司股价的影响 由于亏损上市公司的特殊性，各种未来投机机会等非会计信息的披露也会对其股价造成一定影响。徐筱凤、李寿喜（2005）以自

1993—2002年共10年的企业为研究样本，分别考察企业盈亏和流通股规模对会计信息与股价相关性的影响，结果发现：亏损企业和流通股本规模较小的企业利润和净资产与股价的相关性不显著，模型的回归功效不到1%，远低于美国市场的45%，说明我国投资者在对亏损上市公司进行股票定价时吸收了较多的非会计信息；企业利润和净资产对股价的解释效力由高到低的顺序是盈利的大企业≥盈利的小企业≥亏损的大企业≥亏损的小企业。

亏损上市公司存在的潜在投机机会会改变投资者对其价值的预期。在这种情况下，亏损上市公司，即使是连续亏损的上市公司也可能存在良好的盈利能力，因而也可能存在巨大的投资价值，从而说明亏损上市公司的股票也有其内在的价值。这种内在价值成为决定其股票市场价格的关键因素。这一点被姜国华、王汉生（2005）利用公司盈亏模型进行了实证，他们发现亏损以及连续亏损与否并不直接依赖于公司长期的盈利能力，而是直接依赖于一个综合了盈利能力以及盈利波动率的盈亏稳定性指标，大量具有良好盈利能力的公司，可以具有较差的盈亏稳定性。此外，程小可、李玲玲等（2006）利用联合效应模型检验表明亏损公司中潜在投机机会的存在降低了盈余反应系数（ERC），非线性因素与盈余反应系数负相关，即未预期盈余绝对水平越高，盈余反应系数越低。这进一步说明了非会计信息的披露会影响亏损上市公司的股价。

2.1.3.3 结论及进一步的研究

纵览国内外对亏损上市公司相关问题的研究文献，涉及亏损上市公司价值问题的研究少之又少，几乎是一片空白，鲜有的几篇文献又都仅仅只是考虑到了影响亏损公司股价的某一个或几个方面的因素，分析并不全面，据此给亏损上市公司的股票进行定价显然是有失偏颇的。而随着我国股票市场的日趋成熟和国内国际竞争环境的日益激烈，股市中发生亏损的上市公司有增无减，若不能弄清亏损上市公司的财务价值受到哪些因素的驱动，其公司的股票价格就难以准确定位，从而使得上市公司这块“壳”资源就得不到合理优化地配置。另外，对亏损上市公司的财务价值驱动因素进行研究，也有利于及时披露有关亏损上市公司重组、高层变更及股权转移等信息，以尽量降低亏损公司信息不对称的幅度，提高亏损公司股票价格反应市场信息的效率，从而提高证券监管部门对于这类上市公司信息披露的监管力度。因此，笔者认为应该结合中国证券市场的实际情况，对包括公司重组、卖壳预期在内的决定亏损上市公司财务价值的因素进行全面系统地分析，探究它们对亏损上市公司财务价值的影响机理。

2.1.4 述评启示

纵览国内外对亏损上市公司价值的相关研究文献，基本分为三个方向：

2.1.4.1 亏损上市公司之“空壳”的前馈分析

它包括探究导致上市公司发生亏损的各类原因的分析文献。这类研究文献重在分析上市公司亏损的形成原因，主要从亏损前潜在的各种因素出发，挖掘各种潜在因素引致上市公司亏损的作用机理，因而可以看作是对亏损上市公司在发生亏损前的动因分析。如：张建忠（2000）通过对1998年及其以前年度上市的上市公司盈亏情况进行分析，发现上市公司整体盈利水平逐年下滑，亏损企业的比重不断增加，究其原因，除了宏观经济增长速度放慢、需求减少等外部影响因素外，上市公司经营业绩整体滑坡也是证券市场和上市公司内部一些深层次结构性矛盾的反映和暴露。具体而言有上市公司产业结构调整不及时、公司改制不合理、与关联企业之间的交易成本增加、上市公司的经营机制尚未实现根本性转变、投资决策程序不科学、投资效率低下等。张容刚（2001）提出的我国上市公司亏损的制度性原因包括证券市场现有机制的缺陷、上市公司资本结构不合理、上市公司法人治理结构不健全、上市公司股权结构不合理、上市公司亏损的经营管理水平低下等；王亮（2001）认为，上市公司的制度缺陷——法人治理结构不完善，即股权结构不合理和银行在公司治理中作用的弱化是导致越来越多的上市公司亏损的根本原因。“经理人员与政府博弈的结果是：一方面利用政府产权上的‘超弱控制’，形成对企业的内部人控制；另一方面，又利用行政上的‘超强控制’转移经营风险，将经济性亏损推诿为体制因素。”“从我国的情况来看，笔者认为要加强银行在公司治理结构中的作用，允许银行对公司适当持股，让银行直接介入公司治理结构，控制内部人控制。”白仲林（2001）以沪深两市连续两年以上亏损的27家公司为研究样本，另外选择了27家非连续亏损的上市公司为控制样本组，借助统计分析软件SPSS for Windows 9.0，采用立面分析法（Profile Analysis）和主成分分析法（Principal Components Analysis）辨识上市公司出现亏损的主要因素，寻找连续亏损公司和非连续亏损公司各项主要财务指标间的特征差异，以期从整体而非单项指标的角度，为连续亏损的上市公司的治理提供指导意见。最后得出结论是“研究组公司1996年亏损的首位原因是流动比率和速动比率过低、负债比率和资本化比率偏高。这集中反映了研究组公司资本结构不合理、过度负债是亏损的直接原因。其次是存量资产比例过高、短期偿债能力差。再次是销售债权周转次数偏低。”薛爽、王鹏（2004）以1998—2000年发生亏损的264家上市公司及配比公司为样本，研究了影响上市公司业绩的内部因素，通过单变量和多变量检验的实证结果表明公司本身的品质较差、公司在IPO过程中的盈余管理幅度、大股东占用上市公司的资金和对外担保以及多元化经营的程度等都是引起上市公司发生业绩下滑、亏损的原因。

2.1.4.2 亏损上市公司之“护壳”的反馈分析

它包括为拯救亏损上市公司而采取的重组、并购、股权转移等问题的研究文献。这类研究文献重在分析上市公司亏损后的各种补救措施，主要从盈余管理的动机和手段、公司重组、所有权和控制权转移等方面展开了研究，着重分析了各种“护壳”措施对上市公司亏损的“缓冲”效果，因而可以看作是对亏损上市公司在发生亏损后的行为分析。如：牟旭东（1998）对1994—1997年度自上市后在公开会计报表中公布亏损的62家上市公司进行研究，发现在已发生经营亏损的62家上市公司中，有32家公司已经实施了重组，针对实施重组的亏损公司所作的各项统计表明：①亏损公司随时间的推移数量不断增加，同时实施重组的公司数也在不断上升；②公司亏损持续时间越长，实施重组的比率也越高，发生经营亏损越早，则重组的比率也越高。最后得出“亏损上市公司资产重组是基于国有股（法人股）不上市流通这一制度安排的路径依赖性而实施的一种‘制度改进’”这一结论。陆建桥（1999）选取了亏损上市公司自上市年份起到1997年年底止的22家公司样本的经验数据做实证分析，验证了亏损上市公司为避免出现连续三年亏损以逃避有关管制而在亏损及其前后年度采取盈余管理的行为。他进一步揭示：“亏损上市公司首次出现亏损年份，公司存在着显著的非正常调减盈余的应计会计处理，在首次出现亏损前一年度和扭亏为盈年度，又明显地存在着调增收益的盈余管理行为，表明为了避免公司出现连续三年亏损而受到证券监管部门的管制，亏损上市公司在亏损及其前后年度普遍采取了相应的能调减或调增收益的盈余管理行为，而且这些盈余管理行为主要是通过管理应计利润项目来达到的，原因是管理应计利润项目一方面是现行会计准则和权责发生制会计所允许的，另一方面，它还具有不容易被外部报表信息使用者洞悉的优点。”同时，其实证研究结果还发现，“在各类可资运用的应计利润项目中，亏损上市公司又主要是通过管理短期的、与营业有关的应计利润项目来达到盈余管理目的的，”因为根据本研究的实证结果，亏损上市公司的营运资金项目在亏损及其前后年度有明显的被管理的痕迹，由此可见，营运资金项目尤其是应收应付项目、存货项目等有可能是上市公司最主要的盈余管理工具。毛蕴诗（2001）对从1994—1998年的亏损上市公司做了亏损分析，提出了面向市场进行战略重构的拯救措施。针对国内亏损上市公司，要从根本上转换企业的经营机制，改变上市公司亏损不断增加和质量下降的趋势，规范上市公司的重组行为，必须采取以下对策：设法降低国有股在总股本中所占的比例、建立规范的公司治理结构、尽快完善上市公司的退出机制。

2.1.4.3 亏损上市公司之"价值"的中间分析

旨在分析亏损上市公司价值的影响因素，探究各种因素对亏损上市公司财务价值的驱动机理，从而为合理评估亏损上市公司的财务价值奠定基础，因而可以看作是对亏损上市公司在发生亏损过程中的状态分析。从国内现有研究文献来看，真正涉及亏损上市公司价值评估问题的研究几乎是凤毛麟角，仅有薛爽（2002）在《亏损公司的股票价格是如何确定的?》一文中提出过考虑重组因素的亏损公司股票定价模型（此模型中考虑的基本面因素有每股盈余、每股净资产、股本总规模、流通股比例，考虑的题材面因素仅有重组行为的可能性，而且是基于单纯的线性相关分析）；孟焰（2004）在《亏损上市公司会计盈余价值相关性实证研究》一文中提出卖壳行为的可能性因素会影响到亏损公司的股票定价，但他仅是从卖壳预期的角度对此问题进行了初步的探讨，分析并不全面，且没有从定量角度揭示各类亏损上市公司的财务价值是如何形成的。

2.1.4.4 启示

考虑到亏损上市公司未来发展潜力的预测性和可变性，笔者提出运用投资者预期理论、因素价值评估理论去分析和探讨各种驱动因素对不同类型的亏损上市公司财务价值的影响机理。预期理论认为，一种行为倾向的强度取决于个体对这种行为可能带来的结果的期望以及这种结果对行为者的吸引力。具体而言，当投资者预期亏损上市公司在亏损后可能采取的各种行为（如卖壳、重构、重组、关联方交易、高管变更及寻求政府补贴等）会给上市公司带来收益时，他们就会看好这类公司的股票。在中国独特的制度背景下，亏损上市公司往往存在着许多特殊交易的安排，正是这些安排改变了投资者的预期，赋予了亏损上市公司新的价值“卖点”，从而影响了亏损公司的股票价格。这些“卖点”具体包括预期卖壳的潜在收益、关联方交易的预期收益、重组的预期收益、高管变更的预期收益、大股东担保、国有股权属性的预期补贴等。正是由于这些“卖点”对亏损公司价值影响的存在，使得亏损上市公司的股价短期内受到公司特有风险因素的影响较大，而长期则更多的是受到市场风险因素的影响。因此，笔者认为，不应单一地考虑某一个或几个方面的因素，而应该站在投资者预期的角度，综合考虑上述各种预期因素对亏损上市公司财务价值的驱动效应，从而对亏损上市公司的财务价值做出合理的评估。

2.2 相关概念的界定

2.2.1 亏损异质

2.2.1.1 亏损异质性的内涵与表现

“异质”一词源于古汉语文学作品《文选·木华》：“瑕石诡晖，鳞甲异质。”《广雅》曰：“质，驱也。”李东阳在《与姜用贞》中道：“从兰绝低小，隐约幽岩姿……小大固异质，托交乃其宜。”其主要意思是指形体上的不同。而本书在此提出的亏损异质性之意，除包括各类亏损公司的规模、属性不同之外，更主要的是指各类亏损公司在盈余价值相关性、公司价值高低等方面的不同，故而既有“形”的不同，也有“质”的差异。

（1）亏损异质性在“形”上的表现 纵观历史，学者们对亏损异质性的认识是从“形”的不同开始的，其具体表现为以下两个方面：

一是公司规模上的差异。Satin(1992)认识到规模大的亏损公司比规模小的亏损公司更容易摆脱财务困境，因而继续生存的可能性要大些。Hayn(1995)的研究表明，规模大的公司相对于小公司发生亏损的频率要低得多，因此，其发生亏损逆转的概率会较高。Klein and Marquardt(2005) 检验了从1951—2001年的55年、涉及259 719个样本发生会计亏损的会计和非会计原因。小公司多元化程度越小，风险越高，扣除研发支出后的现金流回报负得越多。它们比大规模公司更有可能发生在商业周期期末，而且具备这些特征的公司在该年度更有可能发生会计亏损。

二是公司行业属性的差异。Sougiannis(1994)、Lev 和 Sougiannis(1996)、Lev 和 Zarowin(1998) 等学者的研究均表明，如电子、制药等技术密集型亏损公司比其他劳动和资本密集型亏损公司具有更多的投资价值，而且，其未来的经营业绩与公司的研发支出之间存在关联性。Shortridge(2004) 检验了制药行业的研发支出的价值相关性，发现研发支出与公司股票价格正相关，对于那些高研发产出率的公司尤为如此。Franzen(2006) 发现，对于那些研发密集型亏损公司，负面盈余的经验模型将其解释力提高45%，其中负盈余和会计盈余模型的调整系数分别达到32%和22%。

(2) 亏损异质性在“质”上的表现　随着研究的深入，学者们逐渐发现亏损公司的不同之处不仅在规模和行业属性等“形”上，在亏损的原因、亏损逆转的可能性、亏损信息的含量、信息不对称的程度等方面也存在许多差异，于是，对亏损异质性的“质”进行了细分研究。

首先，学者们发现上市公司发生亏损的原因存在明显不同，有些公司的亏损确实是因为经营不善所致，有些却是因为政策性原因，还有些可能是管理层的“洗大澡”所致。对此的分类在郑海航 (1998)，Collins、Pincus、Xie(1999)，Burgstahler、Dichev(1997) 等学者的文献中均有所提及，但他们均未对不同原因产生的亏损差异进行比较研究。直到2002年，美国学者

Franzen 在其发表“The nature of losses and the value relevance of earnings and book values”的一文中才明确提出并比较了基于亏损原因划分的三类亏损公司，他认为：短暂性亏损是偶发性亏损，并不反映公司的持续经济状态；投资性亏损是引致性亏损，主要原因是由于公司在无形资产上进行了较大的投资；连续性亏损也是引致性亏损，它表明公司较差的经营业绩会持续下去。连续性亏损被进一步划分为导致公司放弃（如清算）的亏损和能使公司发生业绩好转的亏损两类。

其次，不同类型的亏损公司其在亏损以后发生亏损逆转的可能性大小不同。考虑到亏损公司破产的可能性，Jenkins(2003) 首次按照亏损公司破产的可能性将其分为了四种破产概率不同的样本类型，并分别进行了回归分析，结果发现随着破产概率的增加，每股持久性盈余所预期的盈余有下降的趋势。也就是说，对于那些预期幸存的亏损上市公司而言，持久性盈余与其公司权益价值呈显著正相关性；而对于那些预期破产的亏损上市公司而言，其清算价值与其价值更为相关。之后，Peter Joos 和 George A. Plesko(2005) 利用亏损逆转模型将亏损上市公司分为了永久性亏损和短暂性亏损。对于短暂性亏损公司，由于亏损逆转的机会较大，执行清算期权的可能性较低，因而其公司价值较高；而永久性亏损公司扭亏的可能性很小，意味着公司出现了财务困境，极有可能执行清算期权，因此，其价值由其清算价值决定。Raul、Francisco、Pablo(2006) 通过分析师的预测来评估亏损公司未来的盈利能力以及决定投资者是否支持该公司，他们认为如果一家公司可获得如下相关信息，则是被支持的：①分析师或推荐人指出的目标价格比每股价格要高；②分析师认为下一年度公司的盈余为正；③被分析师看好的次数比不看好的次数多；④分析师推荐买入该公司的股票。即符合这些条件的亏损公司被认为是会发生亏损逆转的情形。

再次，首次亏损和后续亏损的亏损公司在亏损信息含量上存在较大差异。Hayn(1995)、Jan 和 Ou(1994)、Satin(1992）的研究中并没有区分首次亏损和后续亏损年份。然而，如果后续的亏损是首次亏损持续到以后一个或更多个年份而形成，那么投资者会预期随后的亏损信息含量较少，因为他们在首亏年度将会预期到首次亏损的持续性，并将随后亏损的信息反映到公司的价格中去。Hayn(1995）等学者所发现的关于亏损信息含量的微弱证据可能很大程度上是由于他们使用的是首次亏损和后续亏损混合的样本数据。为了对亏损的信息含量进行更为稳健地测试，Dennis(1996）认为应该将首次亏损的样本和后续亏损的样本分离开来，分别对每一类亏损的信息含量进行单独评价，其研究表明仅亏损一次的样本和多次亏损的样本公司在首亏信息含量上存在差异，首亏传递的信息明显比续亏多。这些结论是与负盈余持续性的存在和该持续性与首亏信息含量之间存在关系的观点一致的。另外，他还证实了首亏盈余变化系数与首亏持续性之间存在正相关性。

最后，各类亏损公司亏损历史的不同，会导致仅发生一次亏损的公司和发生多次亏损的公司在投资者信息不对称的程度上存在差异。其具体表现为三个方面：一是仅发生一次亏损的公司和发生多次亏损的公司在资讯水平上不同。Joos、Plesko(2003)的研究表明，①亏损公司经历的亏损序列越长，其当期亏损最终发生逆转的可能性就越低；②当期亏损持续的时间越短，市场报酬与公司盈余之间的关联性就越强。另外，发生多次亏损表明公司陷入财务困境的信号更为强烈，会导致公司的盈余和账面价值相关性发生更大程度上的下降。二是运用标准价值评估模型对多次亏损的公司进行评价会导致更为严重的偏差，因而对该类公司的评价更多的是依赖于复杂的评估技术。三是如果披露的信息和公司业绩之间存在正相关性，那么发生多次亏损的公司会比单次亏损的公司更有动机去从负面影响信息的披露水平。Ertimur(2004）认为，随着公司亏损持续年份的增加，它们通过寻求缓和的信息披露机制的意愿更为强烈。由此，发生多次亏损的公司在投资者信息不对称的程度上比仅发生一次亏损的公司会更为严重，从而产生更多的买卖价差。

事实上，尽管许多学者认识到亏损公司之间存在的差异性，但并没有明确提出亏损异质性的概念。笔者认为，由于亏损公司之间存在诸多方面的差异性，为进行细分研究，尤为必要提出并明确亏损异质性的概念。而且，“形”为表，“质”为本，由此，本书将亏损异质性定义为：由于规模、行业属性、亏损历史、亏损逆转概率等方面的不同而引起的各类亏损公司在亏损信息含量、亏损持续性、投资者信息不对称程度、分析师预测、管理层报酬及亏损公司价值等方面的差异。

2.2.1.2 亏损异质性的特征

（1）研究的时间跨度长 亏损信息对公司价值影响的延续性和滞后性要求对亏损异质性研究的时间跨度应该足够的长。大量涉及亏损公司的研究文献都探讨了亏损延续性的问题，而且，各类亏损公司的历史信息会对亏损逆转的可能性造成较大影响，在Joos、Plesk(2005）对亏损逆转的概率研究中更是将亏损前五年中发生亏损的次数、亏损前三年公司累积盈余等变量作为影响亏损公司是否发生亏损逆转的重要解释变量，而且，他们还利用从1970—2000年美国证券市场中的30年的亏损公司数据作为时间序列分析，以揭示亏损公司性质差异是如何影响它们各自的价值的。在价值评估中，他们发现投资者在整个样本期间对短暂性亏损都是很积极的，而对持续性亏损的评估在不同的时期有变化，即在样本期间的开始几年，他们不会给持续性亏损公司定价，在样本的最后几年，他们很消极地给亏损公司进行定价。张昕(2008)、Kevin(2010）将研究亏损异质性的时间周期由年度进一步细分为季度，增加了样本观察的频率，从而更为准确地捕捉了各类亏损公司在各个季度通过盈余管理进行扭亏的情况和亏损持续性等方面的性质差异。

（2）研究的动态变化大 由于亏损异质性研究的时间跨度

长，各类亏损公司在不同时间周期内所处的状态会有所变化，这就使得对亏损异质性的研究要时刻保持动态的研究视角。在相对较长的时间跨度内，公司的盈亏状况可能在不断地发生交替变化，特别是对于一些资质较好的上市公司，当它们发生亏损时，投资者很有可能会给公司的管理层一次扭亏为盈的机会。这时，管理层可以通过消减成本、剥离非盈利性的业务以及扩大销售额等方法来改善公司的经营业绩或者管理层可以采取“洗大澡”一次性地将以后年度的亏损累积到当期，使得公司在下一年度能够迅速扭亏为盈。但由于未来会出现一些难以预期的因素，这些扭亏为盈的公司又可能在以后年度发生亏损，而且有些可能是由于经营不善而导致的实质性亏损，有些可能是政策性亏损或其他原因所致。这样一来，不仅各类异质性亏损公司在同一时期在“形”和“质”的各个方面存在差异，而且同一家亏损公司在不同时期所属的亏损异质性类型也可能会发生变化，这些变化无疑会增加亏损异质性研究的复杂性和难度。

（3）研究对象的可比性强 亏损异质性的研究是基于学者对亏损同质性的猜疑而产生的，早期研究亏损公司的学者，如Hayn(1995)、袁淳（2005）、薛爽（2008）等，尽管将研究对象逐渐由亏损和盈利公司相混合的总体样本转移到专门针对亏损或盈利公司的分组样本（应该说在研究思路和方法上有较大的进步），但是，随着亏损上市公司的数量逐渐增加，各家亏损公司亏损的程度和性质会有所区别，把所有的亏损公司看作是同一种性质的研究样本进行研究，误认为对于所有的亏损公司，会计盈余与股票价格之间都是弱相关性甚至是负相关性的，这显然是不够准确的。为比较亏损公司之间的性质差异，后续的研究在选择样本对象时非常强调它们的可比性，尤其是在亏损异质类型划分的时候要求在所选的划分标准上尽可能处于两种对立的局面，以便于各类亏损公司之间的对照分析。如杜勇（2009）提出的按照投资者预期亏损给公司价值带来的影响将亏损上市公司分为折价型亏损和溢价型亏损两种类型。其中，折价型亏损（实亏），意指这种亏损确实是由于上市公司出现经营或财务困境，投资者预期亏损会降低公司的价值；溢价型亏损（虚亏），意指这种亏损是为以后公司能够取得更好绩效而发生的一种投资支出所致，投资者预期亏损会提升公司的价值。

（4）异质类别的划分维度多 早期对亏损异质性的认识，大多基于单一维度去分类，如国内学者郑海航（1998）将亏损公司按照其亏损的表现划分为显性亏损和隐性亏损，国外学者 Darrough（2006）的研究中将亏损公司按照其亏损的原因划分为实质性亏损和研发支出性亏损等。后来，学者们认识到基于单一维度划分的亏损公司内部仍然存在差异，还需要进一步地对亏损异质性类型进行细分，由此，产生了基于两维度的类型划分，如杜勇（2009）为满足研究亏损上市公司的价值和股价变动情况的需要，考虑到各类亏损公司性质的差异，提出同时从定性和定量两个方面，结合到上市公司发生亏损时的状态将亏损上市公司按照每股经营现金流量和每股净资产是否为负值分为单赤字公司、虚双赤公司、实双赤公司和三赤字公司四种类型。最近，学者们进一步认识到有必要从更多的角度去探讨亏损异质性问题，因此，他们从更多的维度去对亏损异质性类型进行了划分。Raul、Francisco、Pablo(2006）提出从分析师或推荐人指出的目标价格与当期每股价格高低、分析师认为下一年度公司的盈余是否为正、被分析师看好的次数是多于还是少于不看好的次数以及分析师是否推荐买入该公司股票等四个方面的情况综合对亏损公司的异质性类型进行划分，并以总支持率的函数值高低来识别各类亏损公司被分析师支持的程度。

2.2.2 财务价值

2.2.2.1 各类公司价值概念的内涵分析

（1）内在价值 长期以来，许多财务学者认为公司价值的本质就是其内在价值，即公司未来现金流量的现值。公司内在价值的确定是计量公司真实价值、验证市场有效性、进行价值投资等研究中的核心问题。Felthman、Ohlson 给出了公司内在价值与其账面值、剩余收益和其他信息之间的线性关系，提出了剩余收益定价模型，从而确立了会计账面价值和内在价值的直接联系，在这一领域做出了开创性的工作。后来的一系列相关研究很多都是以此模型为基础的补充、完善和验证工作。将公司内在价值看作是公司价值的本质的观点看似合理，实质上存在一些不足[①]：①内涵不足。由于公司内在价值仅限于公司未来现金流量的现值之和，而公司价值并不是全部表现为未来现金流量，因此，在内涵上看，用公司内在价值取代公司价值的观点存在不足。②角度单一。投资者所指的公司内在价值，均是公司能给他们带来潜在现金流量的现值之和，至于公司给别的投资者、与自身无关的现金流量所体现的那部分价值，则不在其考虑范围之内。因此，简单用股东的公司内在价值难以涵盖公司价值的全部，考虑的角度过于单一。③阐述不清。公司内在价值的决定因素之一是未来现金流量，而未来现金流量对投资者而言，并非都可看成公司给其带来的潜在收益，实际上只有自由现金流量才可归属于投资者。

（2）**市场价值** 公司市场价值是兼并收购过程中对公司定价的重要标准，也是衡量公司经营状况及未来发展潜力的重要手段。国内外学者已经对其相关理论进行了大量研究，综合分析大致可归为五类观点：①股本市价观。张宣庆、Keith W. Chauvin（1997）等人指出，公司市场价值等价于公司股本（或实收资本）的市场价值，股本的市场价值等于每股的市场价值乘以股本的数量。②智力资本或无形资产与账面价值总和观。最先由斯勘的亚（Skandia）公司提出了公司市场价值构成图，指出公司市场价值＝

① 引自邓英 2005 年在《财会月刊》第 9 期（p38－39）上发表的论文《企业内在价值界定新探》中的观点。

智力资本＋账面价值。我国孙洪庆、王涛、李增福等人也同意这个观点，具体指出公司市场价值是对公司价值的市场化评价，除了包括公司的物质资产价值，还包括公司的知识产权、声誉、人力资源等无形资产价值。③资本价值与债权价值总和观。周俊伟、席彦群等人指出，公司市场价值表现为公司在市场上进行合资、兼并、收购、重组、交易时的价格或者是公司未来现金流量的现值，在理论上等于公司的股权价值与债权价值之和。④获利能力观。左庆乐等人指出，高新技术公司价值是由未来获利能力所决定的现时市场价值，它等于公司现有基础上的获利能力的价值与潜在获利机会的价值之和。张向前等人指出，公司市场价值是公司价值链整体价值的总和，该价值链涵盖筹资、生产、销售、利润分配的整体流程。⑤效用满足观。张晓昊指出，公司价值是被兼并、收购公司客体对兼并、收购公司主体的效用满足度。以上无论哪种观点，对公司市场价值的评价都离不开具体的市场环境。而影响市场环境的因素既涉及政治、经济、技术等宏观因素，又包括公司内部的获利能力、资产运营效率、偿债能力等微观因素，因此，公司市场价值的评估往往比较复杂，难以用来反映公司的真实价值。

（3）会计价值 会计价值主要是指公司拥有的各项资产价值。公司的资产必须具备以下四个特征：由公司过去交易或事项所产生的；为公司所拥有或控制；可用货币进行计量；具有直接或间接为公司获取未来现金净流入的能力。此外，必须采用适当的计量属性对公司所拥有的资产进行计量，才能得出公司的会计价值。公司的会计价值具有以下特征：强调价值的可实现性和稳健性；强调计量的客观性；公司必须对构成其价值的资产拥有所有权或控制权；强调计量的可靠性；公司的会计价值是公司所拥有的单项资产价值的简单汇总。

由此可见，公司的会计价值是一种较为可靠的可实现价值，但由于它只反映了公司现实资产的价值，对未纳入资产负债表的其他资源价值（如人力资源、或有资产等）未能全面反映出来，因此，也不能用公司的会计价值去衡量公司价值的大小。严格来讲，公司的会计价值可以看成是公司价值的下限。

（4）**账面价值** 《股份有限公司会计制度》的账面价值是作为新旧会计制度过渡的《股份有限公司会计制度》（1998 年 1 月 1 日起施行，2000 年年底废止），其表述的“账面价值”与“账面余额”之间处于混沌状态，单就“账面价值”一词，有时表示账面余额，有时则表示账面余额减去相关备抵项目后的余额。例如该制度“应收账款”科目使用说明中债务方以发行股票方式抵债的分录是债权方应按应收账款的“账面价值”，贷记“应收账款”科目按“该项应收账款已提的坏账准备”，借记“坏账准备”科目。这道分录中应收账款的“账面价值”，显然未扣除其备抵项目坏账准备的价值，指的只是“应收账款”科目的账面余额。该制度中“长期股权投资”科目使用说明有这样的规定，公司应在“本科目”、“股票投资”明细科目下再设置“投资成本”、“损益调整”明细科目，被投资单位发生亏损时，确认本公司应分担的份额，一般应以“本科目账面价值减至零为限”。此处的“账面价值”，不但包括“长期股权投资”科目中“投资成本”及其备抵项目“损益调整”的账面余额，还应扣除“长期投资减值准备”科目中已计提的减值。2001 年 1 月 1 日和 2005 年 1 月 1 日分别实施的《公司会计制度》和《小公司会计制度》（简称“新制度”）对“账面价值”一词做了比较明确的解释，“账面价值”是某科目的账面余额减去相关的备抵项目后的余额；“账面余额”是指某科目的账面实际余额，不扣除作为该科目的备抵项目如累计折旧、相关的资产减值准备等。这样，就基本上将长期以来含混的“账面价值”与“账面余额”的定义厘清。这里的公司账面价值概念也主要局限于公司的现实资产，而且还考虑了将资产的备抵类项目从其账面余额中扣除，这比公司的会计价值的概念范畴更为狭小，显然，也无法全面反映公司的真实价值。

（5）**公允价值** 我国于1998年发布的《债务重组》中首次采用公允价值计量。在2001年1月修订的前债务重组、非货币性交易等准则中有公允价值的运用，特别是2006年2月15日我国新颁布的《企业会计准则》在资产减值、公司合并、生物资产、石油天然气开采、投资性房地产、公司年金等具体准则中公允价值的大量运用。随着我国新会计准则的出台，对公允价值的定义为：在公允价值计量下，资产和负债按照在公平交易中，熟悉情况的交易双方自愿进行资产交换或者债务清偿的金额计量。从此定义可以看出，公允价值实际上是一个很广的概念范畴，并不仅仅是与其他计量属性相并列的一个概念，可以说它是其他属性存在的基础，即需要反映交易和事项内含的公允的价格，并同时兼具可靠性、相关性的信息质量特征。根据以上定义，可知公允价值是指在公平的市场交易中，双方充分考虑了市场信息后所达成的交易价格，其最大特征是来自于公平交易的市场。但笔者认为，这一定义并未反映作为一个计量属性所应有的在时间界定、交易性质、交易类型等方面的特征。计量属性是指被计量对象的特性或外在表现形式，即被计量对象予以数量化的特征或方面。计量属性分别反映了被计量对象的不同特征或方面：在时间上，要分清过去、现在与未来；在交易性质上，要分清实际交易、假设现时交易和预期交易；在交易类型上，要分清投入价值和产出价值。由此看来，公允价值确实是一个比较笼统的概念。首先，它在时间界定上没有限定，可以是过去的，也可以是现在的和未来的交易，因此历史成本常被称为过去时点的公允价值，重置成本是现在时点的公允价值，而可变现净值和未来现金流量的现值是根据预期的未来现金流量估计的公允价值（现值是折现后的结果，可实现净值不考虑折现）；其次，它的交易性质可以是实际交易，也可以是假定交易和预期交易；再次，它的交易类型可以是投入价值也可以是产出价值。作为一个计量属性，它必须能够反映被计量对象予以数量化的在某一方面的特征，这一特征应是独特的，不能与被计量对象的其他特征有所重合。由此，笔者认为公允价值的特征相当模糊，它涵盖了前四种计量属性的各自具有的特征，即在不同的情况下可表现为不同的计量属性，因此不适合用于对公司真实价值的反映。

2.2.2.2 各类公司价值概念的比较和辨析

（1）市场价值和内在价值的比较 对于公司内在价值和市场价值之间的关系，目前存在两派完全不同的观点。以本杰明·格雷厄姆为首的价值学派认为，公司的市值不能反映其真实价值，“由于股票市场交易十分频繁、活跃，情绪的力量往往比理性的力量更为强大，股票价格有时波动十分剧烈，交易的贪婪与恐惧往往促使股价或高或低于其真实价值”，因此股价不能作为公司价值的可靠指标。股票投资的艺术就在于判断当前市场价格是否真实地体现了其内在价值，市值只能作为公司价值评估的有用参考依据，而公司真实价值应是其内在价值。与价值学派对立的是有效市场理论（EMT）。它是 20 世纪 70 年代以来流行的现代投资学的基础理论之一。该理论认为市场是完全有效的，所有关于股票的公开信息都已经适当地反映在它们的价格中，所以，公司市值是对公司真实价值的最为准确的反映和估计，市场对未来的预测和对公司价值的评估更为精确。在此理论的指导下，证券分析主要是研究证券市场，通过研究价格走势来确定证券投资的风险和收益，并不涉及计算和判断公司的内在价值。自有效市场理论问世以来，有关有效市场假设的各种检验和研究文献浩如烟海，有效市场理论和价值学派的争论从未停止过。两者的争论客观上要求研究确定内在价值的影响因素，并讨论这些因素与市值之间的关系，但始终未能就公司的真实价值究竟由市场价值还是由内在价值来表示达成一致的意见。

（2）会计价值与账面价值的比较 会计价值和账面价值尽管都是从会计角度提出的价值概念，但两者之间仍然存在细微的区别。首先，两者的概念范畴不同。会计价值只包含计入公司资产负债表中的各项资产的原始价值，而账面价值不仅包括资产的账面价值，同时也包含公司负债、所有者权益、收入、利润和费用等其他会计要素的账面价值，而且，它是考虑将账面余额扣除备抵项目之后的净额，由此看来，账面价值应该是比会计价值更为广泛的概念。其次，两者的使用场合不一致。尽管两者都要遵循会计计量的基本原则，但会计价值更多的是从公司整体的角度去考虑各项资产的价值之和，而账面价值更多的是针对于单个会计要素的分析而使用。显然，无论是会计价值还是比其范围更广泛的账面价值，均无法准确度量公司完整的现实价值。

2.2.2.3 公司财务价值的界定及与其他公司价值的关系

鉴于上述各类公司价值概念均无法表示公司完整的真实价值，笔者在此提出“公司财务价值”的概念，以求对公司价值给予较为准确的界定。

关于财务价值的概念，以前也有少数学者在文献研究中提及，但均未对其给予系统、明确的定义，更没有学者将财务价值概念与其他公司价值概念进行区别研究。Stone(1995)、Jack(1995)、Hanrahan(1997)、Collis(1996)、Pelsmacker et al.(2001)、Nurhan Tosun(2004) 等学者认为公司的财务价值产生于公司财务、生产、营销、人力资源等职能之间的公共关系中。陈蕾（2005）在分析各类管理层回报特征的基础上提出运用“已获得与将获得收益比、作为职业经理人与作为股东收益比、管理层与股东收益比”三种指标去衡量公司的财务价值。陈庆(2007) 从财务分析的角度指出，财务价值分析包括公司盈利能力分析、风险水平分析、经营效率分析、管理业绩分析、公司未来价值分析及综合财务能力分析。他们的研究尽管提到了“财务价值”这一概念，但基本上是将公司财务价值等同于公司价值，并未对财务价值的概念进行明确阐述和深入分析。在实践中对公司的整体估价通常是将公司拥有的各项资源进行逐项估价并汇总而得。这种做法显然是存在一些问题的：①公司的价值并不等同于它所拥有的全部资产的价值。②对公司各种资源的识别、确认和计量难度较大。特别是对于公司大部分的无形资产，往往无法找到可以参照的外部市场，因此不能直接利用市场信息对其进行定价。因此，从本质上看公司的价值实际上是无法预测的，但可以将公司价值近似看成是其各种资源的价值之和，然后对组成公司的资源进行定价，这样可以充分挖掘那些能够可靠定价资源的价值信息，同时采用恰当的理论模型去描述和计量那些不能可靠计量的资源，以最大限度地减少公司不可控的信息。

基于此，笔者将公司财务价值具体界定为：由公司能够直接或间接拥有的各项资源价值之和。这里的直接拥有的资源价值取决于市场和公司的运用效率，而间接拥有的资源价值不仅取决于这两个因素，而且还与拥有这些资源的间接所有权[①]的强弱和动态性有关，因此，公司财务价值的变化比公司会计价值的变化更难以掌握。这里为计量的方便，笔者将公司财务价值近似看作是：从特定投资者角度，公司直接或间接拥有的各项资源在经营期内能给其带来的未来经济收益（经济收益可采用自由现金流量或未来经济利润等形式的效益指标）的贴现值之和。它包含了股权自由现金流量、债权自由现金流量、优先股自由现金流量三部分的贴现值之和，反映了特定投资者对公司价值的完整评价。其与上述提及的几种公司价值概念的关系，可以用关系图 2-1

① 间接所有权可以看成是一种经济所有权，它是指权利人在某些情况下，由于技术或法律原因不能通过法律程序或正式合约建立特定资源的法律所有权。但从经济角度看，它可以直接或正式拥有与这些特定资源互补的资源的法律所有权，通过拥有这种互补资源，权利人可以间接获得特定资源创造的未来经济利益（引自李宝玲、陈金龙在《财务月刊》2005 年第 11 期发表的《企业财务价值与间接所有权理论》一文）。

表示。

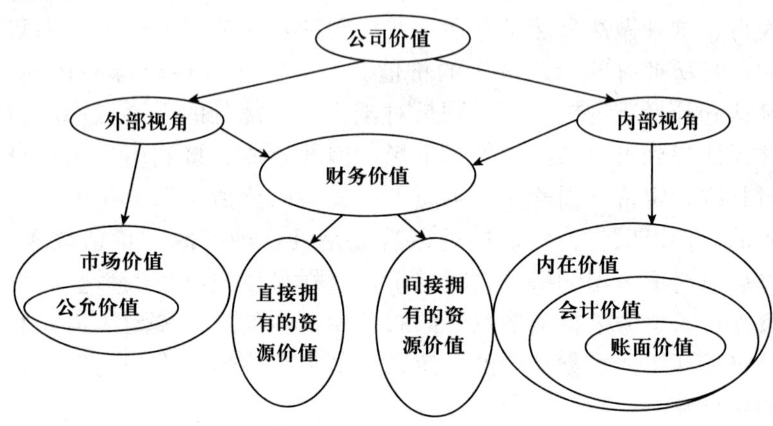

图 2-1　公司价值相关概念关系

从图 2-1 可知，公司市场价值、公允价值等价值概念可以看作是从公司外部视角去考虑公司的价值问题，此类价值概念重点从市场投资者、外部并购交易过程中去分析公司的价值，可以看作是公司间接拥有的资源价值。其中，公允价值主要是市场交易的双方对公司拥有的单项资产经过博弈、认为是公平合理后的价格，市场价值则是从市场交易双方（更多的是并购公司之间）参照当时交易的市场条件对公司的整体估价，因此，在某种程度上来说，公司市场价值包含了单项资产的公允价值。严格来讲，这两种价值中即可能包含公司拥有的“账内资产”的会计（账面）价值（对应于公司直接拥有的资源价值），也可能包含公司拥有的“账内资产”的评估增值（或减值）部分（对应于公司间接拥有的资源价值）。例如，市场交易双方对公司拥有的某些设备确认的市场价值，即可能包括该项设备账面价值，也可能包括资产评估增值（或减值）部分，而增值（或减值）部分的价值大小并不是由公司直接拥有或控制，而是要依赖于当时交易的市场环境和交易主体双方博弈的结果，因此，只能看作是公司间接拥有的资源。也就是说，即使是对公司整体价值进行衡量的市场价值，最多也只能反映公司拥有的、与“账内资产”相挂钩的直接或间接拥有的各项资源价值之和，即本书提出的财务价值内涵中体现在公司“账内资产”上的财务价值部分，而没有考虑到公司拥有的各种“账外资产”的财务价值部分。如公司拥有的人力资源价值、政府的各种扶持政策效应等。

公司内在价值、会计价值以及账面价值等价值概念可以看作是从公司内部视角去考虑公司的价值问题，此类价值概念重点从公司直接拥有的资源价值去探讨公司的价值问题。其中，账面价值是指按照会计核算原则反映的公司直接拥有的单项资产的账面余额扣除其备抵项目后的净值，会计价值则是指公司直接拥有的单项资产账面价值的简单汇总，因此，它们两者之间存在包含关系。而公司内在价值更多的是从投资者的角度去分析公司能给他们带来潜在现金流量的现值之和，它的计算要同时取决于公司未来产生现金流量的能力和投资者要求的必要报酬率两个因素。由于公司各项资产在不同时期产生现金流量的能力不同，各个投资者在不同时期要求的必要报酬率也不同，因此，其计算的结果往往呈现出较大的差异性，即同一家公司在不同时期对于不同的投资者来说其内在价值都可能不尽相同。为进一步分析公司内在价值与会计价值之间的关系，本书分别做一假设后展开探讨。首先，假设各个投资者要求的必要报酬率相同，考虑某一时点上公司的内在价值，这时它主要取决于公司在未来各个时期产生的现金流量。而公司在未来各个时期产生现金流量的多少又取决于公司直接或间接拥有的各项资源的变现能力或“赚现能力”。其中，公司直接拥有的各项资源主要就是各种“账内资产”，其变现能力或“赚现能力”主要取决于这些资产的会计价值；公司间接拥有的各项资源主要指不反映在账面的“账外资产”，其变现能力或“赚现能力”主要取决于公司拥有的依附在“账内资产”上的间接所有权的强弱和动态性。因此，公司内在价值在此假设下可以看作是包含了公司会计价值在内的更大价值。其次，假设公司直接或间接拥有的各项资产未来产生的现金流量已知且相对稳定，考虑某一时点上公司的内在价值，这时它主要取决于各个投资者预期的必要报酬率。而投资者预期的必要报酬率又与各个投资者对公司面临的各种风险的判断情况及投资者的风险偏好、情绪波动等因素有关，这时公司内在价值的高低很难再与其会计价值联系在一起，而是很大程度上取决于投资者的心理预期等。而每个投资者的阅历、经验、风险承受能力、心理预期等方面均有不同，会导致各个投资者要求的必要报酬率之间存在差异，最终使得公司的内在价值可能对于不同的投资者具有不同的数值。因此，公司内在价值在此假设下主要取决于投资者，与会计价值关系不大。

由此可见，市场价值和内在价值之间既存在交叉重复计量的价值，也存在不重复、单独计量的价值。笔者提出的财务价值概念则同时从公司外部视角和内部视角去分析公司的整体价值。这里的财务价值既包含了从公司外部视角看到的外部支援价值（如政府补贴、税收优惠、预期的题材事件带来的收益等），也包含了从公司内部视角看到的内部潜在价值（如未来的销售增长、技术研发的提升、清算价值、人力资源的培训与开发等）。因此，财务价值概念可以说是市场价值概念和内在价值概念二者的结合体。

3 理论基础与制度背景

3.1 理论基础

3.1.1 财务行为理论

3.1.1.1 财务行为的内涵和范畴

（1）财务行为的内涵和范畴 著名行为学家库尔特·卢因则将人类行为用公式定义为：$B=f(P, E)$。式中，B 代表行为，P 代表个体人，E 代表环境。意思是说，人类行为乃是人及其所处环境的函数，或者说，人的行为是个体与环境相互作用的结果。基于此，行为是人类在生活中表现出来的生活态度及具体的生活方式，它是在一定的物质条件下，不同的个人或群体，在社会文化制度、个人价值观念的影响下，在生活中表现出来的基本特征，或对内外环境因素刺激所做出的能动反应。目前国内外学者对财务行为的理解和认识基本上都是基于库尔特·卢因提出的行为概念产生的，而国外学者基本上都是研究行为财务的概念和问题，国内学者则大部分研究的是财务行为的范畴，也有少数学者的研究开始涉及行为财务的研究领域。这里，将国内学者提出的财务行为概念按照其是否以企业为边界大体上可以分为三类：

第一类是从企业内部视角来认识财务行为，主要是指企业在财务管理活动中发生的各种行为，具体包括筹资活动中产生的资金成本计算、资本结构调整和筹资风险识别与衡量等行为，投资活动中产生的投资项目评估、投资风险衡量以及投资收益核算等行为，营运管理活动中产生的现金持有量决策、存货持有量决策、应收账款信用政策的选择等行为，分配活动中产生的股利支付政策的选择、利润分配程序的制定等行为，这一范畴基本涵盖了财务管理活动的核心内容。如陈解生、王宛秋（2004）的研究将公司的财务行为分为理性和非理性两类，其中，非理性财务行为包括上市公司过度经营、大股东占款、投资不当等，并且认为造成这些问题的根本原因是公司治理效率低下，即董事会的构成、对经理人员的约束和激励机制、高层管理人员持股比例等未对公司治理起积极作用。

第二类是从企业外部视角来认识财务行为，主要是指企业与外部各方行为主体之间发生的关联活动，具体包括企业与关联方之间产生的关联交易、与并购方或被并购方之间发生的并购活动、与重组方之间发生的资产重组活动、与债权人之间发生的债务融资行为、与外部治理主体之间发生的公司治理以及与盈余管理主体之间发生的盈余管理活动等。这一范畴主要强调了企业和外部行为主体之间的相互作用而产生财务行为。如阮梓坪、陈学进（2007）的研究认为，无论是股权分置还是全流通时代，关联交易、“利益输送”、盈余管理、融资并购、股利分配等都是上市公司重要的财务行为。

第三类是同时从企业内部和外部视角来认识财务行为，主要是从财务行为各要素之间的关联性来认识和理解财务行为，主要是指财务行为主体作用于财务行为客体的各种行为反应。如陈兴述（2002）认为，财务行为是指财务行为主体（财务人员及财务组织）在企业内外环境因素的影响和刺激下，为实现财务目标所做出的现实的、能动的反应。财务行为既是受行为主体支配而表现在外的活动，又是行为主体受环境因素的刺激而做出的各种决策或对策的反应，它是连接财务行为主体和财务行为客体的纽带。

基于上述三类财务行为概念的理解和比较，本书比较赞同陈兴述（2002）的观点，即同时从企业内部和外部视角来认识企业的财务行为。本书认为，企业的财务行为无论是从内部视角来看还是外部视角来看，都是无法分割的有机整体。上市公司作为一个独立法人，同样也应该有其独立的财务行为。从财务管理的角度来看，公司财务行为应当包括筹资活动、经营活动、投资活动和利润分配活动中产生的各种财务行为，具体包括一般财务行为和特殊财务行为两类。其中，一般财务行为是指围绕企业的资金运动而展开的一系列财务管理活动，主要包括企业管理层在筹资、投资、分配资金活动过程中发生的融资行为、成本核算、投资评估、风险衡量、股利分配、存货周转、回收账款等具体的财务行为；特殊财务行为是指企业为降低资金成本、提高企业运作效率、改善企业财务状况、增强企业竞争力等而在财务管理活动的基础上派生出来的特殊行为，主要包括企业管理层实施的盈余管理、关联交易以及资产重组等具体的财务行为。

具体是从外部视角还是从内部视角来认识和理解公司财务行为，取决于研究者的研究目的和研究问题。譬如，如果要研究公司实施资产重组的绩效问题，需要从公司内部视角去理解资产重组行为，可能选择从重组方式、重组幅度以及重组发生的频率等方面去分析重组前后公司业绩的变化情况，但是如果研究资产重组对被并购方的股价影响时，则需要从公司外部视角去理解资产重组行为，可能从资产重组的动机、实施重组的时机以及重组对被并购方的业务调整、人员变动等方面去分析。因此，本书认为，学者无需刻意地去追求财务行为是基于企业内部视角还是基于企业外部视角来理解，关键是要视具体的研究问题和研究目的而定。

（2）财务行为与行为财务的区别 基于行为科学衍生出来的行为财务学，是由美国学者 Burrell 和 Bauman 于 1951 年首先提出，之后直到在 20 世纪 70 年代末和 80 年代初，行为财务理论才真正取得突破性进展。国内自 20 世纪 90 年代开始以沈艺峰、吴世农等为代表的一批学者也逐渐开始涉足行为财务的研究领域，但都还不成熟，大多停留在理论探讨的阶段。事实上，本书所探讨的财务行为与行为财务之间存在较大的差异，具体如下：

第一，涵盖范围上的差异。财务行为涵盖的范围主要是以企业自身为着眼点，考虑的是以企业管理层为财务主体在其内部因素驱动和外在环境刺激下，按照财务目标的要求，遵循一定的行为规则，利用特有的理论和方法，对经济活动中的经济信息进行加工并适时传递的一种实践活动。而行为财务涉及的范围比财务行为宽得多，行为财务研究的范围是会计信息相关当事人的行为，包括信息提供者和信息使用者两类行为主体（周玮、卢兴杰、杨丹，2011），而且行为财务不仅要考虑财务行为主体如何做出决策，还要说明通过何种途径使得财务行为是这样而不是那样，这样或那样的经济信息对谁产生什么样的影响。行为财务学是行为经济学的一个分支，它研究人们在投资决策过程中认知、感情、态度等心理特征，以及由此而引起的市场非有效性（饶育蕾，2003）。在行为科学的影响下，行为财务不仅要对过去的财务行为进行适时控制，还对未来的财务行为进行预测和决策，从而实现全过程的控制。

第二，理论基础上的差异。财务行为研究的理论基础主要是建立在理性经济人假设和有效市场假说的基础上，遵循的是传统的财务学理论和古典经济学思想，假设人们的行为符合主观预期效用理论和理性，即使有非理性行为驱使市场价格偏离基本价值，也会很快被套利所形成的市场力量所纠正。而行为财务是在不断放宽，甚至放弃传统财务的理性人假设和有效市场假说的基础上，以人们决策过程中的实际心理特征为变量，研究市场异象、资产定价和投资组合等一系列问题，其理论前提是行为人的有限理性和现实市场的非有效性，对行为人或市场参与者理性的研究主要集中在对其理性程度的分析和判断上，因此，行为财务重视的是有限理性投资者的心理偏差问题（茅宁，王宁，2006）。

由此来看，财务行为是与行为财务完全不同的概念，本书的研究主要还是对建立在传统的财务理论基础上的财务行为进行研究，主要是对企业管理层在筹资、投资、营业管理以及利润分配过程中发生的债务融资行为、资产重组行为进行重点研究。

3.1.1.2　财务行为要素和类型的划分

一般来说，人的行为由五个基本要素构成，即行为主体、行为客体、行为环境、行为方式和行为结果。行为主体是指具有认知、思维能力，并有情感、意志等心理活动的人。行为客体是指人的行为目标指向。行为环境是指行为主体与客体发生联系的客观环境。行为手段是指行为主体作用于客体时所应用的工具和使用的方法等。行为结果是指行为主体预想的行为与实际完成行为之间相符的程度。人类行为的发生过程是以内外环境的刺激为基础的，刺激人类行为产生的最重要的刺激源是与人的客观需求相联系的因素。例如环境污染危及人类最基本生理需求的满足而构成强烈刺激，后者促使人类产生生态环境被破坏的危害认识，从而使人类有保护环境的设想和行为反应。因此可以说，刺激—人—行为三个环节相互联系、相互作用，形成了人类丰富多彩的行为。

上市公司作为一个独立法人，同样也应该有其独立的行为。从财务管理的角度来看，公司行为包括经营活动、投资活动和利润分配活动中产生的各种财务行为，其中，比较典型的财务行为具体包括债务融资行为、公司治理行为、盈余管理行为以及资产重组行为等。此外，笔者认为，每一家上市公司都应该有其生存、发展的目标，因此，上市公司的财务行为除了应该包括行为主体、行为客体、行为环境、行为方式和行为结果等五个基本要素之外，还应该包括行为目标这一导向性要素。

关于财务行为的类别，国内学者们各有不同的看法。陈兴述（2002）认为，财务行为包括行为主体、行为客体和行为环境三个基本要素。财务行为主体是指具有财务行为能力和行为职责的，能在财务实践活动中认识和改造财务行为客体的“财务人”，它既包括财务人员个体，也包括财务人员群体。财务行为客体是指财务行为作用的对象，即企业的财务活动。财务行为主体要成为财务实践的主体，必须以财务行为客体的存在为前提条件，并作用于财务行为客体。财务行为在形成和发展过程中，始终要受到理财环境的影响和制约。任何财务行为都是在一定的理财环境下进行的，是对理财环境的一种能动反应。总之，财务行为中的行为主体、行为客体和行为环境三个基本要素是一个有机的整体，它们共同决定着财务行为的走向和规律。陈解生、王宛秋（2004）的研究将公司的财务行为分为理性和非理性两类，其中，理性财务行为主要是财务行为主体遵循理性经济人假设做出的符合常理的行为，具体包括适度经营、在权衡风险和成本的情况下选择最优资本结构、在权衡风险和报酬的情况下选择最优的投资方案等，而非理性财务行为则刚好与之相反，它往往是指财务行为主体发生的违背常理的行为，具体包括上市公司过度经营、大股东占款、投资不当等，并且认为造成这些问题的根本原因是公司治理效率低下，即董事会的构成、对经理人员的约束和激励机制、高层管理人员持股比例等未对公司治理起积极作用。谢志华（2005）认为，财务行为不仅仅是一种服务行为，也是一种独立的经营行为。他将传统的财务行为分为两个基本层次：第一个层次是为实物商品经营进行的财务行为，包括为购买固定资产和流动资产而向银行等债权人和股东筹得资金的行为，筹资以后将资金用来购建固定资产和流动资产的资金供应行为；为了组织企业的生产经营活动而有效安排现金流入流出的资金使用行为，在取得经营收入后将收入在各相关利益者之间进行有效分配的利益分配行为。这些行为无不是为了企业的实际商品经营及经营主体而进行的，财务确实处于服务的地位。第二个层次是纯粹的财务行为。这种行为的发生是以为实物商品经营服务的财务行为为基础的，但是这种财务行为发生与否不会影响实物商品经营本身，却会影响企业利润。如企业的筹资行为，可以采取资本性融资，也可以采取债务性筹资。

本书认为，财务行为不仅包括围绕资金运动而展开的财务管理活动基本范畴，还应该包括关系到企业运作效率、财务状况以及持续发展情况的特殊财务行为，由此，按照企业管理层发生的财务行为是否属于财务管理活动的基本范畴，将财务行为分为财务管理行为和财务衍生行为两类。其中，财务管理行为是指围绕企业的资金运动而展开的一系列财务管理活动，主要包括企业管理层在筹资、投资、分配资金活动过程中发生的融资行为、成本核算、投资评估、风险衡量、股利分配、存货周转、回收账款等具体的财务行为；财务衍生行为是指企业为降低资金成本、提高企业运作效率、改善企业财务状况、增强企业竞争力等而在财务管理行为基础上派生出来的特殊财务行为，主要包括企业管理层的公司治理、盈余管理、关联交易以及资产重组等具体的财务行为。

3.1.2 价值驱动理论

“驱动”一词源于《三国志·魏志·王昶传》中“近济阴魏讽、山阳、曹伟皆以倾邪败没，荧惑当世，挟持奸慝，驱动后生。”其本意是驱使行动。本书借用到价值上来，形成“价值驱动”概念，意即通过公司内外因素对公司价值产生影响，从而驱使公司价值发生变化。目前国内外学者对亏损上市公司的价值驱动分析，更多的是从公司内部或者公司外部视角选择某一维度的因素对公司价值的驱动效应进行了分析，并相应地提出了单维度因素价值驱动理论，而本书同时从公司内外部两个视角提出多维度因素价值驱动理论，以便更为全面地分析亏损上市公司的财务价值。

3.1.2.1 单维度因素价值驱动理论

自从美国学者 Hayn(1995) 开创性将亏损公司和盈利公司

分离开来对会计盈余价值相关性进行研究以来，人们就已经认识到亏损公司的会计盈余与股票价格之间的相关性比盈利公司要弱得多，用传统的每股盈余、每股净资产等指标对亏损这类特殊上市公司的股价变动进行解释，已经显得力不从心，甚至根本无法解释。一些学者进一步认识到，亏损上市公司往往会发生重组、高管变更、盈余管理等特殊事件，他们试图从这些特殊事件上去寻找能够解释亏损上市公司价值变动的原因。为此，下面一些理论被专门用于评估亏损上市公司的价值。

（1）**放弃期权理论**　放弃期权理论认为，股东拥有的放弃或清算期权会增加公司当期的价值。该理论最早由 Robichek 和 Van Horne 于 1967 年提出，之后被 Berger、Ofek 和 Swary（1993）等学者进一步通过实证研究证明了放弃期权对公司权益价值评价的影响。Hayn(1995) 首次将放弃期权理论应用于亏损上市公司的价值研究中，她假定由于公司股东拥有通过二级证券市场转让股票的权利，其亏损情形将不会一直持续下去。当公司发生持续亏损时，股东就会执行清算期权，从而导致公司当期的会计盈余所包含的公司未来现金流量的信息含量减少，这为解释亏损公司会计盈余与股票价格之间的弱相关性提供了一定的依据。另外，她还认为这种弱相关性与公司的规模、债务风险及盈余稳定性等因素有关。按照该理论的假设，即使上市公司发生亏损的情形，只要亏损上市公司的市场价值不低于其清算价值，股东就不会轻易放弃手中的股票，这时亏损上市公司的市场价值包括两部分，一部分是与其会计盈余相关的价值，另一部分是其拥有的清算期权价值；当上市公司的价值因亏损下跌到清算价值以下时，股东就会执行放弃期权，这时公司的价值就唯一由其清算期权价值决定了。放弃期权理论尽管考虑到了亏损上市公司的价值不再由其会计盈余唯一决定，而是要加入其存在的隐性期权，但它只考虑到了亏损公司发生破产清算的极端情形，Hayn 提出的每股清算价值也仅仅代表公司的外部调整价值，而且是当公司出现清算价值高于各种内部资产调整的收益的情况下才适用，从另一个方面讲，如果公司通过内部资产调整的收益高于清算价值，那么用每股清算价值作为调整价值的替代变量就不适合了。事实上，当上市公司发生亏损时，还存在通过转让、重组等更为普遍的方式来挽救的可能，这些显然是放弃期权理论所无法解释的现象。

（2）调整期权理论 该理论认为传统的盈余定价模型所假定的完全发达的资本市场并不符合当期的实际，当公司目前的业务活动较为成功时，即盈余与权益账面价值比较高时，会计盈余将成为决定公司价值的重要因素；而当公司经营状况不佳、需要重新配置资源、调整业务时，即盈余与账面价值比较低时，权益账面价值则对公司的价值影响更大。任何一家公司都可能出现这两种情形，因此，公司的价值应该由盈余和权益账面价值共同决定。Burgstahler 和 Dichev(1997) 将权益账面价值作为公司调整价值的替代变量，重新构建了亏损上市公司的价值评估模型。该模型将公司的价值看成是由两种互补关系的价值构成，一种是“正常价值（Recursion Value)”，是假定公司按照当期的方式（依赖当期业务和技术）持续经营产生的未来盈余的现值和；另一种是“调整价值（Adaptation Value)”，是由独立于当期业务和技术之外的资源在被改变用途（包括对资产进行内部调整和外部调整）时产生，这种“调整价值”代表着公司拥有通过重构等更有利的方式（如变卖、转让、清算或重新配置等）对资产进行各种处置的权利。由此可见，Hayn(1995) 提到的“清算或放弃”仅仅是 Burgstahler 和 Dichev(1997) 提到的调整情形中的极端处理方式，加入了调整期权的公司价值评估模型考虑到了包括清算期权价值在内的更为广泛的期权价值，它同时关注到了内部调整价值和外部调整价值，这使得它同样适合于那些内部调整价值高于外部调整价值的亏损公司价值评估。从这一点上来看，调整期权理论克服了放弃期权理论只能用于那些即将被清算的亏损公司价值评估的缺陷，可同时用于评估亏损公司在持续经营状态下产生的预期盈余正常价值和在改变资产用途时产生的内外部调整价值。

（3）**违约期权理论** Collins、Pincus 和 Xie（1999）用权益账面价值作为放弃期权的替代变量用于预测未来正常盈余时，发现公司股价和每股盈余之间也存在近似的负相关关系，但当消除权益账面价值的影响，股票市价和盈余之间仍然存在不合理的负相关性。这表明，先前学者提出的改组或放弃期权理论也许并不能充分解释亏损公司的市场价值。于是，后继的学者又力图从其他途径去寻求解释会计盈余与股票价格之间的弱线性相关性的原因，其中，较有说服力的是 Core、Schrand（1999）提出的违约期权理论。该理论认为公司的权益预期价值取决于两种因素：公司的经济价值和公司违反债务合同的可能性。它强调，当公司发生亏损或短暂性盈余时，这种盈余信息在投资者看来会对公司违反债务合约的可能性产生较大影响，而对公司资产的经济价值影响甚微。例如，当一家医药公司研发的产品通过药检局认证时，这种消息的披露会给投资者重新树立信心，大大降低亏损公司违反债务合同的可能性，公司的权益市场价值也会因此而提升。违约期权理论将这种通过改变公司违反债务合约的可能性而使权益期权价值发生的变化称为“合约效应”，这种效应对于那些极有可能违约的公司（即亏损公司和暂时性盈余的公司）特别明显。Core、Schrand（1999）考虑到违反债务合同的情形，引入了拥有对负债经营公司执行买入期权的权益模型，它同时提供了有关当期和未来预期现金流量以及违反债务合同的可能性的信息。通过实证研究表明，当公司即将发生债务违约时，股票价格对未预期盈余的反应会增强，而且只有资产较低的公司在亏损和短暂性盈余上才表现出与股票收益显著的正的相关性。这些盈余明显改变了违约的可能性，但并没有提供未来现金流量的信息，表明公司的权益价值是关于盈余和账面价值的非线性函数，但这些都是以亏损公司存在违反债务合约的可能性为前提的。由此看来，违约期权理论对于解释那些负债经营（有债务合约）的亏损上市公司价值比较有力，但对于非负债经营的亏损公司价值评估却显得“力不从心”。

（4）销售定价理论 亏损的短暂性和当期盈余与未来盈余之间的弱相关性使得亏损公司的会计盈余呈现价值无关性。先前学者如 Hayn（1995）、Jan 和 Ou（1995）及 Collins、Pincus、Xie（1999）等的研究表明亏损公司的盈余反应系数和可决系数都比较低，其主要的原因是当期盈余和未来盈余的关系减弱及在盈余预测和权益评价中表现出来的负相关性。处理此类问题常用的方法之一是在评估公司价值的过程中使用标准定价乘数（如价格销售比），即运用销售定价理论去解释此类问题。这种方法被许多分析师和研究者认为是一种有效的基于盈余的评估模型，尤其对那些高成长性的亏损公司（Damodaran，1994；Lev and Demers，2001）。与盈余资本化模型不同的是，基于销售的评价乘数将权益价值看成是关于销售、预期盈利能力和以盈余持续性或成长性及资本成本表示的盈余乘数的函数（Bhojraj and Lee，2002），这为该模型的运用提供了理论依据。基于销售的评估模型隐含了这样的假设：用于对未来盈余预期的当期销售数据是完整的。当期销售的预期贡献边际和持续增长率对未来盈余的预期非常重要。另一个假设是公司能够持续经营。然而，在公司发生亏损的情形下，这种假设并不完全成立，应该考虑到公司破产的可能。此后，Jenkins（2003）建立了基于销售的未来预期盈余的评估模型，此模型引入了公司盈利能力和幸存概率这两个控制变量，建立了基于销售的预期盈余评估模型与未来可实现的盈余之间的关系，它表明了基于销售的预期盈余评估模型在价值评价中相对于价格盈余模型和价格销售模型的优势，同时也说明了基于销售的未来预期盈余作为亏损公司价值的替代变量的作用，在持续经营的前提下亏损公司的价值与投资者持有的放弃期权相关。

他在对各类亏损样本进行包含账面价值和销售预期盈余等变量在内的回归检验中得到结论，对于那些预期能够幸存的亏损公司而言，销售预期盈余与其公司权益价值成显著增强的相关性，对于那些预期破产的亏损公司而言，其清算价值（公司账面价值）与其价值更为相关。

（5）**会计谨慎理论**　尽管放弃期权、改组期权和债务违约期权的存在能减弱市场权益比和盈余之间的正相关性，但它们还不至于减到呈负相关的程度，现实中存在的负相关性表明当期较大亏损额在未来某一时点上将反转为较大盈利。显然，先前各种理论提出的期权因素对市值与盈余之间的负相关性解释力度并不够充分。因此，后续的学者又进一步从谨慎性的会计处理方法上对此问题提出了看法。Amir、Lev(1996）发现无线通讯行业的亏损公司存在的无形资产价值可以通过非财务指标（如服务业的总人数、人员渗透率等）去评价，证券市场并不像谨慎性的会计处理方法那样将管理费用、销售费用、折旧费用等计入当期损益，而是把它们看成是公司的一种投资，这样就不会减少公司的价值。Hand(2003）研究表明生物技术类公司的权益价值与他们的研发费用及非现金资产相关。Joos、Plesko(2005）的研究表明持续性亏损公司日益增多，而且大多是因巨额研发支出引起的，他们进而提出将研发支出作为解释变量增加到亏损公司原有的价值评估模型中，并强调了将研发支出计入当期费用的谨慎性会计处理方法会降低亏损公司的价值。Masako Darrough、Jianming Ye(2006）的研究表明盈余（或权益账面价值）并不能充分表示公司未来的潜力，当期会计数据的歪曲可能是导致亏损公司价值和当期盈余负相关性的根源所在。放弃期权及改组期权理论假定亏损公司可能会破产或改组。事实上，这只是亏损公司可能的状态，还有些公司仍然会继续生存下去。破产、清算、被合并、被收购是亏损公司执行放弃期权或借助于外部力量改组的典型方式，这些将会使得公司永远消失。但如果公司执行的是内部改组期权，公司将会幸存。他们将这些幸存的亏损公司按照研发强度（=研发支出/销售收入）进行了分类研究，结果表明研发投入较大的公司更有可能幸存下来。许多亏损公司在研发上的投入都比较大，它们的亏损很大程度上要归功于会计的谨慎性原则——将研发支出计入了当期费用中。他们认为对于那些持续经营多年的亏损公司存在四种潜在的价值驱动因素：非常开支、研发费用、增长策略和幸存的可能。这些变量都假定当期较差的业绩预示着未来潜在的盈利机会，即当期的巨额亏损成为未来获利的先兆，因此，市场对这类亏损公司的评价会很高，从而导致此类亏损上市公司的价值会较大。

3.1.2.2 多维度因素价值驱动理论

上述单维度因素价值驱动理论似乎都在某一方面存在着合理性，但这些价值驱动理论都不同程度地存在一定的局限性。其中，放弃期权理论、调整期权理论和违约期权理论更加注重考虑上市公司发生亏损后投资者可能采取的各种行为，而且从它们使用的期权定价模型来看，从简单地考虑投资者内部调整方法产生的效应扩展到寻求外部调整方法产生的效应，这些效应被此类理论看做是亏损上市公司拥有的各种期权，正是这些期权的存在增加了亏损上市公司的价值。销售定价理论和会计谨慎理论则是从亏损上市公司整体的角度去分析，主要是从上市公司发生亏损的原因去探寻其价值评估的方法，它们将销售增长、市场开拓费用、研发费用及非常开支等看成是公司发生亏损的原因，并分别使用代理变量去建立亏损公司的价值评估模型。应该说，这些理论对于解释亏损上市公司会计盈余价值弱相关性提供了一定的力度，但始终没能全面、清晰地解释和评估亏损上市公司存在的完整价值。

本书认为，公司价值具有如下特征：①公司价值是一种因素价值。公司作为一种特殊的商品，其价值既受内部因素的影响，也受外部因素的制约。内部因素表现为公司的经营管理、公司盈利、公司成长以及公司风险，它们可能是公司的优势因素，也可能是公司的劣势因素，影响着公司内部价值的大小。外部因素包含各种环境因素（比如政治、政策、自然环境、技术、经济与人口等）、行业因素和市场因素等的共同影响，它们可能为公司实现价值增值提供机会，也可能对公司产生威胁，导致公司价值减少。公司价值是由这些内外因素共同决定的，这些要素价值的强弱，决定公司价值的大小。②公司价值是一种综合价值。公司价值涉及多种内外因素，它们共同作用并决定着公司价值，因此，公司价值是由内部因素和外部因素共同构成的综合体。③公司价值是一种时间价值。由于公司价值是由各种因素共同来决定的，在不同的时间，因素的种类和因素的影响强度，以及影响的方向都可能发生变化。因此，公司价值是体现在特定时间下的综合价值，由此，公司价值也应该从多个维度的因素展开价值驱动分析。

本书主张多维度因素价值驱动论，即公司价值是由特定时期体现和影响公司综合实力的内部因素与外部因素同时驱动的，即公司价值是指在特定的时间中展示公司这一特殊商品的综合实力的各种影响因素（包括内部因素与外部因素）的综合体。因此，公司价值自然会受到公司内外部多种因素的影响。特别是中国的亏损上市公司，从公司内部视角来看有未来的销售增长、技术研发的提升、清算价值、人力资源的培训与开发等内在驱动因素，从公司外部视角来看有政府补贴、税收优惠、盈余管理、关联交易以及资产重组等外来驱动因素，因此，在对中国亏损上市公司财务价值的驱动因素进行分析时要综合考虑到影响公司的各种内外部因素，分析各种因素（主要考虑关键驱动因素）对公司财务价值的驱动机理，建立各种价值驱动因素与公司财务价值之间的关系模型，进而对其价值高低进行识别和判断。

3.2 制度背景分析

3.2.1 有关亏损处理的制度分析

表 3-1 亏损上市公司相关制度一览表

颁布时间	制度名称	相关内容要点
1993 年 12 月 29 日	《中华人民共和国公司法》	第一百五十七条 上市公司有下列情形之一的，由国务院证券管理部门决定暂停其股票上市： （一）公司股本总额、股权分布等发生变化不再具备上市条件； （二）公司不按规定公开其财务状况，或者对财务会计书作虚假记载； （三）公司有重大违法行为； （四）公司最近三年连续亏损。 第一百五十八条 上市公司有前条第（二）项、第（三）项所列情形之一经查实后果严重的，或者有前条第（一）项、第（四）项所列情形之一，在限期内未能消除，不具备上市条件的，由国务院证券管理部门决定终止其股票上市。 公司决议解散、被行政主管部门依法责令关闭或者被宣告破产的，由国务院证券管理部门决定终止其股票上市
1998 年 1 月 1 日	《上海证券交易所股票上市规则》	第十章 暂停上市、恢复上市与终止上市 第一节 暂停上市 10.1.1 根据《公司法》第一百五十七条的规定，本节所称的暂停上市包括以下四种情形：（一）上市公司股本总额、股权分布等发生变化不再具备上市条件；（二）上市公司不按规定公开其财务状况，或者对财务会计书作虚假记载；（三）上市公司有重大违法行为；（四）上市公司最近三年连续亏损。 10.1.2 上市公司出现 10.1.1 条第（一）、（二）、（三）项所列情形之一的，本所根据中国证监会的决定暂停其股票上市。

（续）

颁布时间	制度名称	相关内容要点
1998年1月1日	《上海证券交易所股票上市规则》	10.1.3 上市公司出现 10.1.1 条第（四）项所列情形的，本所作出暂停其股票上市的决定。本所在作出暂停股票上市决定后的两个交易日内通知公司并公告，同时报中国证监会备案。 10.1.4 上市公司出现连续三年亏损的，公司董事会应当在收到年度审计书后两个交易日内向本所书并披露年度书。同时，公司董事会应当刊登股票可能被暂停上市的风险提示公告。因根据国家有关会计政策进行追溯调整导致上市公司出现最近三年连续亏损的，上市公司应当向本所提供由注册会计师出具的关于根据国家会计政策所作追溯调整对公司近三年净利润影响的具体数额的专项说明，并应当在年度书中作专项披露。 10.1.5 上市公司最近两年连续亏损后，预计第三年度将继续亏损的，公司董事会应当在第三个会计年度结束后的 20 个交易日内作出股票可能被暂停上市的风险提示公告。公司董事会在披露年报前至少发布三次风险提示公告。 10.1.6 最近两年连续亏损后，第三年的年度财务书显示盈利但被会计师事务所出具带解释性说明段的无保留意见、保留意见、否定意见或拒绝表示意见（以下简称非标准无保留审计意见）的审计书的，上市公司在报送年度书的同时应当向本所提交以下（包括但不限于）文件：（一）公司董事会针对该审计意见涉及事项所做的专项说明和审议此专项说明的董事会决议及决议所依据的材料；（二）公司独立董事对审计意见涉及事项的独立意见；（三）公司监事会对董事会有关说明的意见和相关的决议；（四）负责审计的会计师事务所及注册会计师出具的专项说明；（五）证监会和交易所要求的其他文件。 第三节　终止上市 10.3.1 公司在限期内未能消除 10.1.1 条第（一）项所列情形而不具备上市条件的，或者因 10.1.1 条第（二）、（三）项所列情形，经查实后果严重的，本所根据中国证监会终止上市的有关决定，终止该公司股票上市。

（续）

颁布时间	制度名称	相关内容要点
1998年1月1日	《上海证券交易所股票上市规则》	10.3.2出现下列情形之一的，本所决定终止其股票上市：（一）公司未能在法定披露期限内披露其经审计的暂停上市后第一个半年度书或者恢复上市后的第一个年度书的；（二）在法定披露期限内披露暂停上市后第一个半年度书，但公司未能在披露后五个交易日内提出恢复上市申请的；（三）股票恢复上市申请未被本所受理的；（四）股票恢复上市申请被受理后未被本所核准的；（五）在法定披露期限内披露了恢复上市后的第一个年度书，但公司出现亏损的；（六）在股票暂停上市期间，公司股东大会作出终止上市决议的
1998年4月28日	《上市公司股票特别处理制度》	对财务状况或其他状况出现异常的上市公司的股票交易进行特别处理，财务状况异常是指公司连续两年亏损或每股净资产低于股票面值等情况而其他状况异常是指自然灾害重大事故等导致公司生产经营活动基本中止公司涉及可能赔偿金额超过本公司净资产的诉讼情况等
1999年7月5日	《上市公司股票特别转让处理规则》	上市公司出现连续三年亏损等情况其股票将暂停上市沪深交易所从1999年7月5日起对这类暂停上市的股票实施特别转让服务。公司终止上市前有45天的宽限期在宽限期内未提出宽限申请的或者是在宽限期内申请但未获得批准的公司将停止其股票的特别转让服务
2000年6月7日	《关于进一步加强ST、PT公司信息披露监管工作的通知》	ST公司在进行对经营前景有重大影响的交易活动（如收购、出售资产，重组债务）时，证券交易所有权决定其股票交易临时停牌，一次停牌期限最长不超过一个月。连续三次（即合计3个月）停牌后，该ST公司未主动申请复牌的，由证券交易所实施有条件强制复牌，即恢复在每个交易日上午进行半日交易。对失去持续经营能力的ST公司，其股票比照《股票上市规则》中有关进入破产程序公司股票交易的有关规定，只在每个交易日上午进行交易。要求ST公司在第一、第三季度结束后披露季报（季报准则另行发布）。修订上市公司股票暂停上市规则，取消特别转让价格5%的跌幅限制

（续）

颁布时间	制度名称	相关内容要点
2001年11月30日	《亏损上市公司暂停上市和终止上市实施办法（修订）》	根据本办法规定暂停上市的公司，在暂停上市期间，证券交易所不为其股票提供特别转让服务。在法定披露期限内未披露2001年度书的，证券交易所停止为其股票提供特别转让服务，并在法定披露期限结束后十个工作日内做出公司股票终止上市的决定。宽限期结束日早于2001年度书法定披露期限的公司，如果未在宽限期结束日之前披露2001年度书，或者虽然在宽限期结束日之前披露了2001年度书，但未在宽限期结束日后五个工作日内提出恢复上市申请的，证券交易所应当在公司宽限期结束日后十个工作日内做出公司股票终止上市的决定
2003年3月18日	《关于执行〈亏损上市公司暂停上市和终止上市实施办法（修订）〉的补充规定》	因财务会计书存在重大会计差错或虚假记载，公司主动改正或被责令改正，对以前年度财务会计书进行追溯调整，导致最近两年连续亏损的，如公司追溯调整行为发生当年继续亏损，证券交易所应自公司发布该年度书之日起十个工作日内，作出暂停其股票上市的决定。上市公司在法定期限内未依法披露年度书或者半年度书的，或者在规定期限内未对虚假财务会计书进行改正的，证券交易所应依照有关法律法规及《股票上市规则》的规定，作出公司股票暂停上市、恢复上市或者终止上市的决定
2003年4月4日	《关于对存在股票终止上市风险的公司加强风险警示等有关问题的通知》	由证券交易所对存在股票终止上市风险的公司股票交易实行“警示存在终止上市风险的特别处理”是在原有“特别处理”基础上增加的一种类别的特别处理其主要措施为在其股票简称前冠以“＊ST”字样以区别于其他股票在交易方面被实施退市风险警示处理的股票其报价的日涨跌幅限制为5％

（续）

颁布时间	制度名称	相关内容要点
2004 年 2 月 5 日	《关于做好股份有限公司终止上市后续工作的指导意见》	根据《证券法》规定，上市公司丧失《公司法》规定的上市条件的，其股票依法暂停上市或者终止上市。上市公司股票终止上市后，仍然是合法存续、公众投资者持股的股份有限公司，在各级人民政府的监督管理下，做好依法终止上市的经济和社会稳定工作。股份有限公司终止上市后，公司所发行的股份仍可以依法转让。公司终止上市前向社会公众发行的股份，由代办机构代为办理转让手续；非挂牌交易股份的转让仍以协议转让方式进行，由转让双方直接向证券登记结算机构办理过户登记手续，股份性质的变更参照有关规定办理
2005 年 10 月 27 日	《关于修改〈中华人民共和国证券法〉的决定》	上市公司有下列情形之一的，由证券交易所决定暂停其股票上市交易：（一）公司股本总额、股权分布等发生变化不再具备上市条件；（二）公司不按照规定公开其财务状况，或者对财务会计书作虚假记载，可能误导投资者；（三）公司有重大违法行为；（四）公司最近三年连续亏损；（五）证券交易所上市规则规定的其他情形。 上市公司有下列情形之一的，由证券交易所决定终止其股票上市交易：（一）公司股本总额、股权分布等发生变化不再具备上市条件，在证券交易所规定的期限内仍不能达到上市条件；（二）公司不按照规定公开其财务状况，或者对财务会计书作虚假记载，且拒绝纠正；（三）公司最近三年连续亏损，在其后一个年度内未能恢复盈利；（四）公司解散或者被宣告破产；（五）证券交易所上市规则规定的其他情形
2007 年 1 月 13 日	《上市公司信息披露管理办法》	发生可能对上市公司证券及其衍生品种交易价格产生较大影响的重大事件（包括公司发生重大亏损或者重大损失），投资者尚未得知时，上市公司应当立即披露，说明事件的起因、目前的状态和可能产生的影响

（续）

颁布时间	制度名称	相关内容要点
2011年11月28日	《关于完善创业板退市制度的方案（征求意见稿）》	一、丰富退市标准体系，增加两个退市条件 创业板现行退市条件是根据《证券法》第五十六条的规定，在借鉴主板、中小企业板退市制度经验的基础上制定的，按照现行《创业板股票上市规则》，目前创业板主要退市条件如下：（1）连续亏损；（2）追溯调整导致连续亏损；（3）净资产为负；（4）审计书为否定意见或拒绝表示意见；（5）未改正财务会计书中的重大差错或虚假记载；（6）未在法定期限内披露年度书或中期书；（7）公司解散；（8）法院宣告公司破产；（9）连续120个交易日累计股票成交量低于100万股；（10）连续20个交易日股权分布或股东人数不符合上市条件；（11）公司股本总额发生变化不再具备上市条件。 根据监管实践并借鉴海外市场经验，拟增加两个反映公司规范运作情况和市场效率的退市条件，以丰富创业板退市标准体系。 1. 连续受到交易所公开谴责 创业板公司在最近36个月内累计受到交易所公开谴责三次的，其股票将终止上市。 2. 股票成交价格连续低于面值 创业板公司股票出现连续20个交易日每日收盘价均低于每股面值的，其股票将终止上市。 二、完善恢复上市的审核标准，不支持通过“借壳”恢复上市 为避免创业板公司暂停上市以后通过各种调节财务指标的方式规避退市，拟完善创业板公司恢复上市的审核标准，对暂停上市公司恢复上市的财务标准，参照首次公开发行和再融资的计算方法，以扣除非经常性损益前后的净利润孰低作为盈利判断标准。同时，不支持暂停上市公司通过借壳方式恢复上市。 三、缩短现行部分退市条件的退市时间，加快退市速度 1. 触发净资产为负退市条件的，一旦经审计的年度财

（续）

颁布时间	制度名称	相关内容要点
2011年11月28日	《关于完善创业板退市制度的方案（征求意见稿）》	务会计书显示公司净资产为负，则其股票暂停上市；连续两年净资产为负，则其股票终止上市。 将现行《创业板股票上市规则》中规定的连续两年净资产为负则暂停上市，连续两年半净资产为负则终止上市的退市时间予以缩短。 2. 一旦出现连续120个交易日累计股票成交量低于100万股的，将终止上市。 触发连续120个交易日累计股票成交量低于100万股的退市条件的，一旦达到上述标准，则直接终止上市。 四、改进创业板退市风险提示方式 为了更好地保护投资者权益，充分揭示退市风险，拟实施以下措施： 1. 强化退市信息披露，及时提示退市风险 不再实施“退市风险警示处理”后，为了保护投资者的利益，充分揭示公司的退市风险，拟要求创业板公司在知悉即将触及退市条件时及时披露有关信息，刊登退市风险提示性公告，并在此后每周披露一次退市风险提示公告，以警示公司的退市风险。 2. 深化创业板投资者适当性管理，充分揭示退市风险 建立创业板投资者适当性管理的长效机制，强化退市风险揭示，拟要求证券公司利用短信、电子邮件等方式，将有关创业板公司的退市风险提示公告通知持有退市风险公司股票的投资者，以充分揭示退市风险

从我国关于亏损上市公司的管理制度发展脉络来看，对于上市公司发生亏损情况的处理措施呈现出以下一些特征：

（1）监管亏损上市公司的制度日益健全 近年来，受到国内外经济政治技术自然等环境因素的影响，我国上市公司中发生亏损的现象屡见不鲜，为防止本身作为优质资源的上市公司财务状况恶化，督促公司管理层尽快扭亏为盈，证监会先后出台了一系列有关处理连续亏损情况的政策文件，逐步完善了对亏损上市公司实施有效监管的制度。譬如，最初的《公司法》中只是提及“公司最近三年连续亏损将暂停其股票上市，在限期内未能消除，不具备上市条件的，由国务院证券管理部门决定终止其股票上市。”接着，在股票上市规则中就连续两年和连续三年亏损的上市公司暂停上市、恢复上市与终止上市的条件和程序进行了较为详细的规定。后来，又专门出台了针对上市公司亏损恶化的情况采取特别处理的《上市公司股票特别转让处理规则》、《上市公司股票特别转让处理规则》以及《关于进一步加强 ST、PT 公司信息披露监管工作的通知》，进一步加强了对连续多次出现亏损的上市公司在信息披露方面的监管。再往后，专门针对亏损上市公司制定并实施了《亏损上市公司暂停上市和终止上市实施办法（修订）》及其补充规定，明确了亏损上市公司股票终止上市的具体标准和终止上市公司的处理办法，进一步完善了对亏损上市公司进行监督和处置的制度，提高了对亏损上市公司的信息监管力度。另外，自 2011 年 11 月份开始商讨的《关于完善创业板退市制度的方案（征求意见稿）》，在现有的 11 项退市条件的基础上又增加了两个退市条件，即创业板公司股票出现连续 20 个交易日每日收盘价均低于每股面值，创业板公司在最近 36 个月内累计受到交易所公开谴责三次，其股票也将终止上市。这些明显提高了创业板上市公司退市条件，无疑也是出于增强亏损上市公司监管力度、保护投资者利益的考虑。

（2）预防公司亏损恶化的措施日益细化　上市公司一旦陷入亏损境地，会受到各种规章制度的约束，这种约束作用本身也能防止上市公司的亏损进一步恶化。根据《关于执行〈亏损上市公司暂停上市和终止上市实施办法（修订）〉的补充规定》，因财务会计书存在重大会计差错或虚假记载，公司主动改正或被责令改正，对以前年度财务会计书进行追溯调整，导致最近两年连续亏损的，如公司追溯调整行为发生当年继续亏损，证券交易所应自公司发布该年度书之日起 10 个工作日内，作出暂停其股票上市的决定。上市公司在法定期限内未依法披露年度书或者半年度书的，或者在规定期限内未对虚假财务会计书进行改正的，证券交易所应依照有关法律法规及《股票上市规则》的规定，作出公司股票暂停上市、恢复上市或者终止上市的决定。为免遭退市的风险，亏损上市公司十分重视在亏损后第一年的运营状况，管理层出于退市压力、政绩工程的考虑，也会尽力扭亏为盈，当然也可能采取盈余管理的非正常手段，在亏损当年的第四个季度进行洗大澡，以确保下一年能够实现账面盈利。另外，在 2005 年修改的《证券法》中，细化了上市公司终止上市的条件，指出，"上市公司有下列情形之一的，由证券交易所决定终止其股票上市交易：公司股本总额、股权分布等发生变化不再具备上市条件，在证券交易所规定的期限内仍不能达到上市条件；公司不按照规定公开其财务状况，或者对财务会计书作虚假记载，且拒绝纠正；公司最近三年连续亏损，在其后一个年度内未能恢复盈利；公司解散或者被宣告破产；证券交易所上市规则规定的其他情形。"这比之前的退市制度规定更为严格和细致，起到了预防和抑制上市公司亏损进一步恶化的作用。

(3) 保护投资者利益的意识和手段日益增强 早在 2000 年 6 月，出于保护投资者利益的考虑，证监会就颁发了《关于进一步加强 ST、PT 公司信息披露监管工作的通知》，通知规定，ST 公司在进行对经营前景有重大影响的交易活动（如收购、出售资产，重组债务）时，证券交易所有权决定其股票交易临时停牌，一次停牌期限最长不超过一个月。连续三次（即合计 3 个月）停牌后，该 ST 公司未主动申请复牌的，由证券交易所实施有条件强制复牌，即恢复在每个交易日上午进行半日交易。对失去持续经营能力的 ST 公司，其股票比照《股票上市规则》中有关进入破产程序公司股票交易的有关规定，只在每个交易日上午进行交易。要求 ST 公司在第一、第三季度结束后披露季报（季报准则另行发布)。接着，出台了《关于做好股份有限公司终止上市后续工作的指导意见》，该《意见》充分体现了保护投资者特别是社会公众投资者合法权益的指导思想，并在这方面采取了相关措施：明确上市公司股票终止上市后，应当保证公司股东依法享有的资产受益、重大决策和选择管理者等权利，保证公众投资者合法享有的知情权；建立对退市公司高管人员失职的责任追究机制，中国证监会对未依法忠实履行职务，未依照《意见》履行保护股东合法权益义务的退市公司董事及其高级管理人员实行市场禁入制度，严格审查有诚信污点记录的退市公司控股股东、实际控制人的市场准入条件；明确了退市公司重组中应当遵循保护全体股东、债权人和其他利益相关者合法权益的原则，规定了退市公司申请再次上市的条件和程序。接着，证监会又专门制定了《上市公司信息披露管理办法》，要求上市公司在发生可能对上市公司证券及其衍生品种交易价格产生较大影响的重大事件（包括公司发生重大亏损或者重大损失），投资者尚未得知时，应当立即披露该事件，并详细说明事件的起因、目前的状态和可能产生的影响。这表明，证监会在对投资者利益的保护意识和手段上日益增强。

3.2.2 有关公司治理的制度分析

表 3-2 公司治理相关制度一览表

颁布时间	制度名称	相关内容要点
1993年12月29日	《中华人民共和国公司法》	1993年颁布的《公司法》要求股份有限公司需设立由5～19人组成的董事会，董事长是公司的法定代表人。《公司法》的颁布意味着董事会运作所需要的基本制度环境开始具备
1997年12月	《上市公司章程指引》	为进一步完善上市公司的董事会制度，1997年12月，中国证监会在《上市公司章程指引》中，以选择性条款的形式首次引入独立董事

（续）

颁布时间	制度名称	相关内容要点
2001 年 8 月 16 日	《关于在上市公司建立独立董事制度的指导意见》	为进一步完善上市公司治理结构，促进上市公司规范运作，现就上市公司建立独立的外部董事（以下简称独立董事）制度提出以下指导意见： 一、上市公司应当建立独立董事制度： （一）上市公司独立董事是指不在公司担任除董事外的其他职务，并与其所受聘的上市公司及其主要股东不存在可能妨碍其进行独立客观判断的关系的董事。 （二）独立董事对上市公司及全体股东负有诚信与勤勉义务。独立董事应当按照相关法律法规、本指导意见和公司章程的要求，认真履行职责，维护公司整体利益，尤其要关注中小股东的合法权益不受损害。独立董事应当独立履行职责，不受上市公司主要股东、实际控制人、或者其他与上市公司存在利害关系的单位或个人的影响。 独立董事原则上最多在 5 家上市公司兼任独立董事，并确保有足够的时间和精力有效地履行独立董事的职责。 （三）各境内上市公司应当按照本指导意见的要求修改公司章程，聘任适当人员担任独立董事，其中至少包括一名会计专业人士（会计专业人士是指具有高级职称或注册会计师资格的人士）。在二〇〇二年六月三十日前，董事会成员中应当至少包括 2 名独立董事；在二〇〇三年六月三十日前，上市公司董事会成员中应当至少包括三分之一独立董事
2002 年 1 月 7 日	《上市公司治理准则》	中国证监会和国家经贸委发布的《上市公司治理准则》就董事的选聘、董事义务、董事会的构成和职责、董事会议事规则、独立董事制度和董事会专门委员会的设立等作出了具体的规定

（续）

颁布时间	制度名称	相关内容要点
2003 年 10 月 14 日	《中共中央关于完善社会主义市场经济体制若干问题的决定》	完善公司法人治理结构。按照现代企业制度要求，规范公司聘任制度。股东会决定董事会和监事会成员，董事会选择经营管理者，经营管理者行使用人权，并形成权力机构、决策机构、监督机构和经营管理者之间的制衡机制
2005 年 4 月 29 日	《关于上市公司股权分置改革试点有关问题的通知》	经国务院批准，中国证监会发布《关于上市公司股权分置改革试点有关问题的通知》，在“统一组织、分散决策”的原则下，启动股权分置改革。股权分置改革的基本方式是通过非流通股股东向流通股股东支付对价（补偿）从而获得非流通股的上市流通权。至 2006 年 12 月 29 日，两市共有 1 269 家公司完成了股改或进入股改程序，市值占比为 97%，股改工作基本完成
2005 年 10 月 27 日	修订后的《公司法》	修订的《公司法》明确规定上市公司应当设独立董事和董事会秘书
2006 年 11 月 13 日	《证券公司董事、监事和高级管理人员任职资格监管办法》	证券公司行使经营管理职责的管理委员会、执行委员会以及类似机构的成员为高管人员。 第三条　证券公司董事、监事和高管人员应当在任职前取得中国证券监督管理委员会（以下简称中国证监会）核准的任职资格。 证券公司不得聘任未取得任职资格的人员担任董事、监事和高管人员，不得违反规定授权不具备任职资格的人员实际行使职责。 第四条　证券公司董事、监事和高管人员应当遵守法律、行政法规和中国证监会的规章、规范性文件，遵守公司章程和行业规范，恪守诚信，勤勉尽责。

（续）

颁布时间	制度名称	相关内容要点
2006 年 11 月 13 日	《证券公司董事、监事和高级管理人员任职资格监管办法》	第五条　中国证监会依法对证券公司董事、监事和高管人员进行监督管理。 证券公司董事、监事和高管人员的任职资格由中国证监会依法核准，经中国证监会授权，也可以由中国证监会派出机构（以下简称派出机构）依法核准
2007 年 1 月 13 日	《上市公司信息披露管理办法》	上市公司董事、监事、高级管理人员应当勤勉尽责，关注信息披露文件的编制情况，保证定期书、临时书在规定期限内披露，配合上市公司及其他信息披露义务人履行信息披露义务 第三十九条　上市公司应当制定定期书的编制、审议、披露程序。经理、财务负责人、董事会秘书等高级管理人员应当及时编制定期书草案，提请董事会审议；董事会秘书负责送达董事审阅；董事长负责召集和主持董事会会议审议定期书；监事会负责审核董事会编制的定期书；董事会秘书负责组织定期书的披露工作。 第四十条　上市公司应当制定重大事件的书、传递、审核、披露程序。董事、监事、高级管理人员知悉重大事件发生时，应当按照公司规定立即履行书义务；董事长在接到书后，应当立即向董事会书，并敦促董事会秘书组织临时书的披露工作

公司治理制度是政府部门为维护以股东为核心的权益主体的利益，对企业的权力制衡关系和决策系统所作出的制度安排。从表 3－2 中列示的一系列有关公司治理的规章制度来看，我国政府部门在引入和实施公司治理制度的过程中呈现出以下特征：

（1）董事会制度逐步健全　1993 年颁布的《公司法》要求

股份有限公司需设立由 5～19 人组成的董事会，这标志着公司具备了董事会运作所需要的基本制度环境。为进一步完善上市公司的董事会制度，1997 年 12 月，中国证监会在《上市公司章程指引》中，以选择性条款的形式首次引入独立董事。2001 年 8 月，中国证监会发布了《关于在上市公司建立独立董事制度的指导意见》，开始在上市公司全面推行独立董事制度。2002 年 1 月，中国证监会和国家经贸委发布的《上市公司治理准则》就董事的选聘、董事义务、董事会的构成和职责、董事会议事规则、独立董事制度和董事会专门委员会的设立等作出了具体的规定。2005 年 10 月 27 日修订的《公司法》明确规定上市公司应当设独立董事和董事会秘书。这一系列的制度建设使我国上市公司董事会运作开始逐步规范（张功富，2009）。

（2）公司治理的力度日益加大 1994 年 7 月，我国第一部《公司法》颁布，提出了有限责任公司、国有独资公司和股份有限公司三种公司制企业的治理结构模式，为国有企业改革提供了标准化的治理结构模式。之后，又专门制定了一系列旨在加强公司治理力度的规范性制度，如《关于在上市公司建立独立董事制度的指导意见》、《上市公司治理准则》、《证券公司董事、监事和高级管理人员任职资格监管办法》、《上市公司信息披露管理办法》等，这些制度按照现代企业制度要求，规范公司聘任制度，指导并要求企业形成权力机构、决策机构、监督机构和经营管理者之间的制衡机制，同时从多个方面、多个主体加强对公司管理层的监督，加强了公司治理的力度。

（3）公司治理的措施日益丰富 从公司治理的产生和发展来看，公司治理途径可以分为内部治理措施和外部治理措施。内部治理是指所有者对经营者的一种监督与制衡机制，即通过一种制度安排，来合理地界定和配置所有者与经营者之间的权利与责任关系。外部治理是指通过一整套包括正式或非正式的、内部的或外部的制度来协调公司与所有利益相关者之间的利益关系，以保证公司决策的科学性、有效性，从而最终维护公司各方面的利益。由政府制定的相关文件制度来看，从开始的只是从内部治理的角度考虑治理问题（如内部控制制度等），到现在既有内部治理措施，又加强了外部监督（如独立董事制度等）。此外，各家企业根据自身的发展状况基本上都制定了一套公司治理制度，特别是上市公司而言，基本上都有一套完整的公司治理制度，具体包括《股东大会议事规则》、《董事会议事规则》、《监事会议事规则》、《信息披露制度》、《内部控制制度》等，这些无疑拓宽了公司治理的具体途径和方法。

3.2.3　有关债务融资的制度分析

表 3-3　债务融资相关制度一览表

颁布时间	制度名称	相关内容要点
2005 年 10 月 27 日	《中华人民共和国证券法》	公开发行公司债券，应当符合下列条件： （一）股份有限公司的净资产不低于人民币三千万元，有限责任公司的净资产不低于人民币六千万元；（二）累计债券余额不超过公司净资产的百分之四十；（三）最近三年平均可分配利润足以支付公司债券一年的利息；（四）筹集的资金投向符合国家产业政策；（五）债券的利率不超过国务院限定的利率水平；（六）国务院规定的其他条件。 公开发行公司债券筹集的资金，必须用于核准的用途，不得用于弥补亏损和非生产性支出
2005 年 5 月	《短期融资券管理办法》	规定融资券的发行规模实行余额管理，期限实行上限管理，发行利率不受管制，融资券在中央结算公司无纸化集中登记托管；规定发行人应进行信用评级，应聘请注册会计师进行审计，应聘请律师出具法律意见书；明确了发行人的信息披露规范

（续）

颁布时间	制度名称	相关内容要点
2006年5月6日	《上市公司证券发行管理办法》	公开发行可转换公司债券的公司，除应当符合本章第一节规定外，还应当符合下列规定： （一）最近三个会计年度加权平均净资产收益率平均不低于百分之六。扣除非经常性损益后的净利润与扣除前的净利润相比，以低者作为加权平均净资产收益率的计算依据； （二）本次发行后累计公司债券余额不超过最近一期末净资产额的百分之四十； （三）最近三个会计年度实现的年均可分配利润不少于公司债券一年的利息
2007年1月13日	《上市公司信息披露管理办法》	发生可能对上市公司证券及其衍生品种交易价格产生较大影响的重大事件，投资者尚未得知时，上市公司应当立即披露，说明事件的起因、目前的状态和可能产生的影响。 前款所称重大事件包括： （一）公司的经营方针和经营范围的重大变化； （二）公司的重大投资行为和重大的购置财产的决定； （三）公司订立重要合同，可能对公司的资产、负债、权益和经营成果产生重要影响； （四）公司发生重大债务和未能清偿到期重大债务的违约情况，或者发生大额赔偿责任
2008年4月9日	《银行间债券市场非金融企业债务融资工具管理办法》	交易商协会作为市场成员的代表，对企业债务融资工具实行自律管理，有利于充分调动各类市场资源，对债务融资工具的发行、交易流通、登记托管以及信息披露等进行全方位细致的自律约束，这更能够体现来源于市场、服务于市场的专业化特点

与债务融资相关的规定目前并没有独立的法律法规，但在《公司法》、《首次公开发行股票并上市管理办法》、《银行间债券

市场非金融企业债务融资工具管理办法》等法律法规条例中均有提及，总体而言，我国债务融资制度属于政府供给主导的强制性制度，呈现出对银行贷款的过度依赖、对政府偏好的过度迎合以及关系型债务融资异化等特征（陈岩，2010）。

（1）对银行贷款的过度依赖 在债务融资途径上，我国大多数企业长期以来过分依赖于银行贷款，这种间接融资的方式，不仅给银行带来了丰厚的利息收入，同时也免去了企业直接进行债券融资的烦琐程序，再加上多数企业由于自身资信不够和管理制度的不完善，其利用发行债券的方式显得更为困难，这使得我国现有债务融资制度的确立更多的是从银行贷款安全性、企业财务风险等角度去考虑，这造成企业的债务融资过度依赖于银行贷款，缺少一个有足够规模和流动性的有效率的企业债券市场，最终导致我国企业债务融资结构失衡。

（2）对政府偏好的过度迎合 现有的金融体系是由政府建设和主导的，也是政府控制金融资源、实现宏观经济调控的一个主要工具。对金融机构的设置和债务融资制度的安排很多时候是取决于政府对金融系统的监督和控制成本。政府为了实现自己的政治意图，往往会限制和排斥民间金融机构的发展和壮大，结果导致地下钱庄（灰色金融）繁衍。这些表明，现有的涉及债务融资的相关制度主要是以迎合政府节约监督和管理成本、控制金融风险的偏好为导向。

（3）关系型债务融资异化 在经济体制改革前，为了满足赶超型的发展战略对资金的非均衡性需求，政府控制着贷款的规模和方向，重点支持优先发展部门和企业，银行只是实现政府融资经济目标的工具，贷款项目的事前审查和事后监督都是软约束。这种异化的关系型债务融资的结果是资金的非市场化配置和低效率使用。尽管随着经济改革的不断深入，作为市场主体的政府、企业和商业银行的关系开始重新构建，但是由于制度变迁的增量性和路径依赖，适应市场经济要求的银企关系的建立尚需时日（陈岩，2010）。

3.2.4 有关资产重组的制度分析

表 3-4 资产重组相关制度一览表

颁布时间	制度名称	相关内容要点
1998 年 1 月 1 日	《上海证券交易所股票上市规则》	8.16 上市公司在重大收购、出售资产或股权、债务重组过程中，股价出现异常波动或董事会预计将会导致股价出现异常波动的，如果出现下列情形且无法按照 4.9 条规定进行分阶段披露的，董事会应当向本所提出停牌申请：(一) 重大收购、出售资产或股权、债务重组行为不能确定结果；(二) 相关信息在市场上已有传播但仍需报请政府批准；(三) 董事会预计相关信息无法保密的
2001 年 12 月 10 日	《关于上市公司重大购买、出售、置换资产若干问题的通知》	上市公司实施重大购买、出售、置换资产行为，应当遵循有利于上市公司可持续发展和全体股东利益的原则，与实际控制人及其关联人之间不存在同业竞争，保证上市公司与实际控制人及其关联人之间人员独立、资产完整、财务独立；上市公司具有独立经营能力，在采购、生产、销售、知识产权等方面能够保持独立。独立董事应当就本次资产交易是否有利于上市公司和全体股东的利益发表独立意见，并就上市公司重组后是否会产生关联交易、形成同业竞争等问题做出特别提示
2004 年 2 月 5 日	《关于做好股份有限公司终止上市后续工作的指导意见》	关于股份有限公司终止上市后进行资产重组的问题 (一) 股份有限公司终止上市后可以采取购买、出售资产，剥离债务或股份置换等方式进行资产重组。公司无论是通过重组实现发展，还是简单维持低水平存续，均应当在公司所在地人民政府的支持、指导、监督下依法进行，切实做到防范化解各类风险和维护社会安定。 (二) 股份有限公司终止上市后进行资产重组，应遵守法律法规和公司章程的有关规定，尊重股东、债权人和其他利益关系人的意愿，不应有侵犯股东、债权人和其他利益相关者的合法权益的行为。资产重组方案涉及股东权益调整的，应当征得相关股东的同意。

（续）

颁布时间	制度名称	相关内容要点
2004年2月5日	《关于做好股份有限公司终止上市后续工作的指导意见》	（三）股份有限公司终止上市后，符合法律法规规定条件的，可以再次申请股票上市交易。 （四）股份有限公司终止上市后拟再次申请上市的，应当聘请代办机构担任其上市保荐机构。上市保荐机构对公司进行上市前辅导并在再次上市后的两个会计年度内，持续履行下列职责： 1. 按照本行业公认的业务标准、道德规范和勤勉尽责精神，为公司提供遵守相关法律、法规及证券交易所相关规则的专业办法并指导其规范运作； 2. 督促并指导公司按照相关法律、法规及证券交易所上市规则的规定，真实、准确、完整、及时地披露信息； 3. 审核公司的所有公开披露文件，对公司公开披露文件的真实性、准确性、完整性有疑义的，及时向公司指出并进行核实，发现重大问题时，及时向中国证监会和证券交易所书； 4. 在公司年度书披露后的一个月内，就公司的合规运作、业务经营、财务状况、或有事项等情况进行核查并公告核查结论
2006年7月25日	《中国证券监督管理委员会上市公司并购重组审核委员会工作规程》	中国证券监督管理委员会（以下简称中国证监会）设立上市公司并购重组审核委员会（以下简称重组委），根据《中华人民共和国公司法》、《中华人民共和国证券法》等法律、行政法规和中国证监会的规定，对根据有关规定应提交其审议的并购重组事项进行审核或提供咨询意见
2006年7月31日	《上市公司收购管理办法》	以协议方式进行上市公司收购的，自签订收购协议起至相关股份完成过户的期间为上市公司收购过渡期（以下简称过渡期）。在过渡期内，收购人不得通过控股股东提议改选上市公司董事会，确有充分理由改选董事会的，来自

（续）

颁布时间	制度名称	相关内容要点
2006 年 7 月 31 日	《上市公司收购管理办法》	收购人的董事不得超过董事会成员的 1/3；被收购公司不得为收购人及其关联方提供担保；被收购公司不得公开发行股份募集资金，不得进行重大购买、出售资产及重大投资行为或者与收购人及其关联方进行其他关联交易，但收购人为挽救陷入危机或者面临严重财务困难的上市公司的情形除外。在上市公司收购行为完成后 12 个月内，收购人聘请的财务顾问应当在每季度前 3 日内就上一季度对上市公司影响较大的投资、购买或者出售资产、关联交易、主营业务调整以及董事、监事、高级管理人员的更换、职工安置、收购人履行承诺等情况向派出机构书
2007 年 1 月 13 日	《上市公司信息披露管理办法》	上市公司的股东、实际控制人拟对上市公司进行重大资产或者业务重组时，应当主动告知上市公司董事会，并配合上市公司履行信息披露义务
2008 年 4 月 16 日	《上市公司重大资产重组管理办法》	上市公司及其控股或者控制的公司购买、出售资产，达到下列标准之一的，构成重大资产重组： （一）购买、出售的资产总额占上市公司最近一个会计年度经审计的合并财务会计书期末资产总额的比例达到 50%以上； （二）购买、出售的资产在最近一个会计年度所产生的营业收入占上市公司同期经审计的合并财务会计书营业收入的比例达到 50%以上； （三）购买、出售的资产净额占上市公司最近一个会计年度经审计的合并财务会计书期末净资产额的比例达到 50%以上，且超过 5 000 万元人民币
2008 年 6 月 3 日	《上市公司并购重组财务顾问业务管理办法》	财务顾问应当遵守法律、行政法规、中国证监会的规定和行业规范，诚实守信，勤勉尽责，对上市公司并购重组活动进行尽职调查，对委托人的申报文件进行核查，出具专业意见，并保证其所出具的意见真实、准确、完整

（续）

颁布时间	制度名称	相关内容要点
2011年8月1日	《关于修改上市公司重大资产重组与配套融资相关规定的决定》	自控制权发生变更之日起，上市公司向收购人购买的资产总额，占上市公司控制权发生变更的前一个会计年度经审计的合并财务会计书期末资产总额的比例达到100%以上的，除符合本办法第十条、第四十二条规定的要求外，上市公司购买的资产对应的经营实体持续经营时间应当在3年以上，最近两个会计年度净利润均为正数且累计超过人民币2 000万元。上市公司购买的资产属于金融、创业投资等特定行业的，由中国证监会另行规定

从表3-4关于资产重组相关管理制度的发展脉络来看，政府部门对于上市公司实施资产重组行为采取的监管措施呈现出以下一些特征：

（1）对资产重组行为的监管程序日益规范化 对于资产重组行为的监督，最早出现在《股票上市规则》中以特殊条例的形式提及，“上市公司在重大收购、出售资产或股权、债务重组过程中，股价出现异常波动或董事会预计将会导致股价出现异常波动的，如果出现下列情形且无法按照规定进行分阶段披露的，董事会应当向本所提出停牌申请：重大收购、出售资产或股权、债务重组行为不能确定结果等情形”。之后，证监会颁布了《关于上市公司重大购买、出售、置换资产若干问题的通知》，专门对上市公司各种重组方式进行了规范，再往后，又颁布了《上市公司重大资产重组管理办法》以及《关于修改上市公司重大资产重组与配套融资相关规定的决定》，进一步规定了上市公司在发生重大资产重组过程中应该遵循的基本原则和基本程序，而且还特别对重大资产重组行为的标准进行了较为清晰地界定，使得资产重组行为的监管程序有据可依、有序可依。

（2）对资产重组行为的监管措施日益严格化 随着一系列相关制度的颁布实施，政府对上市公司发生的资产重组行为从监管范围、监管条件和监管方式等方面进行了逐步的明确和细化。在监管范围方面明确界定："借壳上市是指自控制权发生变更之日起，上市公司向收购人购买的资产总额，占上市公司控制权发生变更的前一个会计年度经审计的合并财务会计书期末资产总额的比例达到100%以上的交易行为。"在监管条件方面，要求拟借壳对应的经营实体持续经营时间应当在3年以上，最近2个会计年度净利润均为正数且累计超过2 000万元；在监管方式方面，相比较IPO是主体自身的规范上市而言，借壳上市主要关切上市公司与标的资产之间的整合效应、产权完善以及控制权变更后公司治理的规范，因此监管重点更加突出持续督导效果，明确要求在借壳上市完成后，上市公司应当符合证监会有关治理与规范运作的相关规定，在业务、资产、财务、人员、机构等方面独立于控股股东、实际控制人及其控制的其他企业，与控股股东、实际控制人及其控制的其他企业间不存在同业竞争或者显失公平的关联交易。制定更为严格的资产重组行为监管措施将"有利于遏制市场绩差股投机炒作和内幕交易等问题，有利于统筹平衡借壳上市与IPO的监管效率，有利于市场化退市机制改革的推进和出台"。

（3）对资产重组行为的行政干预过度　上市公司并购重组的行政干预色彩较浓厚，审批环节多。在当前经济结构中国有经济比重占主导地位的条件下，上市公司并购重组方案一般都需要主管部委或地方政府批准。为了顺利获得政府部门的批准，并购重组方案需要在股票停牌前与政府进行沟通。很多并购重组在地方政府的直接主导下进行，甚至一些地方国企的并购重组完全由当地政府决策和推动。此外，地方保护主义等消极因素也会对跨区域的并购重组构成一定的障碍，这既降低了重组的效率，同时也浪费了社会资源。

4 中国亏损上市公司财务行为特征分析

处于转轨经济期的中国，作为一个新兴经济体，既有经济高速增长的良好发展态势，又有社会经济体制尚不健全的缺陷。在此背景下，衍生出来的中国证券市场的产物——中国亏损上市公司势必在财务行为上会有其独特的一面。行为是人类在生活中表现出来的生活态度及具体的生活方式，它是在一定的物质条件下，不同的个人或群体，在社会文化制度、个人价值观念的影响下，在生活中表现出来的基本特征，或对内外环境因素刺激所做出的能动反应。一般来说，人的行为由五个基本要素构成，即行为主体、行为客体、行为环境、行为方式和行为结果。上市公司作为一个独立法人，同样也应该有其独立的行为。从财务的角度来看，公司行为包括经营活动、投资活动和利润分配活动中产生的各种财务行为。此外，笔者认为，每一家上市公司都应该有其生存、发展的目标，因此，上市公司的财务行为除了应该包括行为主体、行为客体、行为环境、行为方式和行为结果等五个基本要素之外，还应该包括行为目标这一导向性要素。据此，本章首先基于财务管理的视角，分别从财务行为目标、财务行为主体、财务行为客体、财务行为环境、财务行为方式和财务行为结果等六个方面对当前中国亏损上市公司的财务行为特征进行了较为全面地分析和探讨，然后重点分析了现阶段我国亏损上市公司在公司治理要素、债务融资行为以及资产重组行为等方面的特征。

4.1 亏损上市公司的财务行为要素特征

4.1.1 财务行为目标特征

（1）**异质性** 由于各家上市公司所处的发展阶段、社会环境以及经营状况不一样，其财务行为的制定往往会遵循不同的原则，体现在具体的财务行为目标上就会有差异性。一般而言，处于良性发展态势的公司往往会遵循激进性、扩张性、盈利性等原则，它们通常将扩大市场的占有率、塑造自身的品牌效应、追求更多的投资回报视为自身的财务行为目标；而处于恶性发展态势，特别是处于亏损状态的上市公司，出于避免退市、树立投资者信心等因素的考虑，往往会遵循保守性、收缩性、扭亏性原则，此时，它们将调整公司经营业务、实施资产重组、加强公司治理或者借助于关联方交易来实现扭亏为盈视为自身的财务行为目标。由此看来，上市公司处于不同发展阶段、不同经营状况以及不同的公司内外部环境下，其确立的财务行为具体目标是不一样的。

对于中国亏损上市公司而言，由于每家上市公司发生亏损的程度存在差异，其财务行为具体目标应该呈现出一定的异质性。对于那些已经发生了严重亏损甚至于无法挽救的亏损上市公司，公司管理层出于保护债权人和股东利益的考虑，确立的财务行为目标往往具有补偿性特征。具体而言，对于那些严重亏损的上市公司，管理层已经无法通过正常的经营决策扭转公司业绩，或者说无法通过自身的努力来挽救公司，他们只能寻求外部力量来补偿公司利益相关各方的损失，公司管理层或者通过破产申请的方式变卖公司的现有财产，以此清偿债权人的债务和支付投资者的补偿；或者通过并购重组的方式，寻求其他公司作为自己的保护伞，从而达到保壳护壳的目的。对于那些只是偶发性亏损或亏损程度较轻的上市公司而言，公司管理层出于保壳、增强投资者信心的考虑，确立的财务行为目标往往具有扭转性特征。对于该类亏损上市公司而言，管理层普遍认为上市公司的亏损只是偶然现象，只要及时调整经营策略、改变经营方式，采取有效的财务行为措施，是能够在亏损年度后的年度迅速扭亏为盈的。因此，他们或者通过增收节支来避免下一年度出现亏损，或者通过调整公司业务、精简管理机构等方式来扭转公司的业绩。对于那些处于严重亏损和轻度亏损之间的中间状态的亏损上市公司而言，它们的亏损状态往往会持续较长的时间，由于公司高管层往往难以在亏损当年或者亏损下一年内采取有效的财务措施迅速将该类亏损上市公司扭亏为盈，因此，管理层大多会选择在亏损年份"洗大澡"，从而为后续的扭亏奠定基础。根据中国证监会于 2003 年 3 月 18 日颁布并实施的《关于执行〈亏损上市公司暂停上市和终止上市实施办法（修订）〉的补充规定》，我国亏损上市公司的亏损状态持续的时间一般为 2～3 年，如果再持续下去，公司就面临退市的风险，因此，对于该类亏损上市公司而言，管理层尽管在亏损当年不能很快扭亏为盈，但为避免带上 ST 或退市风险，他们普遍会采取"洗大澡"的负向盈余管理行为，以为下一年度扭亏为盈做好铺垫，此时，管理层的财务行为目标往往表现出折价性特征。

（2）反转性　在有效的经理人市场和荣誉机制的作用下，一旦上市公司发生亏损时，公司管理层无疑都希望在其任职期限内能够通过自己的经营扭转公司的业绩，尽快使其扭亏为盈。当上市公司陷入亏损状态时，如果管理层认为其在亏损当年扭亏有望，就会采取一切可行的办法进行正向盈余管理，这种正向盈余管理行为会通过以下两种途径影响到投资者对收益质量的感觉，从而推动市场作出与管理层预期相反的反应。一是正向盈余管理行为降低了亏损上市公司在亏损当期的收益质量和未来的盈利能力，如企业采取由加速折旧法转为直线折旧法（旨在提高年收益）的会计变更时，盈余管理的行为本身向市场传递了这样一种信号：公司的扭亏为盈是通过减缓资产的注销而实现的。与正常经营获利的公司相比，投资者意识到这样的公司收益质量较低。此外，当期较低的资产注销意味着未来要承担更多的资产注销，所以市场会对其未来收益的增加给予较低的评价。二是正向盈余管理行为会导致投资者对亏损上市公司的财务状况做出悲观的推测。如果公司由稳健的会计政策转为乐观的会计政策，会给投资者传递一种信号：公司需要通过这些行为来避免报表数字的恶化，这种推测会影响到投资者对于公司收益持续性的判断，直接降低投资者对公司收益质量的感觉，从而推动投资者做出与管理层预期相反的反应。

然而，当今的中国正处于转轨经济时期，经理人市场的约束机制和荣誉机制尚不健全，再加上政府对上市公司（特别是国有属性的上市公司）的过度干涉，使得即使是亏损状态下的上市公司管理层不一定会在亏损当期积极努力地实施有效的财务行为扭亏，而是可能通过负向盈余管理的财务行为手段在亏损当年“洗大澡”，提前确认后期损失或推迟确认当期收益，这样力保下一年度能够扭亏为盈。张昕（2010）的研究表明，如果上市公司当年扭亏无望，它们会选择在第四季度增加亏损为实现下一年度扭亏为盈做好准备。同样，这种负向盈余管理行为会通过以下两种途径影响到投资者对收益质量的感觉，从而推动市场做出与管理层预期相反的反应。一是负向盈余管理行为尽管会导致其在会计利润上亏损得更为严重，但实质上，这种亏损的加重只是将亏损年度以后年度的损失提前确认或以后的成本提前费用化的结果，它增加了亏损上市公司在未来的扭亏能力和持续获利的可能性，这增强了投资者对亏损上市公司未来扭亏为盈的信心，从而推动市场对亏损上市公司给予较高的评价。二是管理层通过洗大澡方式将公司的劣质资产一次性注销，给投资者传递了资产优化配置、资产质量提升的信号，这本身也会增加投资者对亏损上市公司未来业绩好转的预期，从而使得市场对亏损上市公司的评价较高。无论是哪一种途径，管理层发生的财务行为都是以亏损反转性作为其最终目标。

（3）驱动性 目标是行为的导向，它指引着行为主体朝着既定的方向去努力，对行为主体起到引导和激励性的作用。对于上市公司而言，这一激励性的作用主要体现在财务行为目标对公司管理层财务行为的驱动上。上市公司的管理层往往将利润最大化、股东财富最大化或企业价值最大化等作为他们财务行为的终极目标，在实现这一目标的过程中，他们会发生各种各样的财务行为，此时，财务行为目标往往成为其财务行为的驱动力，是管理层产生各种财务行为的根源和归宿。而且这种具体目标对公司财务行为所产生的驱动效应大小在很大程度上取决于其目标制定的合理性和科学性。这要求公司管理层在制定公司财务行为目标时要根据公司战略发展的需要审时度势，量体裁衣。公司制定的财务行为目标既不能过于宽松，使得高管层很容易就能够实现，从而导致财务行为目标难以对公司高管产生有效的激励作用，又不能制定地过于严格，使得高管层很难达到目标要求，从而使其丧失信心和造成紧张感。同时，财务目标对财务行为所产生的驱动作用也体现在财务行为目标对公司财务行为的监控和约束作用上。当财务行为主体发生的行为动作偏离财务行为目标时，以财务行为目标为参照，有利于及时发现行为偏差，纠正财务行为上的不当之处。

当上市公司处于亏损状态时，管理层出于声誉机制和突出功绩的考虑，会自觉地将扭亏为盈视为自身的财务行为目标，这种目标会驱使他们对过去自己任职的这一年来所发生的各种财务行为进行反思，为什么经过一年的经营管理，公司会亏损呢？究竟是公司自身的原因还是公司外部因素导致其亏损呢？在弄清楚引起亏损的根源后，管理层更要思考的是，要实现扭亏为盈的财务行为目标，自己该如何去选择扭亏方式和手段，不同的扭亏途径产生的扭亏效果有何差异？继而引发管理层在公司的营业收入、营业成本以及管理制度等方面的反思，这些思考最终引导管理层在亏损以后年度产生的各种财务行为，激励他们采取各种能够使得公司扭亏为盈的措施。

（4）**双重性** 中国的亏损上市公司往往同时具有企业性和社会性两重属性。一方面，亏损上市公司要通过转变生产方式、调整业务结构以及成本控制等手段来实现扭亏为盈，以此保证企业的存在和延续性，这表现出亏损上市公司的企业性；另一方面，亏损上市公司的经济活动要在政府的控制和监督下进行，要保护好公司的债权人、投资者以及社会公众的根本利益，企业要向社会提供外在性产品，为社会经济发展做贡献，表现出它的社会性。这种双重属性的特征决定了亏损上市公司在财务管理中既要体现社会性目标，又要实现企业性目标。中国的亏损上市公司社会性目标有着特殊功能和作用。首先，利用中国的亏损上市公司能够较好地实现社会政策目标，包括稳定经济增长，增加就业，实现社会公平、发展高新技术产业和国家安全等，如果单纯以"扭亏为盈"为目标，就不可能实现这些社会性功能。其次，中国的亏损上市公司比一般企业有极大的优越性，能通过政府的筹资能力，政府组织资源的能力来实现社会资源的优化配置。尽管有些亏损上市公司，不是以利益最大化为唯一目标，更加注重的是社会公共目标。但是，实现企业利润，仍然是其需要达到的目标之一，否则亏损上市公司也就不能长期作为企业而存在。如果上市公司没有一定利润而是长期亏损，处于十分困难的境地，就很难保证社会目标实现，上市公司也就失去了存在意义。

因此，中国的亏损上市公司目标构成既是矛盾的也是统一的。作为企业应体现自主性要求，必须具有明确的内在经济目标，一定要用企业销售收入有效地补偿自己的支出和成本，使其成为市场经济企业。作为上市公司，还应体现政府的政治经济意图，为宏观调节政策服务，如果这个目标不明确，公司管理层就无法贯彻政府意图，就不能和国家利益采取一致的行动，甚至采取利益相悖的行为。因此，在确定亏损上市公司财务行为目标时，要同时把握亏损上市公司社会公共性目标和企业性目标，正确处理好两者之间的关系，使其相辅相成、互相促进。

4.1.2 财务行为主体特征

（1）**单一性** 所有权和经营管理权的分离是现代公司制企业区别于传统的独资和合伙制企业的重要特征。从所有权的归属来看，上市公司的所有权应该是公司全体股东的，因此，从理论上来看，上市公司的财务行为主体应该是广大投资者（即股东）。但由于上市公司的投资者较为分散，而且大多数投资者并不具备经营管理能力，特别是对于中小股东而言，他们既没有能力去经营管理公司，也没有足够的表决权去影响公司的重大决策，即使是拥有控制权的控股股东，他们对公司经营决策的影响也只能通过股东大会做出，并没有实质性地参与公司的经营管理过程，因此，上市公司的实际经营管理权往往集中在公司管理层手中，这使得管理层成为上市公司财务行为的真正主体。尤其在实施管理层持股激励计划的上市公司中，管理层一方面是掌握公司实际经营决策权的管理者、决策者，另一方面又是上市公司的股东，使得该类公司的所有权和经营管理权同时集中于管理者自身，这就更加奠定了管理层在实施各种财务行为过程中的单一主体地位。当上市公司处于亏损状态时，作为单一行为主体的公司管理层，如果自身持有上市公司的股份，无论是出于公司长远发展的考虑，还是出于自身利益的保护，管理层通常都会积极采取有效的扭亏措施来扭转公司业绩。即使管理层没有持有公司的股份，但由于受到任职绩效考核和声誉机制的约束，他们也会自发地采取扭亏为盈的行为措施。当然，管理层作为上市公司的单一财务行为主体，其财务行为并不是随心所欲的，在当期的中国社会经济体制下，管理层的许多财务计划、财务决策需要考虑有关法律法规的限制，而且他们面临着来自证券监督管理委员会的监控、来自社会公众的舆论压力、来自行业协会的规章限制等诸多约束，因此，管理层作为单一的财务行为主体，只能是在有限条件下做出财务决策和产生财务行为。

（2）**两面性** 在微观财务管理层面，公司管理层所发生的财务行为主要反映在公司的筹资活动、投资活动和利润分配活动中。在筹资管理阶段，管理者需要比较和分析来源于不同筹资渠道的各种筹资方式，常用的筹资渠道主要有三种：一是权益类资金，它是公司通过向投资者吸收直接投资、发行股票、企业内部留存收益等方式取得的资金，其投资者可以是国家、法人单位或个人等。二是债务类资金，它是公司通过向银行借款、发行债券、利用商业信用以及融资租赁等方式取得的资金。三是混合型资金，是指既有某些股权性资金特征又具有某些债权性资金特征的资金形式，常用的混合型筹资方式包括优先股筹资、可转换债券筹资和认股权证筹资等。从筹资决策的目标来考虑，公司管理者需要从筹资成本和筹资风险等角度分析各种筹资渠道及不同的筹资方式，作为理性的财务行为主体，他们理应追求筹资成本最低和企业价值最大的筹资方式，这时的资本结构是最佳的资本结构。然而，由于现实中公司的融资活动面临着复杂的内外部环境，管理层往往很难根据最优资本结构理论去寻找合适的筹资途径，而且大量的融资结构方面的实证研究表明，我国上市公司普遍存在股权融资偏好。行为财务学研究发现，管理层在选择最优资本结构时并不一定都遵循了筹资成本最低、企业价值最大化这一规律，而且当面临不确定因素和市场波动较大时，他们可能出于自身利益考虑，为树立自己的形象和政绩随意改变募集资金的用途，这充分体现了财务行为主体在决策过程中非理性的一面。在投资管理阶段，管理层需要对各种投资项目的比较分析，评价投资项目的盈利性和风险高低。作为理性的管理者，通常会以投资收益率是否超过资金成本率来判断项目是否可行，如果投资收益率大于资金成本率，则表示可以投资该项目，此时会引起企业价值增大，否则就应该舍弃该项目。然而，在现实的投资决策中，由于投资环境本身的不确定性和管理者自身的能力差异，特别是公司管理层在对客观信息的识别、处理和判断能力上存在强弱、优劣之分，这使得他们做出的投资决策最终可能带有强烈的个人情感和非理性色彩。在利润分配管理阶段，管理层的主要任务是确定股利的支付比例问题。理性的管理者往往会遵循公司价值最大化原则，根据公司发展的现状和现金流量的情况来判断股利支付的比例。当他们确定支付较高比例的股利时，可能预示着该公司资金充足、财务状况良好，有较大的发展潜力等好消息。然而，由于管理者存在个体认知偏差，导致其在股利决策时也存在一定的行为偏差。特别是在中国，由于受到诸多不健全的制度规范的影响，加上管理者自身的认知偏差，导致他们的决策行为很多时候并非是以公司价值最大化为目标，而是追求自身利益的最大化，如屡次出现的高管层高价售股套现行为，充分说明了我国上市公司管理层在股利分配活动中同时带有明显的非理性色彩。

对于亏损上市公司而言，这种非理性体现得更为明显。为避免上市公司遭受更大的损失，在投资项目选择上，理性的管理者应该选择那些长期效益更好的投资项目，应该选择不发放或少发放现金股利，然而，管理者出于自身利益的保护和突出功绩的心理，往往会做出非理性的选择，如投资短期效应好、但有损公司长远利益的项目，在亏损状态时仍然采取高派发现金股利的异常现象。

（3）能动性 管理者作为上市公司的核心人力资源，在发生各种财务行为过程中带有很强的主观能动性，这使得他们能够有意识、有目的、有计划、积极主动地从事管理活动。这种主观能动性主要表现在管理者的自我强化、创造性思维上。行为科学理论研究表明，人的行为中只有很少数是本能性、反射性、无动机的，从管理所关心的人的工作行为来看，大多是有动机的。按照激励理论的原理，管理者产生的任何一种财务行为都应该是有动机的，要想正确引导管理者的财务行为，发挥他们的主观能动性，就必须对其所发生的行为进行恰当的激励。当管理者出现好的行为时，给予他所渴望的结果，使其行为得到强化，当管理者出现不良行为时，给予适当的惩罚，使其不再犯同样的措施。由于管理者本身具有一定的智力和技能，他们可以通过有意识地智力活动，来创造和开发适应公司未来发展需要的新制度、新流程或者新工艺。管理者具有的这种创造性思维，不仅改变了公司的生产效率、提升了公司的业绩，还改善了员工进行生产和生活的环境条件、增强了他们自身的能力。然而，要充分发挥人力资源的这种创造性，从社会角度看，要求给予科学的制度安排和制度创新来调动管理者的行为积极性和有效地配置资源；从企业角度看，要求给予恰当的激励以提高管理者的使用效益；从个人角度看，要求增加智力投资，选择最适合管理者自己的专业，以使人力资本投资收益最大化。此外，管理者作为公司财务行为主体，其主观能动性还表现在管理者对公司业务的调整能力上。例如，当公司出现业绩持续下滑时，管理者一般会分析其产生的原因，如果是成本上升导致其业绩下滑，管理者自然会加强成本控制或开发新流程来降低其成本。特别是当上市公司发生亏损情况时，管理者出于能动地反应，会主动地查找亏损根源、采取积极有效的扭亏措施。如以李东生总裁为代表的 TCL 集团管理层，在 2005 年整个集团利润出现负数时，公司管理层从上到下积极分析原因，当他们意识到公司年度巨额亏损的原因在于集团多元化扩展战略的实施时，他们毅然剥离了涉及房地产、医药、金融等领域的巨额亏损子公司，使其集团优势资源重新回归家电主业，由此，才使得 TCL 集团能有今天的辉煌成就。

（4）社会性 由于每个人都生活在一定的社会环境中，不可避免地会受到社会文化的熏陶，形成特有的价值观念和行为方式。作为上市公司行为主体的管理者，同样也具有社会性特征。

首先，上市公司作为社会的主体之一，它的生存和发展离不开社会环境，这决定了公司管理者在行使各项管理职能的过程中必须要考虑到现实的社会环境。具体而言，管理者在做财务决策时，务必要考虑到此项决策的实施会给公司外部的客户、供应商、同行业的竞争者、政府部门以及社会公众带来哪些影响，又会给公司内部的不同部门、不同岗位上的员工会带来哪些影响，此项决策的执行是否能够得到相关利益群体的支持等。这要求管理者在追求利润、企业价值最大化的同时，必须关注公司的社会责任。特别是对于亏损上市公司而言，管理者在考虑如何扭亏、如何使公司业绩转向等问题时，不得不考虑整个社会资源的合理配置、有效使用，由此，他们在寻求扭亏措施时，可能会更多地考虑公司债权人的利益、公司投资者的利益、社会公众以及政府部门的利益，基于此，亏损上市公司所发生的公司治理、资产重组、关联交易以及盈余管理等财务行为就屡见不鲜了。

4.1.3 财务行为客体特征

（1）复杂性 财务行为客体即是财务行为作用的对象，包括企业发生的各种财务活动。从财务管理的角度来看，企业的财务活动可以分为常规财务活动和特殊财务活动。其中，常规财务活动包括企业的筹资活动、投资活动、营运资金活动以及利润分配活动，特殊财务活动包括企业为特殊目的而进行的公司结构调整、业务调整、并购重组、关联交易以及盈余管理等活动。在常规财务活动中，尽管企业可以遵循一些基本步骤和程序去展开系列工作，但由于企业面临的内外部环境复杂多变，这使得管理者在具体实施各种财务行为时需要综合地考虑多种因素。如在筹资活动中，管理者除了要从筹资成本和风险的角度选择筹资渠道和方式之外，还要关注所选取的筹资方式产生的社会效应、筹资方式对企业控制权的影响等方面。又如在投资活动中，除了要比较各种投资方案的成本和效益之外，还要关注各种方案给企业未来发展带来的影响、国家未来政策的走向以及给企业周边环境造成的危害等。在特殊财务活动中，这种复杂性就体现得更为明显。对于那些经营年度发生亏损的上市公司而言，要尽快实现扭亏，不得不从各种错综复杂的信息中分析产生亏损的根本原因，然后采取有效的解决措施。特别是对于那些已经亏损严重或者是连续亏损多次的上市公司而言，需要考虑的因素更多。由于中国的上市公司发生亏损的原因包括经营性、意愿性、政策性、环境性和制度性等多个方面，要使上市公司尽快扭亏为盈，管理层也应该从经营管理上、盈余管理上、重构行为上及政策制度上去寻找摆脱亏损的有效途径。国内学者陈晓（2002）、张昕（2009）的研究发现，亏损上市公司在为扭亏而采取盈余管理活动时，会同时考虑实施盈余管理的时机、盈余管理的方向、盈余管理的频率以及盈余管理的幅度等多种复杂因素。

（2）多样性 错综多变的财务行为环境决定了企业管理层从事财务活动的多样性。对于亏损上市公司而言，这种多样性既表现在上市公司发生亏损原因的多样性上，又表现为上市公司在亏损之后采取的扭亏措施的多样性上。从上市公司发生亏损的原因上来看，既有可能是公司内部的原因，也有可能是公司外部的原因，而且这些原因并不是独立作用的，很多情况下上市公司的亏损是许多原因相互作用后产生的结果，并且不同行业、不同时期、不同性质的上市公司，其亏损的原因及各种原因相互作用力的大小和方向都可能存在差异，具体而言，杜勇（2009）把中国亏损上市公司发生亏损的原因分为经营性原因、意愿性原因、政策性原因、环境性原因和制度性原因五大类。其中，经营性原因有生产管理方面的产能不足或过剩、产品质量较差、生产效率低下、债务负担过重、拖欠款项较多、成本控制失效、决策缺乏科学性、营销费用控制不严、营销人员激励不足、品牌建设力度不够、技术研发方面的研发投入不足、研发转化率不高、研发人员素质差；制度性原因有证券市场现有机制表现出的上市资格要求过于严格、退市制度不完善、政府监管制度不健全等缺陷、资本结构不合理（包括总体负债水平偏低，但流动负债比例偏高、股权融资的比例过大等）、上市公司股权结构不合理（包括母公司资金占用过度、内部人控制现象严重等）、意愿性原因有出于保壳护壳的目的、寻求政府补贴、寻求债务重组收益、享受税收减免的优惠等；政治性原因有国家政策导向、承担社会职能、国有资产主体虚位等；环境性原因有国际环境方面的生产订单大幅减少、市场竞争程度加剧、原材料动力能源价格上涨、国内环境方面的社会有效需求不足、经济结构不合理、市场管理体制不规范、社会保障机制不健全等。此外，亏损上市公司财务活动的多样性还表现在其亏损的征兆信息、亏损的严重程度、亏损的逆转性、亏损的价值变化及其对上市公司的驱动路径的差异性上。

（3）扩展性 企业所处的发展阶段不同、所处的宏观微观环境不同，其财务行为客体的范围是不一样的。特别是随着人力资源开发的不断引入，企业财务行为主体的认识和改造能力逐渐提高，财务行为客体的范围也呈现出不断扩展的趋势。当企业处于初创期和成长期、企业管理层的认识和改造事物的能力处于较低水平时，他们的精力往往集中于企业内部的资金筹措、使用、收回以及分配等常规财务活动领域；当企业渡过成长期、步入成熟期时，伴随着企业管理层在管理经验、决策能力、业务水平等方面的提高，他们不再仅仅限于对企业日常的资金管理活动，除了常规的筹资、内部投资、营运管理、利润分配活动之外，他们还可能将精力放在对外投资领域，关注产品研发、技术更新、品牌塑造以及多元化扩张等方面，当然，这种财务活动的扩展性也对企业管理者提出了更高的要求，特别是实施多元化扩张，对管理层而言，不仅要关注过去自己熟悉的领域，还要关注自己以前也许根本不了解或者能力不够支持的领域，使得管理者必须在财务活动扩张的同时不断充实自己，以提高自己对新领域、新事物的认识、理解、操控等能力，从而使得自己能够胜任新的岗位、新的任务。特别是对于亏损上市公司而言，出于扭亏和保壳的目的，他们往往会发生并购重组、盈余管理、关联交易等特殊财务行为活动，这些财务行为要求公司管理层将视野由单一的公司内部拓展到公司外部，由公司所属行业拓展到所有可能的并购方所属行业、关联方所属行业。此外，这些特殊财务行为活动的扩展也对公司管理层在管理能力上提出了更高的要求，他们除了处理日常有关资金运动的活动之外，还需要在重组方式的选择、重组绩效的评估、重组时机的选择、盈余管理幅度和方式的选择、关联交易的主体确定等方面的问题进行决策。

（4）延伸性 随着经济社会的发展，企业经营的范围和类型不断扩大，企业财务活动的内容也随之不断丰富和延伸，这同时表现在传统的财务活动和特殊的财务活动中。在传统的筹资活动中，金融工具的不断创新、金融衍生品的不断丰富扩大了企业管理者筹资途径的选择范围，同时也加大了筹资决策的难度。例如，认股权证作为混合型筹资方式的引入，增加了管理者可供选择的筹资类别，同时由于对认股权证的成本计量更多依赖于未来证券市场的预测，因此，其筹资成本和风险的比较更难以准确把握，加大了筹资决策的困难。在投资活动中，由于对企业价值贡献较大的无形资产、人力资本等资源逐渐被社会和企业所重视，这使得企业管理层在选择投资项目时不仅需要比较投资项目的风险和报酬，还需要延伸到其无形资产的开发、人力资本的投入等方面的比较。但同时，由于至今财务理论和实务界尚未对无形资产的计价、人力资本的计量问题形成统一的合理性认识，所以，如果在投资决策过程中同时关注无形资产、人力资本等因素，无疑会加大投资决策的难度。在利润分配活动中，伴随着激励理论和薪酬分配理论的丰富化，公司可供选择的股利分配形式也日益多样化，这使得管理层在考虑股利分配政策时，不仅要考虑公司的融资能力、现金的充足性、税收负担、股东偏好等因素，还要关注股利分配方案对持股型员工的激励性、员工对薪酬分配的公平感等问题，也就是说，现代的利润分配活动已经逐渐渗透到员工绩效评估、薪酬管理等领域。此外，在公司遭遇突发事件时的危机管理，在公司发生严重亏损时的破产清算，在公司进行重大调整时的并购行为，在公司亏损或业绩下滑时的资产重组、关联交易等财务行为，更是扩大和延伸了传统财务活动的广度和深度。

4.1.4 财务行为环境特征

（1）**动态性** 环境是个相对的概念，它是相对于主体而言的客体。任何事物都是在一定的环境条件下存在和发展的，是一个与其环境相互作用、相互依存的系统，作为人类重要实践活动之一的财务管理活动也不例外。在财务管理活动中，财务管理主体需要不断地对财务管理环境进行审视和评估，并根据其所处的具体财务管理环境的特点，采取与之相适应的财务管理手段和管理方法，以实现财务管理的目标。因此，企业财务管理环境就是影响企业财务主体的财务机制运行的各种外部条件和因素的总和。不难看出，由于影响企业财务主体的财务机制运行的外部条件和因素错综复杂、变幻莫测，因此，财务管理环境本身就构成了一个复杂多变的动态系统。一方面，从企业内部来看，随着经验的积累和管理水平的提高，企业自身在各个发展阶段所表现出的内部组织形式、生产经营特点、企业机构和管理制度以及人员环境是有差异的，这种差异性会对企业的财务活动产生影响，管理者需要不断调整他们的财务行为方式；另一方面，从企业外部来看，无论是经济金融环境，还是法律政策环境，都可能随时发生变化，这种动态的外部环境要求企业管理者在做财务决策时首先要能够识别出企业所处的外部环境变化因素，分析这些变化因素对企业内部的财务行为可能产生的影响，然后考虑是否需要调整或是重新拟定原有的财务计划或行动方案，以确保企业的财务行为能够随时与变幻莫测的动态外部环境相适应。特别是处于亏损状态的上市公司而言，经济周期的波动性、通货膨胀率的变化、金融市场的基准利率调整、证券市场上退市制度的调整都可能对其公司的生存和发展带来重大的影响，因此，对于中国的亏损上市公司而言，尤其要关注公司所处的内外部环境的动态性，要适时适地适境地制定和调整公司的各项财务活动方案和内容。

（2）**多元性** 财务行为环境，从与企业财务活动之间关系来划分，可分为宏观财务行为环境和微观财务行为环境。宏观财务行为环境主要包括经济环境、金融环境、法律环境和市场环境。微观财务行为环境主要包括企业组织形式、生产经营特点、企业机构和管理制度以及人员环境对理财活动的影响。宏观经济运行周期影响企业的经营及理财对策。在萧条阶段，经济明显萎缩降至低谷，百业不振，公司经营状况不佳影响到公司财务状况不佳，公司股票市场价格徘徊不前，投资者对公司的投资信心受挫，企业可采取的对策有：建立投资标准，尽力保持市场份额，放弃次要利益、削减管理费用、削减存货、裁减雇员、采取稳健的股利分配政策以储备现金存量等，尽力维持公司的生产经营能力；在复苏阶段，宏观经济从经济周期的谷底逐步回升，公司经营状况开始好转，业绩上升，投资者对公司投资的信心逐渐增强，企业财务状况趋于好转，资信能力有所提高，企业采取的对策有：增加存货、劳动力，增加厂房设备等；在繁荣阶段，经济迅速增长达到周期的高峰，公司的经营业绩也在不断上升，财务状况良好，投资者的投资信息大为增强，证券价格大幅上扬，企业采取的对策有：进一步扩充厂房设备投资，增加存货、提高销售价格，以增加公司未来的现金净流量；在衰退阶段，经济的发展从周期的顶峰逐步回落，可采取的措施有：停止扩张、出售多余设备、停产不利产品、停止长期采购、消减存货、停止增加雇员等。金融市场对企业理财具有重要的意义。首先，金融市场是企业筹资和投资的场所，企业在符合有关法律规定的条件下，经过批准以发行股票、债券的方式筹集资金，也可以将企业的资金投放于有价证券，或者进行与证券相关的其他财务交易；其次，企业通过金融市场实现长期资金与短期资金的相互转化。企业所持有的长期股票和债券投资，随时可以通过出售有价证券使其转化为短期资金；同理，企业的短期资金也可以通过购买股票、债券而转化为长期投资。长短期资金的相互转化，在理财上从属于企业资产收益性与流动性关系的有效处理，从属于企业经营发展战略。最后，由金融市场传递的信息，有助于企业进行财务行为的决策。

（3）非控性 财务行为在形成和发展过程中，始终要受到理财环境的影响和制约。任何财务行为都是在一定的理财环境下进行的，是对理财环境的一种能动反应。环境的因素变动是企业管理者事先难以准确预料，并无法实地加以控制的，凡是企业管理者不能控制的因素，都构成企业财务管理环境的不确定性。如市场产品价格变动都将影响成本利润，使管理企业成本和利润不确定性增大。因此，企业财务管理活动所作的决策往往带有一定风险。财务人员既要根据所掌握的信息追求最大利益，又要考虑到现实条件的约束，合理防范过大的风险，追求现实期望可得的虽不是最大但却是较稳定的利益。财务管理环境的变迁要求企业的相关方面随之变化，在特定时期内环境的相对稳定性又要求企业有与之相适应的组织运行系统。建立现代企业制度、改革不合理的企业治理结构、实行科学化管理就是优化内部财务管理环境的过程。优化了内部环境，财务主体就增强了适应外部环境的能力，可主动力争改变或引导外部环境，立足自我，为我所用。由此来看，尽管像政治环境、经济环境、法律环境、技术环境、社会环境等影响财务行为的宏观外部环境对企业管理层而言，是不可控制的，但由于这些环境因素对企业财务行为的影响是间接的，带有时滞性，即它们对企业的财务活动的影响并不是立竿见影，而往往是经过一段时间之后它的作用才会逐渐显现出来。比如我国从计划经济体制向市场经济体制转变的过程中，企业的财务管理工作才逐渐地转变，这一过程是经过不断的探索、试点、实践、推广来实现的，这使得管理者还是有时间、有条件对财务行为做出相应调整，以适应这些外部环境的变化。此外，间接理财环境各个组成要素具有相对稳定性，它们在一定时间甚至一段历史时期内都不会发生较大的变动，从而使它们对企业的财务活动具有较为深远的影响，这些无疑给企业管理者制定适应外部宏观环境变化的财务计划和行动方案带来了契机。

（4）交互性 企业所处的财务行为环境在表现出多元性的同时，也呈现出交互性特征。这种交互性即指管理层发生的财务行为不仅受到各种微宏观环境元素自身变化的影响，还会受到不同类别的微宏观环境元素之间产生的交互效应的影响。构成财务管理环境的各种因素是相互依存、相互制约的，无论哪一个因素发生变化，都会直接或间接地引起其他因素的变化。例如，消费结构的变化会使市场需要变化，市场需求的变化会影响企业投资方向变化，等等。这些相互作用、相互依存的关系，都会对企业财务管理活动产生连锁反应。财务行为环境具有的交互性特征在中国亏损上市公司中体现得尤其突出。例如，由于全球个人电脑硬盘40%以上均来自泰国，2011年10—11月泰国遭受洪水灾害，而多家硬盘制造商和零部件供应商的工厂恰好位于洪水影响范围内，导致全球硬盘短缺，价格应声上涨，这给中国多家电脑制造厂商带来巨大影响。首先，电脑硬盘的国际价格上涨增加了中国电脑制造厂商采购部的材料采购成本，使得采购部的管理者不得不从其他材料或内耗上降低成本，同时，这种较高的采购价格引起财务部门的资金需求量大增。为了保证按期交货，财务部不得不在增加采购预算的同时，削减其他部门的开支，如很可能会削减研发部门的预算，这一削减增加了研发部管理者的压力。由于研发资金的缩减，原有的研发项目可能会停滞或放弃，这就会影响到产品的开发，从而给市场部门的销售工作带来困难，导致企业可能失去原有的市场份额。最后的结果可能是企业产品销量下降、质量下滑、顾客流失，最终引发企业亏损加剧甚至是破产。

因此，为应对环境变化的这种交互性影响，企业各个部门管理者必须相互配合、协调一致，共同制定环境不确定下的应急预案，及时有效地采取防范措施。

4.1.5 财务行为方式特征

（1）系统性 财务行为方式包含的各个管理环节之间互相配合，紧密联系，形成周而复始的财务管理循环过程，构成完整的财务管理工作体系，体现了财务行为方式的系统性。每一财务管理环节都处于财务管理循环的一定阶段，具有一定的先后顺序。其中，财务预测、财务决策和财务计划都属于事先管理阶段，财务控制属于事中管理阶段，财务分析属于事后管理阶段，每一管理环节的顺序不能颠倒或交叉。特别是对于处于亏损状态的上市公司而言，由于公司往往会出现资金紧张、销售不畅、应收账款和存货等流动资产占有量过大等不良迹象，在这样的环境下，公司管理层无论是在哪一个财务管理环节实施的财务行为方式和随之产生的财务行为结果，都会对整个公司的生存和发展带来较大的影响，因此，亏损上市公司的管理者在选择财务行为方式和实施财务管理行为时尤其要注意从整个财务行为系统的角度去分析、判断和选择，力保某一财务行为方式的选择和实施会带动系统内其他各个环节的良性运转，从而带动整个公司财务系统的良性发展。

（2）循环性 财务管理环节是根据财务管理工作的程序及各部分间的内在关系划分的，分为财务预测、财务决策、财务计划、财务控制和财务分析。各种不同的财务行为方式往往包含在各个财务管理环节之中，而各个财务管理环节又在每个经营周期内进行着从财务预测到财务分析的周而复始地循环。其中，财务预测是根据财务活动的历史资料，考虑现实的要求和条件，对企业未来的财务活动和财务成果作出科学的预计和测算。它既是两个管理循环的联结点，又是财务计划环节的必要前提。财务计划是运用科学的技术手段和数学方法，对目标进行综合平衡，制订主要计划指标，拟定增产节约措施，协调各项计划指标。它是落实企业奋斗目标和保证措施的必要环节。财务控制是在生产经营活动的过程中，以计划任务和各项定额为依据，对资金的收入、支出、占用、耗费进行日常的计算和审核，以实现计划指标，提高经济效益。它是落实计划任务、保证计划实现的有效手段。财务分析是以核算资料为主要依据，对企业财务活动的过程和结果进行调查研究，评价计划完成情况，分析影响计划执行的因素，挖掘企业潜力，提出改进措施。以上这些管理环节，互相配合，紧密联系，形成周而复始的财务管理循环过程，构成完整的财务管理工作体系。

（3）**灵活性**　在实际的财务决策过程中，财务行为主体作用于财务行为客体的方式和方法很多。具体而言，财务预测的方法有定性预测法和定量预测法两类，其中，定性预测法又包括经验判断法和调查研究法，定量预测法又包括趋势预测法和因果预测法等；财务决策的方法有优先对比法和数学模型法两类，其中优先对比法包括总量对比法、差量对比法、指标对比法等，数学模型法包括数学微分法、线性规划法、概率决策法和损益决策法等；财务计划的方法有固定计划法、零基计划法、弹性计划法和滚动计划法等；财务控制的方法有防护性控制、前馈性控制和反馈性控制等方法；财务分析的方法主要有对比分析法、比率分析法和因素分析法等。面对这么多方法，管理者需要对其进行比较分析、灵活选择。如对于亏损上市公司而言，管理者可以选择的扭亏措施和方法有很多，他们需要因时因地地比较和分析，灵活选取最佳的扭亏途径和方式。

4.1.6　财务行为结果特征

（1）**验证性**　财务行为结果是财务行为主体作用于财务行为客体所达到的状态，它表明财务行为目标的实现程度，因此，依据财务行为结果可以检验财务行为主体完成财务行为目标的情况。具体而言，在筹资管理活动中，可将企业管理者最终产生的筹资行为结果（表现为企业现有的资本结构、资产结构、债务风险等）与筹资管理的具体目标——筹资成本最小化、企业价值最大化目标进行对照，以此验证筹资管理这一财务行为的执行效果；在投资管理活动中，可将企业管理者最终做出的投资行为结果（表现为投资项目的可行性、投资回报率、投资风险高低以及投资回收期等）与投资管理的具体目标——投资回报率最大化、投资风险适度目标进行对照，以此验证投资管理这一财务行为的执行效果；在营运管理活动中，可将企业管理者最终的营运管理行为结果（表现为企业实际的总资产周转率、应收账款周转率、存货周转率等情况）与营运管理的具体目标——加快资产的周转速度、提高资金的使用效率进行对照，以此验证营运资金管理这一财务行为的执行效果；在利润分配管理活动中，可将企业管理者最终做出的利润分配行为结果（表现为股利分配方案的合理性、股利支付率、股东对此的满意度等）与利润分配管理的具体目标——确定合理的利润留存比率和分配形式、提高企业的总价值进行对照，以此验证利润分配行为的执行效果。

（2）反馈性 财务行为的结果通常以信息的形式表现并输出，并对财务行为主体的财务活动产生影响，具体表现为引导、促进或制约企业管理者的经营管理及决策行为。财务行为系统具有反馈功能，将某种财务行为的实施结果进行反馈，可以对以后的财务行为产生引导作用。心理学家发现，反馈是使人产生优秀行为表现的重要条件之一。如果管理者的财务行为结果能够得到及时、具体地反馈，他们的行为往往都会表现得越来越好，因为在这种情况下，管理者能够对自己的财务行为进行修正，从而不断改进和提高自己的绩效。具体而言，财务行为结果的反馈性分为两种类型：负面反馈性和正面反馈性。其中，负面反馈性主要是针对管理者发生的错误或低效的财务行为进行的反馈，一般采取建设性批评的方式，其目的在于发现产生错误或低效的原因，对其进行纠正或调整，增强他们改进财务行为绩效的信心和愿望，并提出能够让财务行为主体理解、接受的具体化建议和方案，以提高管理者未来的财务行为绩效；正面反馈是针对管理者发生的正确或高效的财务行为进行的反馈，一般采取表扬或奖励的方式，其目的在于强化管理者合理的行为方式，鼓励其在以后的工作中继续保持或者是再接再厉。此外，正面反馈还包括对那些已经改正了原有的错误财务行为或者是降低了错误的数量或频率予以肯定或认同，这种反馈无疑会对管理者持续改进或提高财务行为绩效产生莫大的鼓舞，进一步增强他们提高财务绩效的信心和动力。

（3）时效性 在一定的时期内，企业管理者发生的财务行为具有相对的稳定性，由此可以较为准确地预测到管理者可能产生的财务行为结果，但由于企业所处的内外环境可能随时变化，这种预测的结果往往具有一定的时效性。例如，在通过发行股票募集资金的过程中，管理者可能通过对未来市场的需求预测拟定了股票发行的数量和价格，但随着股票发行的进行，市场可能会出现诸多对公司未来发展不利的信息，这些信息由于在预先制定股票发行价格时没有考虑到，因此可能导致公司股票发行的失败。又如，在项目投资决策的分析过程中，管理者往往会根据项目投资后可能产生的投资回报和投资回收期等信息来进行最优方案的选择，然而，据以判断项目投资回报的信息都是未来还没有实际发生的，所选定的方案可能在项目初期确实比较好，但到了后期可能由于投资环境的变化超出了预期，由此该项目变得并非最优甚至可能变得无法接受了。

4.2 亏损上市公司的扭亏途径分析

亏损上市公司发生亏损的原因有多种，包括经营性因素、意愿性、政策性、环境性和制度性等方面，本章认为要使上市公司尽快扭亏为盈，也应该从经营管理上、盈余管理上、重构行为上及政策制度上去寻找摆脱亏损的有效途径。

4.2.1 经营性扭亏途径分析

（1）转变经营管理理念，坚持资源优化配置 对于上市公司由于经营管理上存在的问题而导致的亏损，公司必须分析各种问题产生的原因，有针对性地采取措施。首先要转变公司管理者的思想观念，坚持资源优化配置与产业升级原则，促进上市公司的良好发展。上市公司的经营管理者应该适应市场经济条件下的游戏规则，认识到市场导向对公司资源优化配置的功能，全面贯彻国务院提出的关于加强上市公司内部管理的“法制、监督、自律、规范”的八字方针，把上市公司的发展与国有企业的扭亏增效区别开来，克服依赖发行股票致富的思想观念，纠正领导决策的主观随意性、投资的不科学，强化企业内部管理。公司的管理者要科学、客观地对待股市运作，规划与引导股市合理发展，促进上市公司的经济效益回升，制定公司的长远发展战略，有意识地诱导公司不断地创新发展，推进股市向规范化、科学化方向发展，不断提高上市公司的社会形象和质量。加大企业管理人才和科研人才队伍建设，势在必行。同时，还要抓好生产、技术、成本质量、营销等各环节的基础管理工作，挖掘企业潜力，提高效益。

（2）拓宽融资渠道，建立多元化的融资市场 要解决好上市公司融资不畅问题，需要企业、银行和政府等各方共同努力。对上市公司而言，首先，需要创造条件改善融资环境，要树立良好的企业信誉和形象，建立全面、准确、真实的财务制度，定期向相关方面提供全面准确的财务信息，提高企业信用形象；在银行贷款要及时还本清息，树立守信用、重履约的良好企业形象；根据企业实际制订相应制度，加快资金回笼周转，提高企业资金管理利用水平；积极寻求新的融资渠道，如努力与大公司联合成为其子公司或成为其长期合作伙伴，获得技术支持和资金支持等。其次，金融机构要改进信贷管理方法，合理下放贷款的审批权限，对负债率低，产品技术含量高，有市场潜力，内部管理规范的企业适当放宽贷款条件。再次，政府也要花大力气整治社会信用环境不良的状况，建立多元化的融资市场，通过制定相应的政策，切实帮助公司解决资金难的问题。

（3）**强化内部管理、转换经营机制** 强化内部管理、转换经营机制是上市公司，特别是国有控股的上市公司扭亏增盈的根本措施。目前，许多上市公司缺乏一个适应市场经济要求充满生机与活力，能够自主经营、自负盈亏、自我约束、自我发展的经营机制，因此，应从理顺企业内部关系入手，转换企业内部经营机制，严格按照现代企业制度要求，使企业内部机制和职能各归其位、规范运作。上市公司应克服政企不分的弊端，把企业培育成为“产权明晰、自负盈亏、管理科学”的独立了法人实体，理顺领导班子，强化产品质量管理，规范财务与信息披露制度，不断改进企业的内部经营机制与管理方法，完善用人和分配制度，建立必要的激励竞争机制，继续深化国企改革，使企业真正建设成为产权明晰、自主经营、自负盈亏、自我约束、自我发展的市场主体。

（4）**注重研发投入，提高自主创新能力** 企业培育核心竞争力的源泉在于不断创新，要想在市场立于不败之地，就要加大技术创新力度，提高新产品开发能力。要不断利用高新技术改造传统产业，研制开发“精、尖、特”的新产品，满足多样化、个性化的市场要求，提高中小企业的生存能力。建立科学、高效的技术创新机制，充分利用资金，合理使用人才。上市公司要想在市场中站稳脚跟，要想尽快扭亏增效，必须高度重视研发力量的积累和培养，提高研发费用的投入，重视企业科技人才的开发与培养。公司建立和完善公司的创新人才激励机制，形成人才培养、使用、评价、激励的市场机制，创造优秀人才脱颖而出的宽松环境；制订优惠政策，吸引外地高科技人才到公司中投资创业；利用科研机构、培训中心，开展对上市公司经营管理、技能、学历等培训，提高公司经营管理者的素质，不断提升研发人员的科技水平和职工的生产技能，从而提高整个上市公司的技术创新能力。这样，才能保证公司具有超出群雄、持续永恒的创新能力，才能不断地推陈出新，保持强盛的生命力。

(5) 加大员工培训力度、提升管理人员素质 考虑到公司的发展最终离不开人的因素，而且导致公司经营管理不善的诸多原因最终都可以归结于员工素质不高、技能水平低下，因此，通过加大员工培训力度、提升管理人员素质，无疑是上市公司实现扭亏为盈、长远发展的根本保障。公司应该结合企业内部培训和外部专业培训相结合的方式，培养和锻炼公司员工的各种技能。同时，公司在培训中要把培训目标与公司的长远目标、战略方针紧密地联系在一起加以系统思考，要根据人力资源规划的部署，辅之以绩效管理、绩效考评及薪酬奖励的手段而设计出一套旨在综合提升公司竞争力的培训体系，特别是对公司的经营管理者，应该实施基于提升其胜任力、管理技能、增强凝聚力和战斗力的高层次培训和开发。通过培育高级人才市场，尽快壮大高级经理人才队伍，充分运用市场规律选拔出真正具有才干的管理人员，全面提高上市公司管理者素质，改善企业经营状况。

4.2.2 操纵性扭亏途径分析

(1) 利用会计政策变更 《企业会计制度》规定会计政策、会计估计变更（简称会计政策变更）的核算办法，本意是为更好地规范上市公司信息披露制度而制定的，但是却被一些企业滥用成为我国上市公司盈余管理的常用方法。尤其是对亏损上市公司而言，这些公司在正常经营状态下无法扭亏，迫于各种压力，为了达到上市配股资格、增发新股、保牌等目的，操纵利润实现扭亏，变更会计政策无疑是一种合理、合法、低成本、高效益的稳妥方法。大量的实证研究结果表明，亏损上市公司在扭亏当年通过正常经营实现扭亏无望时，经过权衡各种扭亏方法的成本，以低成本高效益作为标准，最终使得这些亏损上市公司选择利用变更会计政策。具体而言，亏损上市公司常用的会计估计及会计政策有：固定资产折旧政策，其中包括固定资产的折旧方法、折旧年限、净残值率的选择；存货政策，其中包括存货的收发计量、存货跌价计提减值准备方法；坏账政策，其中包括坏账计提方法、计提比例设计。赵选民（2006）① 的研究表明，不同亏损时间的上市公司在扭亏当年，利用固定资产折旧、存货、坏账政策盈余管理的比例是不同的。他发现，亏损时间越长，亏损程度就越深，变更会计政策的频率或者比例就越大。尽管利用会计政策变更可以缓解上市公司的亏损，但这种扭亏并非实质性地转变公司的经营状态，而且当期的亏损很可能被转嫁到以后年度，仍然会引起以后年度的账面损失，因此，笔者认为该种扭亏的措施并不可取。

（2）实施资产重组　亏损上市公司大多存在资产质量较差、盈利能力较弱、债务负担过重的问题，因此要想全部依靠公司自身的努力实现扭亏走出经营困境显然是不现实的。正确的方法是，引入战略股东，注入一些具有发展前景的优质资产，促使亏损上市公司尽快进行实质性的资产重组以摆脱困境。事实证明，为了摆脱困境，许多亏损的上市公司在地方政府和控股公司的支持和策划下，找到了一条出路——重组。最初的重组主要是资产重组，是 1995 年前后由上海市一些经营状况不佳的上市公司提出来的。从那时起，我国上市公司掀起了重组热，且有愈演愈烈之势。上市公司重组的方式主要有资产置换、资产出售、兼并和收购、托管经营和控制权有偿转移等。据统计，上市公司的重组

① 赵选民．中国上市公司利用会计政策变更扭亏研究［J］．广东财经职业学院学报，2006(4)：27-29.

事件在1997年发生405起，1998年657起，1999年升至1 110起，到了2008年，重组更是风云迭起，仅10—11月，公告资产置换和资产转让的公司就超过120家。客观地说，作为实现资源优化配置的一种手段，重组确实使一些上市公司的资产结构趋于合理，资产质量得到提高，经营状况得以改善。如申能股份，作为一家公用企业，上市之初存在许多非经营性和非电力项目资产。1997年6月申能股份将其持有50%以上权益的5家非电力企业出售给申能集团公司，与此同时，申能集团公司把下属的崇明电力公司的资产注入申能股份。此举使申能股份的主营业务更加突出，资产利用率大大提高。

（3）实施债务重组 由于新债务重组准则规定债务重组利得可以计入当期损益，一些无力清偿债务的公司，一旦获得债务豁免，其收益将直接反映在当期利润表中，其账面业绩将大幅提升，这为亏损上市公司通过债务重组操纵利润达到扭亏为盈的目的提供了途径。为了保住那些连续两年亏损公司的上市资格，债权人也可能会与上市公司联手操纵利润，豁免其债务，使其能确认债务重组收益，达到扭亏为盈的目的。新债务重组准则的实施将会对企业财务报表中列报的经营成果及财务状况产生重大的影响。为在激烈的竞争环境中能够得到稳定持续的发展，企业应正确认识新债务重组准则的变化，完善公司治理结构，加快自主创新和技术升级，把企业的可持续发展作为战略目标。作为亏损企业，应该认识到，重组利润能在其当年的利润表中反映出来，但是债权人不可能无限制地做出让步，蒙受经济损失。同时，如果重组后的企业仍然不能改善自身经营业绩，债权人对其偿债能力丧失信心，企业也不可能连续几次进行债务重组，最终的亏损还是会反映出来，企业就要被申请破产，等待清算。因此，在无法完全依赖关联交易进行表外业务的前提下，上市公司利润来源的透明度被进一步强化，这对于维护中小股民的利益和建立良好的金融市场体制都极为有利，这使得尽管短期内上市公司可以利用债务重组实现会计利润账面的扭亏，但长期来看，仍然要依靠公司自身的经营发展，提升自身的竞争能力。因此，债务重组只能是上市公司扭亏为盈的短期化措施，给公司带来的只能是暂时的盈利。

（4）出售“壳资源” 由于上市公司本身是一种非常稀缺的资源，它享有非上市公司所没有的获得低成本的配股资金、扩大社会影响力、二级市场中流通股的增值收益及各种优惠政策等特权，使得上市公司成为众多非上市公司竞相掠夺的“猎物”。为了谋取壳公司的上市资格所带来的利益，买壳方往往需要通过溢价收购壳公司的不良资产，低价向壳公司注入优质资产来提升壳公司业绩，因此，亏损上市公司通过出售“壳资源”便可获得溢价收益，从而实现减亏、止亏甚至扭亏为盈，这为亏损上市公司提供了另一条起死回生之路。一个亏损的上市公司，即使其股权资本的价值已经为零，甚至为负数了，作为一个空壳资源，它仍然有可以出卖的价值基础，这就是其具有的入市权力形成的产权价值，即壳资源价值。这是亏损上市公司最基本的价值。具体而言，它又包括三个基本组成部分[①]：①“壳”所代表的资产价值，由“壳”公司的净资产价值决定，主要是指其清算价值，“壳”的这部分价值可以通过资产评估来确定。②“壳”公司的无形资产价值，主要是指在不同购并目标下的相关收益，如“壳”公司有的市场份额、广告效应、税收优惠、产品的商标价值等。③“壳”公司所体现的虚拟价值，这种价值是由于企业上市流通股因资源稀缺而产生的，它纯粹由市场行为决定。这种价值对用“壳”方来说是一种寻租价值，因为“壳”公司在我国特有的制度背景下，是一种垄断权力，可以获得垄断收益。但是我国证券市场的准入限制，使得企业进入证券市场相当困难，企业为获得这种垄断收益，便会进行寻租活动，从而产生寻租成本。

① 赵昌文．壳资源价值评估［M］．成都：西南财经大学出版社，2001：71-82.

当寻租成本与利用“壳资源”取得垄断收益的成本一致时，这时的寻租成本与直接发行股票的固定成本之和便可视为“壳”资源的虚拟性价值。

（5）利用关联方交易 上市公司的股权通常被多个利益主体所掌控，这种复杂的股权结构使得上市公司与其母公司、子公司及附属公司、联营公司之间存在着千丝万缕的关联，当其经营业绩不佳时，这些关系便成为上市公司掩盖亏损、粉饰利润的最佳途径。为尽快扭亏为盈，上市公司可以利用关联方关系通过虚构业务、虚设交易、转移定价等方式来操纵利润，从而使得上市公司实现短期的目标利益最大化。关联交易是亏损公司进行盈余管理常用的重要手段。当上市公司发生亏损时，可通过与其关联方之间转移价格的方式来抬高其收入，进而对利润、净利润产生重大影响。具体而言，关联交易会给亏损公司带来以下预期收益：①增收效应。为实现上市公司扭亏为盈、保壳护壳的特殊目的，在关联企业之间发生的购销活动，产生这些价值差量会确认为收入，这些收入又会转化为企业利润，这就人为地增强了亏损上市公司的获得能力，从而改善其未来的财务状况，这也许是被许多投资者看中的“卖点”。②节税效应。出于扭亏的目的，亏损上市公司可能会通过人为地抬高或降低与其关联方的交易价格，调节各关联企业的成本和利润，以达到减轻其税负，使上市公司获取最大经济利润的目的。③扩资效应。当上市公司发生亏损时，其控股股东便可通过将其受控的关联方公司利润转移到自己的公司中，从而扩充自己的资本。另外，上市公司在交易过程中获取的资产和承担的义务都会改变企业的资产组合，企业资产组合的改变也会使企业的价值发生巨大的变化，这些不仅对企业当期经营收益发生影响，对未来企业的经营情况和生存发展都会产生重要影响。

（6）进行公司重构 对于发生亏损的上市公司，最为常用的扭亏方法就是进行公司重构。所谓公司重构是以战略—结构—过程为思路，对公司进行战略调整、结构重构，以及业务、财务、组织方面全面跟进，是从总体到局部的全面改革。其内容包括业务重构、财务重构和组织重构以及与之相伴随的紧缩规模、紧缩范围、兼并、分立、剥离等方式和手段。这些手段的实施会给亏损公司带来多方面的价值。

增强经营环境的适应能力。任何公司都是在动态的环境中经营。公司的经营环境变化可能使亏损上市公司目前的安排成为低效率的组合。通过重构可以使公司的经营方向和战略目标适应这种经营环境的变化，如通过改变经营重点、退出竞争过于激烈的市场等方法，使得亏损上市公司突出主业，增强其适应环境变化的能力，从而使其重新获取自己的竞争优势。

提高公司的管理效率。剥离和分立常常能够创造出简洁、高效、分权化的公司组织，使公司能够更快地适应环境的变化。而且，亏损上市公司通过剥离那些与其经营活动不相适应的部分，重新进行市场定位，在确定各自比较优势的基础上，可以更加集中于自己的优势业务，提高公司整体的管理效率，为公司股东创造更大的价值。

降低代理成本。在公司的所有权与经营权相分离的情况下，经理是决策或控制的代理人，而所有者作为委托人成为风险承担者，由此造成的代理成本包括契约成本、监督成本和剩余亏损。通过公司报酬安排，经理市场和股票市场可以在一定程度上减缓代理问题，降低代理成本。但当这些机制激励不足时，通过组织重构使得现任经理和董事会成员存在被改选的威胁，从而作为公司最后的外部控制机制解决代理问题，降低代理成本。

提高资源利用效率。通过业务重构、财务重构，可以重新调集营运资金，获得发展其他机会所需的财务和管理资源。当公司处于亏损状态时，通常需要大量资金来满足其主营业务或减少债务负担的需要，而通过借贷和发行股票筹集资金会面临一系列的障碍，此时，通过业务重构、财务调整，如出售部分非核心业务或非相关业务而获得的资金刚好可以解决公司资金缺口，从而使得公司资源能够得到充分利用。

获得脱离管制方面的收益。上市公司往往由母子公司组成，如果子公司从事受管制行业的经营，而母公司从事不受管制行业的经营，则一方面母公司常常会受到管制性检查的"连累"，另一方面如果管制部门在评级时以母公司的利润为依据，受管制子公司可能会因与盈利的母公司联系而处于不利地位。而如果让子公司分立出来，既可使从事不受管制行业经营的母公司不再受到规章的约束与审查，又可使子公司有更多的机会提高评级水平。

实施高管变更。在以所有权与控制权相分离为特征的现代公司中，股东与管理者之间是委托代理关系。在公司内部控制上，由于存在内部人控制问题，股东和高管层在利益上存在不相容性，股东为保证投资者最大利益，有积极性和能力对上市公司的代理人即高管层进行监督。当公司绩效比同行业较差时，管理层就面临控制权变更问题。一般认为，市场存在一种自动矫正的机制，即更换效率低下的管理者，使管理者与股东的利益保持一致。这种控制机制在投资者看来，当公司发生亏损时表现得尤为突出。一旦公司因经营管理层的失误而发生亏损，公司的高管极有可能被控股股东更换，投资者预期这种更换的可能会给亏损公司带来业绩提升的效应，从而为亏损公司创造价值。其原因在于两个方面：一是被更换的威胁会给现任的高管带来一些约束和激励。一个在位的高管可以按契约享受的报酬包括工资、奖金、股权等。因此，主要关心公司长期利益的所有者为了使经营者关心股东利益，尽可能地使用与股东利益相联系的长期股权激励方式，通过使经营者在一定时期内持有股权，可以使他们享受股权的增值收益，也可以使他们在一定程度上共同承担风险，以防止经营管理者的短期行为，激励和约束他们注重公司的长期绩效。一旦高管面临被更换的威胁，为避免股东给予自己的激励薪酬下降，他们会更加努力地去提高公司的长期业绩。同时，高管拥有的权力和地位会给他们带来巨大的激励力量。作为公司的高层，他们不仅看重自己的经济收入，而且也有自我实现和社会责任的追求。企业控制权授予与否、授予后控制权的制约程度等可以作为对企业家努力程度和贡献大小的相应回报。因此，为避免遭受此惩罚，当公司面临亏损的状态时，高管会想方设法努力挽救公司，尽快扭亏为盈，当然也会增加高管盈余管理的动机，但这些都会使公司短期内业绩获得提升。而且，高管变更决策用终止契约作为约束工具，也会影响到高管的名誉和声望。如果高管被公司解聘，其在劳动力市场的名誉和声望就会受到负面影响，对其以后的职业生涯发展会不利，因此，为避免这些不利影响，现任高管也会有提升公司业绩的强烈愿望。另外，由于有前任高管作为参照，新任高管会有动力使自己比前任干得更出色。这一方面源自于新任高管的丰富的经验和更强的能力，另一方面源自于他们内在的成就动机，希望自己在新的环境下有好的业绩表现。因此，变更后的新任高管会施展自己的才能尽快使亏损公司能扭亏为盈。因此，无论对于变更前的现任高管，还是变更后的新任高管，都有动力促使他们努力去改善和提升公司现有业绩，从而使得亏损公司尽快扭亏为盈。

4.2.3 制度性扭亏途径分析

（1）完善内部控制制度 长期以来在计划经济下，由于企业不能成为自主经营、自负盈亏、自我约束和自我发展的经济主体，而企业改制力度不够，造成企业内部管理混乱、缺乏必要的激励机制和竞争机制，这些都是影响企业在市场经济中追求利润最大化的绊脚石。因此，继续深化企业改革使企业真正成为产权明晰、权责明确、自主经营、自负盈亏、自我约束、自我发展的市场主体，加强企业内部管理、转换经营机制才是企业扭亏增盈的根本措施。具体而言，建立健全上市公司内部控制应做好以下几个方面的工作：①加快内部控制标准体系的构建，尽快建立一套操作性较强的内部控制标准体系，使上市公司管理部门或注册会计师等有据可依、有章可循。②强化独立董事的独立性。由于经理层具有信息优势，如果经理层在董事会中占主导地位容易导致股东财富的损失。由于独立董事具有超然独立的特性，他们在董事会决策会议中会出于客观公正的立场去发言，因此，会对公司内部董事起到一定的监督和控制的作用。③加强监事会的监督。监事会的主要职责是对董事会和经营者进行监督，但实践中，我国多数上市公司监事会的作用发挥有限，主要表现为监事会人员大多数由公司内部人员担任，监督的动力不足，而且，其人员在行政上置于总经理的领导下，缺乏独立性。另外，监事会成员权力偏小，没有罢免董事的权力，缺乏足够的制约董事会行为的手段。因此，通过加大监事会成员中来自公司外部的成员比例，扩大他们的权力，就能加强他们对董事会和经营管理者的监督力度，从而提高公司的内部控制效果。

（2）降低国有股权集中程度 我国上市公司目前股权高度集中，国有股“一股独大”，在股东大会实行“一票否决”，严重损害了上市公司其他股东的利益，影响了上市公司业绩。上市公司应培育多种形式的持股主体，放宽对个人持股的限制，逐步减少国有股权高度集中的现象。国有股减持是降低国有股权集中程度的有效措施。国有股减持对上市公司治理结构的影响是两方面的：一是实现公司内部股权结构的改革；二是公司外部竞争市场的培育。股权结构的改革就是改变上市公司国有股“一股独大”的股权结构状态，实现股权结构多元化，对治理结构的改善是通过股东、董事会、经理三个层次、一系列的传导机制来完成的。而竞争市场环境则是通过股权结构多元化，完善企业间的并购重组机制，形成和培育职业经理市场。国有股减持的基本原则应是依据国有经济的性质和职能，对国有控股上市公司进行优化，从一些不适应也没有必要国家控股的行业中逐步退出。一些竞争充分的行业（如家电、纺织等）上市公司，国有股退出在我国已有发生。主要方式有两种：一是国有股权转让。如无偿划拨给一定实力的企业集团，协议转让和国有股配售。二是增发新股。新股发行对象面向所有可以认购新股的自然人和法人，并且不再向老股东配售，这样自然减少国有股比例。这种方案对那些财务状况不佳，达不到配股资格，需要通过资产重组改善业绩，而缺乏现金的上市公司不失为一个解决方案。无论采用哪一种方式减持，都是为了壮大公司势力，注入新鲜血液，改善治理结构，使资产得以充分利用。

(3) 发挥银行的治理作用 在实现股权结构多元化同时，应加强银行在公司治理结构中的作用。Fama（1985）和 Lewic（1989）研究表明，由于银行在经济控制与监督中具有净成本优势和实施经济控制的信息成本优势，让银行介入公司治理有利于发挥监督和控制作用，有助于克服众多股票持有者“用脚投票”造成的控制权虚置和普遍存在的代理问题与“内部人”控制问题。并认为银行对债权人的经济控制是银行的实质性职能。美国于 2012 年废除了格拉斯—斯蒂格尔法案，放松银行对公司持股比例的限制，开始重视银行在公司治理中的作用。而日本银行在对公司的高比例持股走向极端之后，开始减少对公司的持股比例，逐步减少公司资本结构中银行贷款比例，加强外部股权融资。从我国的情况来看，要加强银行在公司治理结构中的作用，允许银行对公司适当持股，让银行直接介入公司治理结构，控制内部人控制①。当然，持股比例不宜过大。这与债转股持股有本质区别。债转股是事后持股，某种程度上是行政干预，而且债转股中银企之间介入了资产经营管理公司，是资产经营公司持股而非银行持股，银行仍不能直接介入公司治理中。我国银行对公司持股后，应建立相应制度规定银行在公司生产经营中的权利，因为银行是企业最大债权人，又是企业最大利益相关者，国家应对

① 王亮．上市公司亏损的制度因素探析［J］．管理现代化，2001(4)：47－51.

银行介入公司经营、监督方面给予某些授权。当然，要发挥银行的作用，需要银行是独立的经济实体，银行部门有充足的监控动机和自身金融体系的稳定。这涉及银行的改革。通过改革银行的产权制度，解决银行人格化所有者缺位问题，才能保证银行在公司治理结构上起到积极作用，有足够的激励去对公司中银行的债权与股权风险负责，也有足够的激励去选择好的经理和好的投资项目发放贷款。

（4）建立有效的激励约束机制　激励机制是企业将远大理想转化为具体行动的连接手段，一定的激励机制会自动地导致激励客体一定的行为，使之具有某种规律性。约束机制是根据对经营业绩及约束客体各种行为的考察，约束企业所有者对企业经营管理者做出适时、公正的奖惩决定。公司不仅要通过建立一种类似股票期权的激励制度，使受聘于董事会的经理能够充分发挥经营管理的积极性，千方百计地把上市公司搞好，同时，也应建立有效的监督约束机制。股东大会要定期审计上市公司财务报告，严格评价经理经营业绩，并决定对经理的聘任和撤换。对经理管理权进行再分配，使其受到更多的约束，从而实现对经理的监督和约束，防范经理不当经营行为。在建立激励约束机制的过程中要做到几个公平：一是外部公平性，即其他企业从事同一工作员工的工资水平的公平，这就要求在薪酬设计上，注意市场薪资的调查；二是内部公平性，即企业内部从事不同工作员工工资水平的公平，这要求在薪酬制度设计上要注重职位评价工作，并在此基础上建立岗位工资制；三是个人公平性，即企业内从事同一工作员工工资水平的公平，这就要求注重将个人绩效的考核与薪酬分配相挂钩。员工的公平感不仅来源于激励约束机制的合理性，还来源于员工主观感受，所以还应经常注意了解员工的公平感，并根据大多数员工的感受，适时加以调整。激励约束机制的设计和实施必须体现公平公开公正，注重透明度和员工的参与性，只有这样才能建立起大部分员工认可的、符合实际且较为合理的激励约束机制，从而调动员工的积极性，以充分发挥他们的技能和才干为公司谋利。

（5）**优化公司资本结构** 资本结构是衡量上市公司的风险高低、融资决策是否合理的重要指标。普遍较高的资产负债率（并且有上升的趋势），意味着上市公司的资本结构不尽合理，从而导致整个股票市场蕴藏着高风险，为此，必须改善上市公司的资本结构①。首先，要重新定位股票市场的功能。目前，股票市场为国有企业筹集资金的目标正逐步实现，但如果只是着眼于为国有企业筹集资金，我国的证券市场将面临巨大的风险，甚至会堵塞国有企业上市的路子。因此必须明白：股票市场既是企业融资途径又是优化资源配置的途径。其次，优化股权必然带来资本结构优化。企业资本结构的确定，取决于企业所有者和债权人在债权债务中所得到的效用高低和因此产生的对企业资产负债水平的约束行为，以及两者之间的制约关系。在我国上市公司拥有了合理的股权结构之后，公司股东对公司的控制、影响力量就会大大增强，根据M—M理论的补充，公司股东和债权人共同形成对公司的有效约束，公司就不会盲目、不计利害地去大量获取债权融资而给自己背上沉重的债务包袱。另外，合理的法人治理结构也会促进资本结构的优化。公司经营效率和经营业绩有所提高之后，公司融资的途径得以拓展，就不必过度依赖债权融资，从而使资本结构得到改善。而资本结构的改善会进一步优化公司的经营环境，使上市公司股权结构、法人治理结构和资本结构建立起良性互动关系。

4.2.4 外部性扭亏途径分析

（1）**加快产权制度改革** 国有股东缺位是上市公司业绩恶化

① 张容刚．我国上市公司亏损的制度经济学分析［J］．西安石油学院学报，2001(1)：27－32.

的原因之一。解决这一问题必须完善公司产权制度，使股东追求收益最大化，形成其与公司管理层之间经济上的契约关系。明确的产权是市场经济中企业存在的前提条件，而产权制度上的缺陷正是我国传统计划经济中企业低效率的重要根源。国有企业产权制度的改革，是把国有资产的管理经营从计划经济的轨道转到市场经济的轨道上来。为此，应设立纯经济性而非行政性的国有资产管理机构，以解决上市公司国有股东缺位问题。该机构不直接从事国有资产的具体经营活动，而是依靠投资所获得的法律认可的股权对上市公司享有监督权、收益权，通过行使国有股东表决权而对上市公司经营行为实施有效的监督。由自主经营、自负盈亏的法人实体经营国有资产，承担资产保值增值责任①。"两权"分离后，经营国有资产的法人实体，要有强烈的事业心，高度的责任感。在自主经营、自负盈亏的条件下，确保国有资产的保值、增值。同时，要疏通、拓宽国有资产进入市场的渠道，对国有资产的管理经营由以实物形态为主转为以价值形态为主，借助股票、债券及其他金融工具配置国有资产，并通过市场评估国有资产的经营状况。另外，还要创造平等的市场条件，鼓励国有资产经营机构之间、国有资产与非国有资产经营机构之间的竞争。社会主义市场经济的要求是市场体系的统一性和开放性，我们要打破部门和地方对市场的分割和封锁，让各类性质的企业在人才需求、原材料供应、产品销售都有平等的竞争市场，让所有企业在平等、公正、自由的市场环境中自谋生存、自我发展。

（2）寻求政府挽救 国有股权属性的特征决定了亏损上市公司具有被政府挽救的可能性。当带有国有股权属性的上市公司发生亏损时，出于社会责任、政治环境等因素的考虑，政府会通过对其采取减息、免税、补贴等挽救措施，尽量降低其亏损后带来的社会效应。因此，对于国有股权的亏损上市公司往往可以通过

① 梁中堂．国有企业改革研究［M］．保定：河北大学出版社，2000：78－92.

寻求政府挽救而达到止亏、扭亏甚至改头换面的效果。由于政府通常会对亏损上市公司实施各种优惠政策，从而产生补贴效应。第一大股东为国有股的上市公司在亏损状态下，投资者普遍预期政府可能通过减息、补贴等措施对其实施挽救，从而给其绝处逢生的机会，这种预期会对其股价产生影响。胡旭阳、吴秋瑾（2004）通过对153家IPO的公司进行实证研究发现，对于中国亏损上市公司而言，在其发生亏损以前年度，市场投资者预期国有股权形成的经理层拥有控制权的治理模式的代理成本高于非国有股权决定的第一大股东治理模式，进而决定了国有股权属性的亏损上市公司在亏损以前年度股价低于非国有股权属性的上市公司；而在亏损当前及以后年度，尽管仍然存在国有股权形成的经理层拥有控制权的治理模式的代理成本高于非国有股权决定的第一大股东治理模式，但是由于对于国有股权属性的亏损上市公司，存在国家政府通过减息、补贴等措施对其挽救的可能性，市场投资者预期其有绝处逢生的机会，进而决定了国有股权属性的亏损上市公司在亏损当年及以后年度股价高于非国有股权属性的亏损上市公司。

（3）加强注册会计师的审计监督 越是亏损公司，企业管理人员为掩盖其经营责任而粉饰财务报告的可能性越大，为避免退市、保住珍贵的“壳资源”或是避免被ST、PT而进行利润操纵的可能性越大。陆建桥（1999）选取了上交所的22家亏损上市公司作为研究样本，进行了经验验证。研究结果显示，这22家亏损上市公司没有一家出现过连续三年亏损的情况，当然也没有受到暂停股票上市乃至终止股票上市的处罚，但它们在亏损及其前后年份普遍存在着调减或调增收益的盈余管理行为。对这些行为，注册会计师当然不会视而不见，他们会予以特别的职业关注，在被审计单位拒绝改正的情况下，一般会出具非标准无保留意见。注册会计师对亏损公司出具的非标准无保留意见有提示风险的作用，投资者、债权人、证券监管和其他部门在进行决策时，都应重视注册会计师出具的审计意见，这将有助于更好地了解公司的实际状况。同时，这种非标准无保留意见对发生亏损的上市公司而言也是一种勉励，它将督促公司经营管理者依据审计意见去自我反省，查缺补漏，尽快采取有针对性的措施和办法使公司扭亏为盈。

（4）完善证券管理机制 完善证券管理机制，主要包括三个方面的内容：一是完善上市制度。我国证监会将股票发行制度由行政审批制变为核准制，并从 2001 年 3 月起取消了新股发行额度和指标，放开了一级市场的发行定价。我国还应继续推进上市制度的市场化改革，将准市场化的核准制逐步转为完全市场化的注册制，以减少上市公司在以后年度进行盈余管理而出现亏损的可能性。二是完善退市机制。现行政策对亏损上市公司暂停上市和终止上市的规定过于简单，使得上市公司往往通过盈余管理行为来逃避惩罚。为避免这种情况的发生，应取消上市公司连续三年亏损将被暂停上市和终止上市的有关规定，由市场对上市公司进行淘汰。三是加强对上市公司的处罚力度。应加强证券监管部门对亏损上市公司的监管力度，特别是对巨额亏损上市公司会计政策选择权的监管力度，强制上市公司披露会计政策选择对其利润的影响程度。对于严重违反有关法规操纵利润的行为，应予严肃查处，以确保上市公司的质量和整个证券市场的健康发展。

（5）完善社会保障体系 在深化企业改革的同时，要完善养老保险，落实失业保险，推进医疗保险，健全社会保障体系，通过完善社会保障体系来保证国有企业改革的顺利进行。目前我国经济体制改革已经进入攻坚阶段，产业结构处于大调整的历史时期，如果再不建立完善的社会保障体系，就不能实现国有企业的根本改革，无法顺利进行产业结构调整。新体系主要内容包括：一是要真正建立独立于企业事业单位之外的社会保障体系。企业事业单位只履行依法缴纳社会保险费的义务，不再承担发放基本社会保险金和社会保障对象的日常管理工作。通过社会保障对象管理和服务的社会化，使退休人员、失业人员与企业事业单位脱钩，由社区组织统一管理，社会保险金实行社会化发放。同时，注意做好体制转轨过程中的衔接工作，使传统计划经济体制下的“企业人”和“单位人”能够顺利地转变成社会主义市场经济体制下的“社会人”。二是要彻底改进国有企业下岗职工的安置办法。逐步使下岗职工由现在先进入企业再就业服务中心，转向直接享受失业保险；失业保险期满后未实现再就业的，由城镇居民最低生活保障制度兜底。不能享受养老、失业保险的集体企业职工也由城镇居民最低生活保障线维持基本生活。这些措施无疑减轻了亏损公司的负担，使职工能够轻装上阵，全力投身于公司的经营业绩提升中。

（6）健全市场管理体制　政府部门要着力做好社会各方面的协调、宏观管理和服务工作。加大打假力度，规范市场竞争秩序，健全竞争机制，为企业提供一个良好的社会环境、通关环境和投资环境。应多采取类似“惠州国际数码节”、“惠州台商精品展示会”等形式，为企业“搭台唱戏”。通过广播、电视、互联网或报刊等设立“企业服务网络平台”，多渠道多方式为企业提供相关的政策、市场等信息。协调有关部门按相关规定，及时办理“免、抵、退”税款。另外，政府还应采取相应措施，限制对环境污染大、耗能大、效益微的行业的生产；扶持市场潜力大，发展后劲强的新兴行业。企业应根据市场需求，及时调整产品结构，通过加大企业新产品研发投入，加快企业技术创新，开拓产品市场，增强企业发展后劲，帮助企业摆脱困境，提高企业经济效益，促使企业持续、健康发展。

4.3　几种特殊财务行为的特征

4.3.1　公司治理要素特征

（1）公司治理目标协同化　由于保证公司这一组织正常运转所需的人、财、物来自于全社会，其产品和劳务又是为全社会所需，因此，公司从发起到营运的各个阶段，都要以维护全体出资者（主要包括股东和债权人）、管理者、员工和客户的利益为立足点和行为准则，这就决定了公司治理行为的实质便是协调好公司利益相关者各方的关系，使公司利益相关各方基本上处于一种较为满意的状态，从而实现公司的健康稳定发展。而在具体实务中，对于一个特定企业而言，股东、债权人、管理者、员工及客户的利益往往是此消彼长的关系，公司的相关各方之间的利益往往是存在矛盾的，特别是对于处于亏损状态中的上市公司而言，这种矛盾可能会表现得更加突出。当上市公司处于亏损状态时，最容易引起恐慌的是公司的债权人，他们往往出于保护自己前期贷款的安全性，会加强对亏损上市公司的贷款使用监督力度，严格限制亏损上市公司再贷款额度和现有资金的使用途径。然而，对于管理者而言，出于声誉机制和经理人市场的约束，他们往往希望通过再贷款或发行债券的方式取得更多的资金，或者将现有资金投放到那些高收益但伴随高风险的项目上。由此，债权人和管理者之间的矛盾是非常突出的。此外，管理者和股东之间也会因为委托代理关系而存在矛盾、管理者和客户之间也会因为信息不对称而存在矛盾、管理者和政府部门也会因为制度契约而存在矛盾。因此，公司治理作为协调公司各方利益关系的重要财务行为，必须树立将公司各方相关利益关系主体的行为和利益协同化目标，以公司现金流转中所涉及的各方利益关系及其矛盾为主线，有效地协调、平衡、理顺公司的财务关系，建立公司利益相关各方的合作共赢机制，从而确保公司长期稳定健康地发展。

（2）公司治理方式多样化　投资者利益协调、员工利益引导和客户利益保障是现代公司治理的三大核心问题（杨雄胜，2009）。其中，投资者利益协调又可分为宏观、中观和微观三个层面，宏观层面是指对投资者利益的保护，其常用的公司治理方式有股权结构、董事会制度、股东权利的法律保障、经理层激励制度、信息披露制度、银行的债权治理机制以及控制权市场和经理人市场等；中观层面是指公司与投资者日常的沟通，即投资者关系管理，以建立并加强企业股东以及投资者之间的信赖关系，其具体的沟通方式有年报、公告、股东大会、分析师会议或说明会、公司网站、广告、新闻媒体、采访报道、与重要投资者一对一沟通、电话咨询、邮寄资料以及组织重要投资者现场参观和路演等；微观层面是指股东忠诚度管理，即公司采取哪些措施留住老股东、吸引新股东。随着知识经济时代的到来，员工日益在成为公司价值创造中发挥着最为基础的作用。员工利益引导是指通过提高员工对企业的满意度和忠诚度来提升员工对企业价值的贡献程度。这里的员工对企业价值的贡献程度取决于员工在创造公司价值过程中自身价值的实现程度，主要表现为员工对企业的满意度和忠诚度。因此，公司管理者需要通过培训开发、奖励、充分放权与授权、薪酬奖励等方式来提升员工的价值。由于客户需要是产生企业价值的根本原因，因此将客户利益保障作为重要的治理途径之一，必须不断满足客户的需要从而使之成为公司的忠诚客户，使客户利益得到充分的尊重并真正实现，切实保障客户在公司的利益。其具体治理方式包括客户关系管理、客户价值创造等。以上这些类别众多、形式复杂的治理途径构成了公司治理方式的多层面、多样化特征。当然，对于处于转型经济时期的中国亏损上市公司，其公司治理的层面更多地放在了投资者利益保护这一宏观层面上，因此，对于中国亏损上市公司而言，尽管其公司治理的方式也呈现出多样化特征，不过它们更多侧重于合同契约和政府立法两类治理方式，具体包括管理层持股、第一大股东持股、独立董事、董事会规模、公司控制权市场、债务融资情况、国有股比例、审计意见类型、上市公司信息披露制度以及亏损上市公司退市制度和风险警示制度等治理途径。

（3）公司治理环境复杂化　公司治理环境主要包括公司治理的经济环境、金融环境、法律环境以及政治制度环境等方面。根植于转轨经济的中国公司治理环境，正处于从行政型治理向经济型治理的转型时期，在转型的进程中，两种治理环境的并存，不断演化与共生（李维安，2009，2010）。在此背景下，衍生出来的中国证券市场的产物——中国亏损上市公司势必会面临着更为复杂的公司治理环境。从经济环境来看，影响公司治理的经济因素主要有经济周期、通货膨胀、汇率变化和政府的经济政策等，当前中国的经济周期处于不规律地变化状态，通货膨胀率居高不下，汇率风险较大，政府的经济政策尚不稳定，这些因素无疑加大了公司治理方式选择和治理效率评估的难度。从金融环境来看，中国的金融市场尚不发达，银行的产权制度改革尚不到位，存在银行人格化所有者缺位问题，难以调动银行在公司治理结构上起到积极作用，无法激励银行去对公司的债权与股权风险负责。此外，由于银行自身资产结构单一，对企业的贷款占了绝大部分，银行对企业偿债风险也没有有效方式控制。从法律环境来看，在经济转轨和公司治理转型的过程中，由于缺乏完善的法律系统，交易成本昂贵，导致企业更多地倾向于利用关系渠道作为经营战略的一部分（罗党论等，2009）。Allena 等（2005）研究发现，中国的法律制度，包括投资者保护制度、公司治理机制、会计准则以及政府质量等，明显落后于 La Porta(1998) 研究样本中的大多数国家。樊纲等（2006）指出，中国各地区之间的市场化进程差异明显，投资者保护水平普遍较低。另外，针对于亏损上市公司的退市制度、风险警示制度等也还不完善，这些法律因素极大程度上阻碍了公司治理效应的正常发挥。从政治制度环境来看，由于各项制度的不完备性以及以行政干预为主导的行政型治理环境对企业经营决策的长期影响，走常规化的公司治理路径达到公司治理的目的难度越来越大。

4.3.2　债务融资行为特征

（1）债务融资水平高企化　对于中国的亏损上市公司而言，债务融资水平普遍偏高。夏新平、肖佃华、汪宜霞（2002）对

1999—2000 年的 570 家上市公司进行统计分析发现，在这些公司中，亏损公司的负债比率普遍过高。他们又将其按负债率的高低进行分组研究，结果发现，对于中国现阶段上市公司而言（某些特定行业除外），当资产负债率高于 40%时，公司管理者就应该防范可能会出现的财务风险；当资产负债率高于 60%时，已处于比较危险的境地；当负债比率高达 80%时，公司很可能已处于崩溃的边缘。在本书所选的 2003—2010 年的亏损上市公司样本中，描述性统计结果显示，亏损上市公司样本的资产负债率均值为 87.3%，这表明，在 2003—2010 年中国亏损上市公司普遍存在债务比例过高的现象。华电集团科技环保部环保处处长孙卫民在 2011（第三届）中国能源企业高层论坛上公开表示①，“华电集团火电企业 2008—2010 年三年亏损面分别是 64%、33%和 44%，累计亏损高达 125 亿元。”目前华电集团所属部分火电厂的资产负债率最高的已达 170%，这些电厂的资金压力已经十分紧张。另外，根据 Wind 资讯统计②，“2011 年上半年末，房地产行业的资产负债率已经高达 71.28%。其中，总负债为 1.24 万亿元，总资产为 1.73 万亿元，总负债较上年年底增加 1 514亿元。与过去 10 年的年报数据相比，2011 年房地产的资产负债率达到最高值。在资产负债率由高到低排名前 20 位的企业中，第一名为目前依旧处于停牌状态的 ST 兴业，资产负债率达 968.7%；第二名 ST 园城资产负债率达 109.95%。”从数据上看，这两家企业已经资不抵债。由此看来，债务融资水平高企化无疑是中国亏损上市公司的重要特征之一。从资本结构理论来看，公司通过适度负债可以获取财务标杆利益，但如果负债过度，就会使公司的支付能力变得极为脆弱，甚至发生偿债危机。偏高的负债一方面会弱化企业的支付能力，蕴含着财务危机；另

① http：//news. hexun. com/2011 - 11 - 14/135185120. html.

② http：//finance. people. com. cn/stock/GB/16200957. html.

一方面，一旦信用链条上某一环节出现故障，或实际现金流量比预期净流量相差较大，影响即期债务偿付，必然会出现财务危机。因此，上市公司应该时刻关注自己的资产负债情况，当其资产负债率超过一定比率时，可能意味着公司偿债能力和企业融资信誉的下降，最终导致公司难以清偿到期债务，使其陷入严重的财务困境。

（2）债务融资方式单一化　在本书所选的2003—2010年亏损上市公司样本中，描述性统计结果发现，只有5家亏损上市公司样本采用了发行债券进行债务融资的亏损上市公司，而几乎所有的亏损上市公司样本都采用了银行借款、商业信用和其他临时性占用款的方式进行债务融资。这里按照债务融资的方式不同将亏损上市公司的债务划分为银行借款、商业信用、发行债券、其他临时性占用款等几类，其中，其他临时性占用款包括应付职工薪酬、应交税金、应付股利、应付利息、应付短期债券、预提费用、递延收益等短期负债项目等。此外，本书对2003—2010年亏损上市公司全样本描述性统计结果还显示，全样本中银行借款占负债总额的比例均值为0.451，而商业信用和其他临时性占用款项分别占负债总额的比例均值为0.240和0.249，这表明亏损上市公司在负债融资过程中几乎有一半的概率会选择银行借款的融资方式，而相对较少使用其他融资方式（包括利用商业信用和临时性占用款项），说明中国亏损上市公司尽管倾向于银行借款、商业信用和其他临时性占用款等多种债务融资方式，但更偏好于银行借款的债务融资方式。温州民营企业在2011年频繁发生的关停并转现象进一步说明了我国上市公司普遍存在短期融资比率过高、债务融资方式单一化特征。这种单一化的债务融资方式不仅增加了公司的偿债压力，而且还阻碍了亏损上市公司进行债务展期的灵活性，限制了公司利用权益融资的比例和额度，最终可能导致公司资本结构不合理，从而引发企业破产危机。

（3）债务融资结构短期化　我国亏损上市公司的流动负债占

总负债的比重普遍较高，导致亏损上市公司债务融资结构呈现出短期化的特征。一般而言，流动负债占总负债的一半是较为合理的，若比率偏高，会导致上市公司在金融市场环境发生变化，如银行利率的上升时，一方面出现资金周转的困难，这样会增加上市公司的信用风险和流动性风险，另一方面也会由于资金成本的上升影响到公司的经营业绩。本书对中国 2003～2010 年间的亏损上市公司全样本描述性统计结果还显示，流动负债占负债总额的比例均值为 86.1%，说明总体而言，亏损上市公司在负债融资期限结构安排中偏好于短期债务融资，这可能是由于债权人出于自己的利益保护不愿意更多地向亏损上市公司贷出长期借款，而倾向于放出短期借款所致。Rajan 和 Winton（1995）、Stulz（2000）等学者认为，由于短期债务需要频繁的续借，使得贷款人能够使用最少精力而能有效监督内部人，迫使管理者吐出现金，从而防止他们将这些资金从事非营利的帝国建造。因此，短期债务是监督内部人机会主义的一种极有力的工具。这说明较多的债务融资能够发挥正向的公司治理效应，降低公司的代理成本，有利于提升亏损上市公司的财务价值。然而，短期债务融资比例应该控制在一定的范围以内，如果流动负债过多，债务期限过短，就会给亏损上市公司带来较大的即期偿债压力，此时，公司的偿债风险就会较高，这势必会给公司带来一定的负面影响，从而降低亏损上市公司的财务价值。

4.3.3 盈余管理行为特征

（1）盈余管理动机多元化 盈余管理是指企业管理者以获取一定的私人利益为目的，迫于相关利益集团对其盈利预期的压力，在公认会计原则的约束下选择最有利的会计政策或控制应计项目，以使报告盈余达到期望水平。因此，从本质上讲，盈余管理的动机在于获取管理者的私人利益。然而，在中国的市场环境下，出于政治关联、投资者利益保护和经理人声誉机制的约束，企业管理者实施盈余管理的动机往往呈现出多元化特征，特别是在处于亏损状态下的中国上市公司身上，这种多元化特征体现得更为突出。按照我国现行的证券管理条例规定，上市公司连续两年亏损将被特别处理，连续三年亏损将被暂停上市，若在一定期限内仍无法扭亏为盈、不再具备上市条件的，公司将受到终止上市的处罚。上市公司一旦因亏损而被特别处理、暂停上市乃至终止上市，将损害包括公司管理者自身、投资者、债权人等有关各方的利益，而且被特别处理的上市公司的筹资难度会加大，筹资成本也会上升，这显然是公司管理者所不希望的。因此，出于保壳护壳的目的，亏损上市公司管理层普遍都具有通过盈余管理行为来实现扭亏或防止连亏的强烈动机。张昕（2009）的研究表明，如果管理层认为其在亏损当年扭亏有望，就会采取一切可行的办法进行正向盈余管理；如果管理层认为其在亏损当年扭亏无望，根据信号传递理论，公司管理层出于避免股价的不利波动和高额利润引发的政治成本的动机，会通过“洗大澡”进行负向盈余管理。另外，公司管理层也可能出于树立公司良好形象、向市场传递利好消息、提高股价等动机，对公司中报和年报进行盈余管理；还可能出于提高公司自身的偿债能力和资信能力、向银行等金融机构证明其贷款的安全性等动机进行盈余管理，以此获取更多的银行贷款额度和更长的贷款期限等。此外，由于现行的企业所得税的征收是以会计利润为基础，然后再根据税法规定进行纳税调整，公司管理层可能出于节约税负、减少现金流出的动机进行盈余管理，以尽量降低报告期的净收益。在尽管税务部门在计算企业应纳所得税额时，由于企业可以自行选择一些会计政策和会计处理方法，如存货发出成本的计价方法——先进先出法与后进先出法，这给公司管理者提供了借助于会计政策的灵活性实施盈余管理的空间。另外，我国的税法体系还不十分完善，税收优惠政策颇多，这也促使企业管理者为了达到节税的目的而进行盈余管理。

（2）盈余管理途径多类化 中国现行的会计政策和相关的法律法规尚不完善，这给公司管理者进行盈余管理提供了广阔的空间。现有的研究文献对盈余管理途径的划分并不完全统一。陆建桥（1999）的研究发现，在首次亏损前一年公司管理层存在利用非预期性应计项目调增利润以推迟出现亏损的现象；在亏损年度管理层利用非预期性应计项目调减利润，进行“大洗澡”；在扭亏年度，管理层又利用非预期性应计项目调增利润，以避免出现连续亏损。朱红军（2002）、薛爽（2002）等学者认为，盈余管理的途径包括正常项目和线下项目，其中，线下项目是上市公司盈余管理的主要途径。这里的线下项目则主要由投资收益、营业外收入、营业外支出和补贴收入等项目构成。陈晓（2004）提出我国上市公司操控盈余的途径主要有关联交易、资产重组、财政补贴收入和操控应计利润四种。赵春光（2006）的研究表明减值前亏损的公司利用资产减值避免亏损或者“洗大澡”。孟焰（2006）、陆正飞等（2007）研究发现，上市公司进行盈余管理倚重于非经常性损益实现。尽管学者对盈余管理的途径划分存在差异，但无论通过哪种途径，其盈余管理的最终结果都是通过利润表反映出来的。叶建芳（2009）的研究发现，当上市公司持有的金融资产比例较高时，为降低公允价值变动对利润的影响程度，管理层会将较大比例的金融资产确认为可供出售金融资产，在持有期间，为了避免利润下滑，管理层又倾向于将可供出售金融资产在短期内进行处置。由此可见，公允价值变动损益也是上市公司进行盈余管理的重要途径之一。张昕（2010）研究认为，营业成本（包括主营业务成本、其他业务成本）的确认、计量主要是在企业内部由财务人员进行的，企业对这部分财务数据有很大的操控性，管理人员可以通过增加产量来降低单位产品分摊的固定成本，也可以减少结转已销售产品成本，这些方法都可以有效地降低主营业务成本，增加主营业务收益率，从而增加利润总额与净利润，因此企业很有可能通过这个项目进行盈余管理。孙光国、莫冬燕（2010）的研究表明，即使是在2006年新会计准则实施之后的年份，资产减值政策的调整在非流动资产减值准备的转回方面遏制了上市公司的盈余管理行为，但是上市公司却更多转向通过流动资产的资产减值准备的计提与转回来进行盈余管理。此外，笔者认为，在三项期间费用中，企业对于销售费用、管理费用有较大的操控空间，例如企业可以自主决定广告费、培训费、办公开支等，对应收账款与存货的减值准备也有一定的调控能力，这些都可以导致营业费用与管理费用受到很大程度的操控；而企业负担的财务费用主要包括借款利息以及各种手续费，企业对于利息支出的资本化或费用化的选择上具有较大的可操控性。由此来看，中国亏损上市公司管理层可供选择的盈余管理途径明显具有多类化特征，这无疑加大了对公司管理层的盈余管理行为进行监管和约束的难度。

（3）盈余管理幅度过大化　盈余管理是一把双刃剑，其对公司乃至整个资本市场的影响有利有弊。从资本市场的角度看，适度的盈余管理是传递内部信息的一种有效手段。在资本市场尚不发达的中国，公司管理者与投资者等公司外部人之间存在严重的信息不对称，管理者往往掌握了大量的内部信息，当他们认为未经管理前的盈余信息难以对公司盈利能力和发展潜力进行合理评估时，就会主动进行盈余管理来调整盈余，以向投资者传递有用的价值信息。然而，为避免由于盈余管理而导致会计信息失真，管理者调整盈余的幅度必须是适当的，过大或过小的盈余管理幅度都会损害资本市场各方参与主体的利益，引起管理者所在公司乃至整个资本市场的混乱。中国的资本市场正处于政府主导型向市场主导型转变的过渡时期，许多上市公司，特别是亏损上市公司的管理者普遍存在盈余管理幅度过大化倾向。王亚平、吴联生、白云霞（2005）的研究结论表明，中国上市公司在1996年、1997年以及2001—2003年的盈余管理频率和幅度较高，并且 2001—2003 年逐年呈上升趋势。2001—2003 年平均有 64.4%的亏损公司在阈值 0 点上进行盈余管理并达到避免报告亏损的目的，平均盈余管理幅度为提高 ROA 数据的 0.065。吴联生、薄仙慧、王亚平（2007）的研究结论显示，1998—2004 年我国上市公司与非上市公司每年都存在避免亏损的盈余管理；在上市公司中，盈余管理公司比例为 15.87%，它们提高 ROA 数据 0.012 2；在非上市公司中，盈余管理公司比例则只有 5.49%，它们提高 ROA 数据的 0.000 9。上市公司盈余管理频率大约为非上市公司的 3 倍，平均盈余管理幅度大约为非上市公司的 13 倍。两类公司盈余管理程度差异随着时间的推移而不断增大，因为非上市公司盈余管理程度在年度上的分布比较稳定，而上市公司盈余管理程度则随着时间的推移而不断增大。

4.3.4 资产重组行为特征

（1）资产重组主体被动化 从理论上讲，资产重组是市场经济中资本自由流动及优化配置的必然结果，体现了“优胜劣汰”的自然竞争法则，能使经济效率高的上市公司加快发展步伐，并扩大投资者已有的对未来的良好预期。然而，处于转轨经济期的中国，由于多数上市公司拥有大量的国有股和法人股，而上市公司管理者持股非常少，尤其是亏损上市公司，本书对中国 2003—2010 年亏损上市公司全样本描述性统计结果显示，国有股比例均值为 21.2%，管理层持股比例均值为 1.3%，不足 2%，这表明中国亏损上市公司中管理层持股比例普遍偏低，因此，作为资产重组行为主体的公司管理者往往受制于政府的行政干预，只能被动地接受由政府主导的国有股、法人股通过协议转让或无偿划拨的资源，这使得他们的资产重组行为带有浓厚的行政色彩。地方政府有时为了挽救本地区行政范围内或行业范围内面临破产或被 *ST 面临退出市场的上市公司，不惜以优质的国有资产置换上市公司的不良资产，更有甚者还承诺在税收、特许经营权、土地征用、重大建设项目等方面以优惠政策作为回报，以此吸引优质上市公司并购亏损上市公司，最终使得重组行为严重偏离市场化原则，造成资本资源的不合理配置和浪费。事实上，通过政府引导的“拉郎配”式的资产重组虽然解救了亏损上市公司的燃眉之急，但收购方往往容易被新并购的公司所拖累。一方面，收购方收购被并购方的资产需要耗费一定的时间和成本，会分散掉收购方一部分精力；另一方面，并购后的新公司可能会因为内部管理磨合问题、资源再配置效率问题、企业文化冲突问题等而发展缓慢甚至出现整体业绩下滑趋势。此外，到目前为止，中国的资本市场还带有一些计划经济的色彩，证券发行者资格的确定、发行数量和价格的确定、上市资格和上市时间的确定、上市公司的配股等事项还不能完全按照市场经济的方式来进行。在这种情况下，“壳”资源、配股资格对地方政府和未上市企业都是重要的，他们势必要以种方式来充分利用“壳”资源和配股资格，在相关的法律法规尚不健全的情况下，容易产生不公平交易、虚假性重组和利益转移等问题。事实上，这种以保壳为动因进行的被动型资产重组，尽管能使公司在重组当年获得短期效应，但不具有长期效应，只是调整公司报表结构的非实质性资产重组。如果亏损上市公司借助于一次资产重组没有顺利扭亏，公司的情况没有得到实质性改善，就只能被迫进行第二次、第三次甚至更多次数的资产重组活动。

（2）资产重组方式差异化 迟海燕，马晔华（2000）对比了1998年沪市发生了资产重组的233家上市公司的重组方式，结果表明，资产置换式重组是一种见效快的重组方式，由于资产置换多采取整体置换的方式，因而上市公司的资产质量可以迅速提高，收益也可立竿见影；股权转让式重组的效果欠佳。因为股权转让对上市公司的影响是间接的，企业的资产、负债账面上没有变化，上市公司股权转让本身只反映其股权结构的变化，只有当股权重组结合以后其他相应的经营重组时，股权重组的效果才会显现；投资新建式重组的盈利能力未能立即提高，由于投资新建的效果显现通常会有时滞，因此，近期内新建项目不会对企业业绩造成很大影响；收购扩张类重组效果好坏参半，这是由于收购目的和方式多样化，通过收购有为了实现规模经济壮大主业的、有进行多元化经营的、有为了进军高科技行业的，有采取现金收购的、有承担债务方式的等，因此，盈利能力和资产质量表现各种情况都有；资产剥离使上市公司的资产质量有明显改善，由于剥离不良资产或出售与主业关联不大的资产有利于提高资产管理能力、突出了主业，同时又有大笔现金流入，增加了偿债能力，因此，该类重组公司的资产质量大部分会有所提高；组合重组的公司资产质量恶化的占多数，而且盈利指标好转但资产质量指标恶化的公司较多，一方面说明多种重组方式的组合效果不佳，另一方面也意味着有些公司的重组有追求报表效果之嫌。李善民和李衍（2004）的研究表明，在重组两年后，实施收缩类资产重组的公司绩效发生显著改善外，其他类型的资产重组并没有显著变化。苏艳丽、庄新田、哈敏的研究表明，重组绩效提高最大的重组方式是资产剥离，其次是股权转让和收购兼并，重组绩效最差的是资产置换。赵丽琼（2008）分析摘帽ST公司与没有摘帽ST公司在重组战略选择方式上的不同。摘帽公司采取的兼并收购有助于其摘掉ST的帽子，而没有摘帽公司采取的资产剥离、资产置换等战略并没有增加摘帽的几率。张彤玉、丁业震（2010）的研究表明，不同重组方式特点不同，重组后的绩效也不同。资产出售与转让、债务重组及混合重组的短期绩效较好，可持续性较差。长期来看资产置换类重组绩效明显优于其余重组方式。吴志军（2010）的研究表明，亏损上市公司为了实现目标，往往将资产收购、股权转让、资产剥离、资产置换和债务重组等多种重组手段相结合，以求达到最好的效果。由此看出，不同的重组方式产生的重组绩效是有差异的，亏损上市公司只有针对自身的实际情况选择恰当的重组方式进行重组，并且注意重组后的整合，才能收到预期效果。

（3）**资产重组绩效近视化** 我国很多学者运用事件收益分析法和财务分析法研究了 ST 公司重组绩效，通过分析重组前一年、重组当年和重组后两年的股票价格和财务指标的变化情况，大部分学者都一致赞同，ST 公司资产重组表现为短期行为，甚至出现内部人操纵现象，在重组公告前利用内部信息抬高股价，当股价上涨到预期程度，开始抛售股票，导致股价下跌，严重损害中小投资者的利益，ST 公司在重组过程中出现明显的短期超常收益。从财务指标上看，重组当年财务状况无明显改善，重组次年有所提升，然后业绩出现下降的趋势。ST 公司重组能在短期内改善公司业绩和股东收益，但这种绩效不具有持续性，这表现出资产重组绩效具有近视化特征。陈收、张莎（2004）用事件研究法考察了 2000 年重组的 28 家 ST 公司，认为 ST 公司重组后第一年绩效明显上升，而随后两年则呈现下降态势；李哲（2006）用回归法考察了 1998—2001 年重组的 ST 公司，认为重组次数多、重组规模大的公司摘帽的可能性较大，盈利能力差、负债严重的公司摘帽的机会较小；吕长江（2007）用事件研究法考察了 1999—2001 年重组的 78 家 ST 公司，认为重组对 ST 公司具有明显的影响，重组具有即时效应，但同时其作用有限，并未带来以后年度的业绩全面改善和提高；任汝娟（2009）用案例法考察了沪市 2006 年重组的 12 家 ST 公司，认为 ST 公司的资产重组行为确有提升公司业绩的短期财务效应，但是这种效应不具有持续性。吴志军（2010）的研究表明，不同动因的资产重组，产生的重组绩效是不一样的。导致资产重组绩效近视化的原因有多种。近年来，许多上市公司以资产重组的名义收购大股东所持股份的现象屡见不鲜，在此过程中大股东可以通过资产评估来实现自身资产的大幅度升值，然后借用资产重组的名义将其变卖至所拥有的上市公司中，以此来达到牟取暴利的目的，从而从实质上背离了资产重组的实际意义，失去了其应有的作用。此外，在上市公司的资产重组过程中，其控股公司利用上市公司的“担保”或“回报”从后者处转移资金，从而形成对其资金的恶意侵占。在资产重组的协议转让过程中，上市公司大股东之间的关联交易现象比较严重，与非关联方资产重组相比存在诸多非市场行为，这种非市场行为严重危害了众多中小股东的利益。

5 公司治理特征对亏损上市公司财务价值的影响研究

中国正处于经济转轨体制中，特殊的制度背景使得中国上市公司的股权结构较为集中、股权流动性差，且公司债券市场发展缓慢，法律系统对投资者的保护程度较弱，上市公司治理的总体水平偏低（肖作平，廖理，2008）。相对于治理水平高的公司而言，治理水平低的公司管理层更有可能利用信息不对称侵害中小股东利益、控股股东也更有可能通过隧道挖掘掠夺中小股东利益，因此，治理水平低的公司在进行扭亏时可能会遇到更多的阻碍，这势必影响到其公司的价值。那么，在中国的资本市场上，反映亏损上市公司治理水平的各种要素特征会对其公司价值产生影响吗？如果会，其影响机理又是什么呢？本章带着对这些问题的回答展开了理论分析和实证检验。

现有的关于公司治理与亏损问题的研究主要集中于公司治理与财务困境或财务危机预测的研究。其研究结论大多数都支持公司治理的脆弱是导致公司业绩下降、发生财务危机的根源。具体而言，La Porta、Lopez-de-Silanes、Shleifer 和 Vishny(1997，1998，1999)（简称 LLSV）的研究表明，债权人和少数股东权益被保护的程度决定了公司在获得资助和国有化程度上的差异。LLSV(1997) 通过对 49 个国家的样本数据检验发现，脆弱的股东权利和实施力度的不足导致了证券市场的不发达。Whitaker(1999) 指出许多公司陷入财务困境更多的是源于其薄弱的管理而非经济上的困难。Tsun-Siou Lee 和 Yin-Hua Yeh(2004) 指出治理薄弱的公司在经济衰退中更为脆弱，当公司治理弱化时，陷入财务困境的可能性就提高。Lemmon 和 Lins(2003) 论证了公司治理的微小疏漏可能导致公司陷入严重的财务困境。Faccio 和 Lang(2002) 认为控股股东的持股比例与财务困境呈负相关关系。Catherine M. Daily(2004) 的研究表明：外部董事的经验及其独立性对公司的健康发展具有举足轻重的作用，外部董事比例对财务困境有反方向的影响。姜国华、王汉生 (2004) 认为主营业务利润水平和第一大股东持股比例显著地影响着公司在将来被 ST 的可能性。孙良华、孙健 (2005) 研究发现独立董事比例、第一大股东持股比例、现金流量权与表决权的偏离等治理结构变量与财务困境存在相关性。王克敏、姬美光 (2006) 将公司治理和投资者保护因素引入财务危机预警模型，研究表明公司治理结构、大股东侵占与公司陷入财务困境的可能性显著相关。陈燕、廖冠民 (2006) 认为通过合理安排公司治理结构，可以降低公司发生财务危机的概率。钱忠华 (2009) 从股权集中程度、控股股东性质和股东活跃程度三个方面描述股权结构，研究了股权结构和企业财务困境之间的关系，结果发现，股权结构确实能影响企业财务风险；股权集中程度及股东活跃程度越高，企业面临财务风险及陷入财务困境的概率越低，而国有企业面临财务风险及其陷入财务困境的概率则显著高于非国有企业。

回顾国内外已有的关于公司治理与财务困境的研究文献，得到的结论大多是公司治理水平与公司陷入财务困境的概率之间呈反比例变化的关系，即公司治理水平越高，公司陷入财务困境的可能性越小。显然，之前的这些文献研究的重心在于对公司未来可能发生财务危机（或者是亏损）的事前预测，主要针对的是当期盈利或状态较好的公司，有助于它们合理选择治理结构、有效降低和防范风险，也有助于监管机构加强企业风险的事前监管、提高监管效率。然而，这些文献均没有考虑到当期已经处于亏损状态（财务困境）甚至是濒临破产的公司，其公司治理状况对它们在亏损之后公司价值的影响，即缺乏对亏损上市公司的事后挽救方面的研究。事实上，从各个国家披露的公司财务信息来看，近年来各国上市公司中发生亏损的比例越来越大，对于这些已经处于财务困境（或者是亏损）的公司而言，弄清楚公司治理特征对其公司财务价值的影响程度以及驱动机理等问题，对于改善亏损上市公司的经营业绩，帮助他们扭亏和业绩改善具有更为重要的意义。

本章接下来的内容安排如下：第一部分是进行理论分析并提出相关的假设；第二部分是研究设计，说明数据来源、变量定义及构建模型；第四部分是实证分析；最后是本章的研究结论。

5.1 理论分析与研究假设

本章借鉴 Cadbury(1992)、Hampel(1998)、Faccio 和 Lang (2002)、李维安（2005)、肖作平（2008）等学者的研究，选择了能够反映上市公司治理特征的一些主要因素，具体包括管理层持股比例、第一大股东持股比例、独立董事比例、董事会规模、公司控制权市场、国有股比例以及审计意见类型等，分别就这些因素对亏损上市公司财务价值的驱动机理进行理论分析，并在此基础上提出相关假设。

5.1.1 管理者持股比例对亏损上市公司财务价值的影响

已有的研究表明，管理者持股对公司治理的影响存在两种效应：利益趋同效应和壕沟效应。一方面，作为高管薪酬激励的有效措施之一的管理者持股，让公司管理层既是拥有公司经营决策权的管理者，又是拥有一定股份的所有者，两种身份的统一使得管理者和外部股东的利益趋同，在一定程度上降低了管理者在职消费、剥夺股东财富和进行其他非价值最大化行为的动机

(Jensen, Meckling, 1976; Ang 等, 2000; Singh 等, 2003)。特别是对于已经处于亏损状态的上市公司而言，管理者出于突出自己的任职政绩、维护经理人声誉以及自身财富保全等方面的考虑，会有强烈的扭亏动机和现实的扭亏能力，他们会不惜一切代价使得公司尽快扭亏为盈，这将提升上市公司的价值，即产生利益趋同效应，并且随着管理者持股比例的增加，这种趋同效应越强烈。因此，根据利益趋同效应，管理者持股的增加对亏损上市公司的价值有正面影响。由此，本章提出以下研究假设：

H1：管理者持股比例与亏损上市公司的财务价值之间存在显著的正相关关系。

5.1.2 第一大股东持股比例对亏损上市公司财务价值的影响

根据 Shleifer 和 Vishny(1986)、Friend 和 Lang(1988) 等学者提出来的第一股东对公司治理的"监督假说"，当上市公司处于亏损状态时，第一大股东也能督促公司管理层积极寻找弥补亏损的途径，使得上市公司能够在亏损以后较快地扭亏以及更大程度地发生业绩好转。因此，第一大股东持股比例可能对公司的价值产生正面影响。同时，Ozkan(2002)、Zhang(2005) 的研究表明，大股东控制的公司，现金持有水平越多，对公司价值的负面影响越大，控制股东对中小股东存在"掏空效应"。当上市公司处于亏损状态时，为了减少自身的连带责任，维护自身的利益，第一大股东可能会"视而不见"，甚至会"乘人之危"，采取减资、撤资或者转移资产等方式对亏损上市公司进行"釜底抽薪"，这无疑加重了亏损上市公司进行扭亏的难度。因此，根据"掏空假说"，第一大股东持股比例又会对公司的价值产生负面影响。

当前，我国正处于经济转轨的特殊时期，现有的法律制度对投资者保护程度较差，在此环境中，持有最大股份比例的第一大股东[1]普遍具有利益输送（tunneling）动机，但当上市公司处于困境时也同样具有利益支持（propping）的动机（Friedman，Johnson，Mitton，2003），因此，第一大股东并不总是掏空公司，他们也有“支持”公司的时候，尤其是当公司陷入亏损状态或发生财务危机时，控制股东对所控制的上市公司存在利益输送行为以帮助其脱离财务困境。事实上，由于我国第一大股东持股比例普遍较高，他们大多拥有对公司的控制权，具有获取私人利益最大化的动机，再加上资本市场对股票入市管制所产生的“壳资源”价值，使得他们在上市公司出现亏损时愿意而且有能力对其“利益输送”，以帮助公司渡过难关。由此，可以提出以下假设：

H2：第一大股东持股比例与亏损上市公司的财务价值之间存在显著的正相关关系。

5.1.3 独立董事比例对亏损上市公司财务价值的影响

在控股股东与中小股东利益相冲突的情况下，上市公司设立的独立董事[2]能够在一定程度上发挥外部治理效应，从而保护中小股东的合法权益。独立董事对上市公司及全体股东负有诚信与勤勉义务。然而，处于转轨经济期的中国，上市公司所处的资本

---

① 胡建平、干胜道（2008）的研究表明，即使在股权分置改革完成以后，我国上市公司的股权集中的特征并没有改变。本书后面对第一大股东持股比例的描述性统计结果也表明，我国亏损上市公司第一大股东持股比例均值为 33.92%，即使在股权分置改革实施后的 2006 年、2007 年、2008 年中，第一大股东持股比例也都在 30%以上，按照 La Porta 等（1999）、吴刚、刘丹（2008）等提出的 30%的持股比例标准，我国亏损上市公司的第一大股东大部分都属于控股股东。

② 按照我国证监会 2001 年 8 月发布的《关于在上市公司建立独立董事制度的指导意见》的解释，上市公司独立董事是指不在公司担任除董事外的其他职务，并与其所受聘的上市公司及其主要股东不存在可能妨碍其进行独立客观判断的关系的董事。

市场尚不完善，法律制度相对比较薄弱，内部控制制度尚不健全，这些使得独立董事的外部治理效应不一定能得到充分发挥。尽管我国证监会要求上市公司董事会成员中应当至少包括 1/3 的独立董事[①]，但许多独立董事并没有真正发生参与决策、维护股东利益的监督作用，这使得即使是独立董事比例较高的上市公司，仍然存在较高的代理成本和较差的经营业绩。关于这一点，国内学者研究得出的不一致结论可以证明。吴淑焜（2004）、王跃堂等（2006）、赖建清和陈炜（2006）、赵昌文（2008）等的研究发现，董事会独立性与公司绩效存在显著的正相关关系；孙永祥（2001）没有发现董事会独立性与公司绩效之间的显著相关性；李常青和赖建清（2004）甚至发现独立董事比例与公司绩效负相关。究其原因，可能是因为在我国法律和制度等外部治理环境相对欠缺的情况下，独立董事除了能够起到对管理层进行监督从而降低代理成本、提高公司绩效的正面作用之外，还可能与大股东或管理层勾结，进行联盟作弊，共同侵害上市公司中小股东的利益。这种联盟作弊，无论是发生在独立董事与大股东之间，还是独立董事与管理层之间，都可能会抵消独立董事作为监督者的外部治理效应，从而降低上市公司的业绩。由此，本章认为，在中国资本市场中，当上市公司处于亏损状态时，公司拥有的独立董事比例越高，其对公司管理者改善差业绩、增强亏损公司扭亏能力的激励和监督作用越大，那么该公司的价值提升效应就越大，但由于同时存在独立董事与内部董事、管理层联盟作弊的可能性，又会抵消高独立董事比例产生的业绩提升效应，并且，随着时间的推移，这种抵消效应就越明显。由此，本章提出以下假设：

① 2001 年中国证监会发布的《关于在上市公司建立独立董事制度的指导意见》要求：“在二〇〇二年六月三十日前，董事会成员中应当至少包括 2 名独立董事；在二〇〇三年六月三十日前，上市公司董事会成员中应当至少包括三分之一独立董事。”

H3：独立董事比例与亏损上市公司的价值之间不存在显著的相关性。

5.1.4 董事会规模对亏损上市公司财务价值的影响

中国上市公司的董事会人数大多为10～20人，最高达到32人，该数量远远超过Lipton和Lorsch(1992)、Jensen(1993)等学者认为的最佳董事会规模。按照他们的观点，中国大多数上市公司的董事会规模应该与其经营业绩呈负相关关系，然而，国内学者们的实证结果并非都如此。孙永祥（2001）的研究发现，公司董事会规模与Tobin's Q值呈现出反函数关系，但不具有统计上的显著性，而董事会规模与ROA和ROE都表现出了显著的反函数关系；李常青、赖建清（2004）的研究发现，董事会规模与EPS和EVA负相关，但与ROE正相关，他们认为这可能是管理层对ROE存在操纵行为所致。于东智和池国华（2004）的研究发现，董事会规模与公司绩效之间存在着显著的倒U形曲线关系。牛建波（2009）通过对我国上市公司2000—2007年数据的分析发现，较大规模的董事会能够缩小公司绩效的波动程度，董事会规模对绩效波动性的影响机制主要是大型董事会成员间的沟通协调问题，而董事之间的搭便车问题难以对此做出解释，从影响途径而言，较大规模的董事会通过减少经营性应计、非经常性损益和经营性操控应计的波动而间接减少业绩的波动。由此可见，我国学者对董事会规模与公司绩效之间的关系在研究结论上并不完全一致，不过，以前的这些研究结论都是以盈利或混合性（其中亏损公司所占比例极少）上市公司为样本对象而得出的。对于亏损上市公司而言，出于对公司声誉的保护和投资者利益的维护，董事会成员会积极主动地扭亏，因而较大的董事会规模将会对亏损上市公司的财务价值产生正面影响。然而，如果董事会规模过大，由于更多董事成员之间的沟通协调成本升高、董事会运行效率下降以及可能存在的“董事长专政”现象，使得董事会机构形同虚设，从而降低董事会规模的公司治理效应，此时，过高的董事会运行成本会降低亏损上市公司的价值。由此，可以提出研究假设：

H4：随着董事会规模的增大，董事会规模与亏损上市公司的价值表现出先增后减的关系。

5.1.5 公司控制权市场对亏损上市公司财务价值的影响

在中国，长期以来都存在“一股独大”的问题，即使是在股权分置改革基本完成的转型经济时期，尽管国有股通过“转持”能够流通了，但股权过度集中于控股股东的现象在上市公司中仍然普遍存在。股权的过度集中增加了控股股东隧道挖掘的机会，导致公司治理结构十分不合理，加之中国资本市场的弱式有效和投资者保护机制的不健全，最终使得中国上市公司的控制权市场外部治理机制难以有效发挥。对于中国的亏损上市公司而言，一方面，出于对自我保护和避免连带责任的考虑，控股股东攫取公司和其他股东利益的方式会更加隐蔽；另一方面，亏损可能使得第二到第十大股东中的一些投资者对公司未来丧失信心，从而放弃对第一大股东的监督或者干脆“搭便车”，这两个方面的原因削弱了公司控制权市场对第一大股东和管理层的治理力度，使其更难以发挥对中小股东的利益保护作用。因此，本章认为，在中国亏损上市公司中，控制权市场尽管有助于公司扭亏，但其治理的力度和公司业绩好转的程度都十分有限。由此，本章提出研究假设：

H5：以第二至第十大股东持股比例之和表示的公司控制权市场与亏损上市公司的价值不存在显著的相关性。

5.1.6 国有股比例对亏损上市公司财务价值的影响

我国正处于转轨经济时期，尚不健全的资本市场制度使得上市公司形成了国有股占主导地位的股权结构，2005 年以来推进的股权分置改革和国有股减持并未改变国有控股上市公司的主体地位（许红波，2009）。由于国有股产权主体缺位，未能真正形成人格化的产权主体，没有解决好产权主体进入企业的问题，国有股股权所有者不能对企业实行有效的监督和控制（彭熠，邵桂荣，2009）。特别是对于股权相对集中的中国上市公司，随着国有股比例的增加，代表国有股身份的政府管理部门对公司行政干预的能力增强，一方面，这种过度的行政干预严重影响了公司的按照市场化规律进行的各项经营决策，降低了公司治理的效率；另一方面，他们可能会运用转移价格、由上市公司提供债务担保、无偿占用上市公司资金等一些不正当的手段对上市公司进行“掏空”，尤其是当上市公司发生亏损时，出于对自身利益的保护，这种“掏空”效应会更加明显，从而会导致已经处于亏损困境的上市公司“雪上加霜”，这些无疑会降低亏损上市公司的价值。由此，本章提出以下研究假设：

H6：国有股比例与亏损上市公司的财务价值之间存在着显著的负相关关系。

5.1.7 审计意见类型对亏损上市公司财务价值的影响

一般而言，注册会计师出于各方面的权衡和考虑，偏好于出具标准的审计意见。如果注册会计师对上市公司年报发表了非标准的审计意见，那么表明上市公司很可能在信息披露、财务管理、公司治理、可持续经营能力等方面存在一些问题，公司一旦被出具了非标准审计意见，就等同于告诉了信息使用者该公司的财务信息存在一定的问题，这势必对公司造成一定的负面影响。事实证明确实如此。宋常、恽碧琰（2005）的研究发现，在短时间窗内，证券市场对非标准审计意见呈明显的负效应。王震、彭敬芳（2007）的研究表明，上市公司的治理结构不健全是导致公司被出具非标准审计意见的一个原因。因此，对于任何一家上市公司，非标准审计意见都可能会给公司带来一些不利的影响，这种影响甚至可能引发公司高管层变更（郭葆春，2008），而且按照“替罪羊假说”[①]，即使是在CEO变更后，公司业绩也不太可能出现显著提高（刘星等，2006）。当上市公司出现亏损状态时，由于投资者普遍对亏损有着发自内心的抵触情绪，如果再加上公司被出具了非标准的审计意见类型，那么，这种非标准审计意见类型产生的负面影响将会更为严重，这些影响最终将损害上市公司的价值。由此，本章提出以下假设：

H7：被出具了标准审计意见类型的亏损上市公司价值会高于被出具非标准审计意见类型的亏损上市公司价值。

5.2 研究设计

5.2.1 样本的选择

考虑到中国证监会于2003年3月18日颁布并实施了《关于执行〈亏损上市公司暂停上市和终止上市实施办法（修订）〉的补充规定》，这些补充规定对亏损股本身在当年及以后年度造成的影响较大，而且受现有数据的可获得性所限，本章选择了从2003—2010年共8个会计年度发生亏损的A股上市公司作为研究总样本，同时按照一定的规则删除了一些样本。具体样本筛选的过程如表5-1所示。

---

① 该假说认为，经理们努力程度一样，能力在本质上并不存在差异，但只有不断解雇那些业绩较差公司的经理才能促使其他经理提供合意的努力。在这种负激励下，所有CEO的能力与努力都得到充分发挥，但CEO的能力与努力仅是影响公司业绩的一个因素，在复杂的市场竞争环境下，还有很多不可控制因素对公司业绩产生重要影响，因此当公司业绩下降，CEO变更并不意味着其能力不强或努力不够，只不过是运气不好，充当了对其他CEO可置信威胁的替罪羊罢了。

表 5-1 研究样本的筛选过程

观测年度	2003	2004	2005	2006	2007	2008	2009	2010	合计
全部亏损上市公司年度观测值	197	223	303	223	147	327	218	148	1 786
剔除：									
金融保险类亏损上市公司	3	4	3	1	2	3	1	3	20
数据缺失的亏损上市公司	29	39	15	40	42	48	6	22	240
数据异常的亏损上市公司	22	25	15	25	29	30	13	30	189
最终选择的公司年度样本量	143	155	270	157	74	246	198	93	1 336

考虑到财务报表和管制性质的特殊性，本章剔除了金融保险行业的上市公司；为确保数据的完整和准确性，本章也剔除了亏损逆转数据无法获得和数据异常的样本。经过上述处理之后，本章的研究样本包括 2003 年的 143 家、2004 年的 153 家、2005 年的 270 家、2006 年的 157 家、2007 年的 74 家、2008 年的 246 家、2009 年的 198 家以及 2010 年的 93 家，总共 1 336 家公司年。其数据主要来源于锐思金融数据库（RESSET），部分数据来自于和讯网和金融界网的个股资料。数据处理所用的软件为 EXCEL、SPSS17.0 和 EVIEWS6.0。

5.2.2 变量的设计

（1）**被解释变量** 关于上市公司价值的度量，目前最为普遍使用的就是市盈率指标，但在实际使用中它存在许多局限性。具体表现在：一是不能对不同行业个股进行估值比较，即使进行行业内股票估值时有时也存在可比公司选择的困难；二是不同上市公司市盈率水平往往差异巨大，不仅同行业的上市公司市盈率存在明显差异，不同行业上市公司差异则更大；三是同一家上市公司还有静态、动态以及预测市盈率之分，而且这三种市盈率数据往往也存在较大的差距。正因为如此，当需要度量一批涉及不同行业的上市公司价值的平均水平时，平均市盈率的结果往往很难反映实际情况。至于市净率指标，由于市净率等于股价与每股净资产之比，因此只有公司的财务状况处于正常，即每股净资产在面值以上，市净率才是评估公司价值比较合适的指标。反之，对于那些财务状况处于非正常状况，即每股净资产低于面值（如大多数 ST 类公司）就不适合以市净率来度量其公司的价值。另外，市盈率的计算还直接与公司盈亏状况直接有关系，公司如果出现亏损，市盈率便为负数，这种情况下的市盈率指标对于确定上市公司价值实际上是没有意义的。可见，正是由于这些问题的存在对计算平均市盈率或平均市净率以及进行多个上市公司的价值比较带来了很大的不便，因此，笔者认为，很有必要寻找新的能够度量并比较多个上市公司价值的指标。

考虑到亏损上市公司的现实情况，其公司价值的衡量用传统的价值衡量方法显然不够真实和可靠，本章采用了每股市场附加价值和每股流通股市场附加价值的方法来衡量亏损上市公司的财务价值（表 5-2）。

具体计算如下：

市场附加价值＝公司股票市价总值－公司净资产总值

每股市场附加价值＝市场附加价值/公司总股数

流通盘市场附加价值＝流通股市值－每股净资产×流通股股数

每股流通盘市场附加价值＝流通盘市场附加价值/公司流通股股数

表 5-2　被解释变量、解释变量及控制变量的定义

变量类型	变量名称	变量代码	变量定义
被解释变量（亏损上市公司的财务价值）	每股市场附加价值	*FJPS*	市场附加价值＝公司股票市价总值－公司净资产总值 每股市场附加价值＝市场附加价值/公司总股数

（续）

变量类型	变量名称	变量代码	变量定义
被解释变量（亏损上市公司的财务价值）	每股流通股市场附加价值	*FJLT*	流通盘市场附加价值＝流通股市值－每股净资产×流通股股数 每股流通盘市场附加价值＝流通盘市场附加价值/公司流通股股数
解释变量	管理层持股比例	*GLCC*	董事、监事以及其他高层管理者所持股份之和/总股份
	第一大股东持股比例	*DYCG*	第一股东所持股份/总股份
	独立董事比例	*DLDS*	独立董事人数/董事会总人数
	董事会规模	*DSGM*	董事会总人数的自然对数
	公司控制权市场	*KZQS*	第二到第十大股东持股比例之和
	国有股比例	*GYGS*	国有股比例表示
	审计意见类型	*ADIT*	标准审计意见，取值为 1，否则为 0
控制变量	首次亏损与否	*SHCK*	哑变量，上市公司在亏损当年是否是首次发生亏损，如果是，取值为 1，否则为 0
	公司规模	*SIZE*	取该样本在亏损当年年末总资产的自然对数表示
	成长性	*INZJ*	取该样本在亏损当年的营业收入增长率表示
	年度哑变量	*YEAR*	如果样本是该年度，取值为 1；否则为 0
	行业哑变量	*INDU*	如果样本是该行业，取值为 1；否则为 0

（2）**解释变量**　为了反映各类亏损上市公司的公司治理状况，本章依据前文的理论分析设置了如表 5－2 所示的解释变量。其中，管理层持股比例用亏损上市公司董事、监事以及其他高层管理者所持股份之和除以公司总股份的比值来度量；第一大股东

持股比例用排名第一位的公司大股东持有的股份除以公司总股份的比值来度量；独立董事比例用独立董事人数除以董事会总人数的比值来度量；董事会规模是取董事会总人数的自然对数来度量；公司控制权市场是将从排名第二到第十位的大股东所持股份之和除以公司总股份的比值来度量；国有股比例用国有股股份除以公司总股份的比值来度量；审计意见类型设置为哑变量，如果公司在亏损当年被出具了标准的审计意见类型，则取值为 1，否则取值为 0。

（3）控制变量 考虑到除公司治理行为之外的其他变量也可能对亏损上市公司的财务价值产生影响，本章设置了如表 5-2 所示的一些主要的控制变量。

5.2.3 回归模型的设计

为了检验公司治理水平是如何影响亏损上市公司的财务价值，本章设计了如下回归模型：

$$\begin{aligned} FJPS_{i,t} = {} & \beta_1 + \beta_2 GLCC_{i,t} + \beta_3 DYCG_{i,t} + \beta_4 DLDS_{i,t} + \\ & \beta_5 DSGM_{i,t} + \beta_6 KZQS_{i,t} + \beta_7 GYGS_{i,t} + \beta_8 ADIT_{i,t} + \\ & \sum_{n=1}^{11} \beta_{8+n} Controlv_{i,t} + \varepsilon_{i,t} \end{aligned} \tag{5-1}$$

$$\begin{aligned} FJPS_{i,t} = {} & \beta_1 + \beta_2 GLCC_{i,t} + \beta_3 DYCG_{i,t} + \beta_4 DLDS_{i,t} + \\ & \beta_5 DSGM_{i,t} + \beta_6 DSGM_{i,t}^2 + \beta_7 KZQS_{i,t} + \beta_8 GYGS_{i,t} + \\ & \beta_9 ADIT_{i,t} + \sum_{n=1}^{11} \beta_{9+n} Controlv_{i,t} + \varepsilon_{i,t} \end{aligned} \tag{5-2}$$

上述模型中的 *FJPS* 是被解释变量，表示亏损上市公司的财务价值。解释变量包括：*GLCC* 表示管理层持股比例；*DYCG* 表示第一大股东持股比例；*DLDS* 表示独立董事持股比例；*DSGM* 表示董事会规模；*KZQS* 表示控制权市场，以第二大股东到第十大股东持股比例之和表示；*FZQK* 表示负债情况，用亏损当年的资产负债率表示；*GYGS* 表示国有股比例；*ADIT* 表示审计意见的类型，如果为标准的审计意见，则取值为 1，否则为 0。

控制变量（Controlv）包括：*SHCK* 表示上市公司是否是首次发生亏损，如果是，取值为 1，否则为 0；*SIZE* 表示亏损上市公司规模，取该样本年度的期末总资产的自然对数；*INZJ* 表示亏损上市公司的成长性，取该样本公司年度的营业收入增长率；年度虚拟变量，属于该年度，取值为 1，否则为 0，从 2003—2010 年共设置 7 个年度虚拟变量；行业虚拟变量，属于制造业，取值为 1，否则为 0；$\pounds$ 为随机扰动项。

5.3　实证分析

5.3.1　描述性统计分析

表 5－3 是对上述模型中各个变量进行描述性统计结果。

表 5－3　各个变量的描述性统计

变量	N	极小值	极大值	均值	标准差
FJPS	1 336	−2.594	38.216	4.145	4.271
GLCC	1 336	0.000	1.926	0.013	0.101
DYCG	1 336	0.056	0.852	0.331	0.148
DLDS	1 336	0.000	0.714	0.308	0.106
DSGM	1 336	0.693	3.497	2.557	0.357
KZQS	1 336	0.004	0.749	0.191	0.128
GYGS	1 336	−0.006	0.814	0.212	0.224
ADIT	1 336	0.000	1.000	0.670	0.470
SHCK	1 336	0.000	1.000	0.302	0.459
SIZE	1 336	15.380	25.404	20.765	1.160
INZZ	1 336	−2.276	107.717	−0.011	2.981

从表 5－3 的全样本描述性统计结果可以看出，以每股市场附加价值表示的亏损上市公司财务价值均值为 4.145，但其最小值为－2.594，最大值为 38.216，这表明样本中各家亏损上市公司财务价值相差较大；管理层持股比例均值为 1.3%，不足 2%，这表明我国亏损上市公司中管理层持股比例普遍偏低；第一大股东持股比例均值达到 33.1%，而以第二到第十大股东持股比例之和表示的控制权市

场均值为19.1%，远低于第一大股东持股比例，这表明我国亏损上市公司中普遍存在股权过度集中的现象，控制权市场相对薄弱，中小股东难以发挥对控股股东（或大股东）的股权制衡作用；独立董事比例均值为30.8%，接近中国证监会2001年8月发布的《关于在上市公司建立独立董事制度的指导意见》中要求的上市公司独立董事的人数不得低于董事会成员总数的1/3的规定；董事会规模均值为2.557，说明我国亏损上市公司董事会人数大多为10～15人；国有股比例均值为21.2%；审计意见类型均值为67%，表明大部分亏损上市公司被注册会计师发表了标准的审计意见；首次亏损与否的均值为30.2%，表明大部分亏损上市公司在当年的亏损不是第一次发生，即许多亏损上市公司已经累计发生多次亏损；以营业收入增长率表示的公司成长性均值为−1.1%，表明总体上亏损上市公司的经营业务在萎缩，这也可能是导致其亏损的原因之一。

5.3.2 皮尔逊相关分析

对除年度、行业变量外的其他各变量作Person相关分析，其分析的结果如表5-4所示。从表5-4列示的各变量之间相关性分析结果来看，管理层持股比例、第一大股东持股比例、国有股比例、审计意见类型、首次亏损与否以及公司规模等变量均与每股市场附加价值之间存在显著的相关性，这初步表明，第一大股东持股比例、国有股比例、审计意见类型、首次亏损与否以及公司规模等变量对亏损上市公司的财务价值有一定的影响，其他控制变量（独立董事比例、董事会规模、控制权市场等变量）与亏损上市公司的每股市场附加价值之间不存在显著的相关性，这初步表明，独立董事比例、董事会规模、控制权市场等变量对亏损上市公司的财务价值不存在明显的影响。此外，在解释变量和控制变量的相互关系中，尽管有些变量相互之间存在较强的相关性，但在多重共线性诊断中，各变量的方差膨胀因素VIF均小于10，因此对随后的多元回归不会产生较大影响。

表 5-4 各变量之间的 Person 相关系数矩阵

变量	*GLCC*	*DYCG*	*DLDS*	*DSGM*	*KZQS*	*GYGS*	*ADIT*	*SHCK*	*SIZE*	*INZZ*
FJPS	0.142**	−0.091**	−0.014	−0.030	0.030	−0.150**	−0.071**	−0.137**	−0.211**	−0.028
	0.000	0.001	0.622	0.275	0.281	0.000	0.010	0.000	0.000	0.305
GLCC	1.000	−0.024	−0.012	−0.139**	0.198**	−0.106**	0.060*	0.074**	−0.115**	−0.001
		0.383	0.672	0.000	0.000	0.000	0.029	0.007	0.000	0.970
DYCG		1.000	−0.023	−0.135**	−0.482**	0.421**	0.133**	0.145**	0.139**	−0.003
			0.410	0.000	0.000	0.000	0.000	0.000	0.000	0.907
DLDS			1.000	−0.225**	−0.080**	−0.022	0.055*	0.053	0.172**	0.021
				0.000	0.004	0.421	0.045	0.052	0.000	0.435
DSGM				1.000	0.150**	−0.002	−0.093**	−0.106**	−0.037	0.011
					0.000	0.943	0.001	0.000	0.174	0.692
KZQS					1.000	−0.120**	−0.124**	0.019	−0.173**	0.032
						0.000	0.000	0.494	0.000	0.238

（续）

变量	*GLCC*	*DYCG*	*DLDS*	*DSGM*	*KZQS*	*GYGS*	*ADIT*	*SHCK*	*SIZE*	*INZZ*
GYGS						1.000	0.094**	0.115**	0.151**	0.059*
							0.001	0.000	0.000	0.030
ADIT							1.000	0.237**	0.312**	0.045
								0.000	0.000	0.102
SHCK								1.000	0.316**	−0.002
									0.000	0.937
SIZE									1.000	0.000
										0.989
INZZ										1.000

注：各变量对应所在的第一行数字为皮尔逊相关性系数，第二行为其对应的P值。**表示在1%水平（双侧）上显著相关，*表示在5%水平（双侧）上显著相关。

5.3.3 线性回归分析

利用 SPSS17.0 和 EVEIWS6.0 对反映各变量关系的模型运用从 2003—2010 年的全样本数据进行多元线性回归分析，其结果如表 5-5 所示。从表 5-5 显示的回归结果来看，利用全样本对上述两个模型进行线性回归的检验结果 F 值均在 1%的统计水平上显著，说明各个线性回归模型拟合的效果均较好。

从模型（5-1）回归的结果来看，在没有控制年份和行业变量的模型中，管理层持股比例的回归系数在 1%的统计水平上显著为正，但控制了年份和行业变量后，管理层持股比例的回归系数变为负数，但不显著，这表明在排除了年份和行业等因素的影响后，管理层持股与亏损上市公司的财务价值之间并不存在显著的相关性，即管理层持股并没有对亏损上市公司财务价值产生明显的影响，这无法证实前文的假设 1，可能是因为我国亏损上市公司的管理层持股比例普遍偏低（从前文的描述性统计结果来看，我国亏损上市公司管理层持股比例均值不足 2%），其股权激励效度严重不足（肖作平，廖理，2008），难以激发公司管理层扭亏的积极性和动力，同时由于持股比例过低对应的股权较低也限制了管理层扭亏的能力；第一大股东持股比例的回归系数在没有控制年份和行业变量的模型中不显著，但在控制了年份和行业变量后，变得在 1%的统计水平上显著为正，这表明第一大股东持股与亏损上市公司财务价值之间显著的正相关性，即第一大股东持股对亏损上市公司财务价值产生显著的正面影响，这证实了前文的假设 2；无论是控制年份和行业变量的模型中还是在没有控制年份和行业变量的模型中，独立董事比例的回归系数均不显著，这表明独立董事比例对亏损上市公司财务价值不存在明显的驱动效应，这证实了前文的假设 3；无论是控制年份和行业变量的模型还是在没有控制年份和行业变量的模型，董事会规模的回归系数均不显著，这表明董事会规模对亏损上市公司财务价值

表 5-5 对 2003—2010 年全样本的 OLS 回归结果

变量	(1)				(2)			
	系数	T 值	系数	T 值	系数	T 值	系数	T 值
截距	18.309***	7.592	21.754***	11.434	13.122***	3.255	20.534***	7.447
GLCC	5.306***	4.510	0.422	0.449	5.360***	4.556	0.438	−0.637
DYCG	−1.194	−1.222	2.838***	3.629	−1.197	−1.226	2.829***	5.192
DLDS	0.338	0.305	−0.493	−0.552	0.045	0.040	−0.548	−0.965
DSGM	−0.283	−0.847	0.142	0.547	4.295	1.496	1.210	−0.304
$DSGM^2$					−0.928	−1.605	−0.216	0.367
KZQS	−1.602	−1.503	4.168***	4.878	−1.502	−1.408	4.185***	6.460
GYGS	−1.714***	−3.031	−0.858*	−1.918	−1.694***	−2.995	−0.854*	−2.458
ADIT	−0.024	−0.095	−0.215	−1.063	−0.015	−0.057	−0.213	−1.686
SHCK	−0.752***	−2.814	−0.107	−0.515	−0.763***	−2.855	−0.112	−1.069
SIZE	−0.593***	−5.388	−0.717***	−8.467	−0.606***	−5.495	−0.719***	−8.457
INZZ	−0.030	−0.799	−0.015	−0.521	−0.031	−0.820	−0.015	−0.656
年份	无控制		控制		无控制		控制	
行业	无控制		控制		无控制		控制	
样本	1336		1336		1336		1336	
F	11.545		63.237***		10.743***		59.886***	
Adj R^2	0.073		0.456		0.074		0.456	
Durbin-Watson	1.203		1.906		1.210		1.908	

注：***、**、* 分别表示在 1%、5%、10%的统计水平上显著；年度虚拟变量和行业虚拟变量中的“控制”代表其参与了相应模型的回归过程，由于篇幅所限，本书没有将年度虚拟变量和行业虚拟变量的检验结果列示出来。

不存在显著影响；控制权市场的回归系数在没有控制年份和行业变量的模型中不显著，在控制了年份和行业变量的模型中，在1%的统计水平上显著为正，说明控制权市场对亏损上市公司的财务价值存在显著的正面影响，这与前文的假设5不相符，这表明在我国亏损上市公司中，第二到第十大股东的联合作用能够在一定程度上提高控制权市场的有效性（肖作平，2006；陆瑶，2010），改善亏损上市公司治理水平，从而增加亏损上市公司的财务价值。究其原因，可能是因为当上市公司处于亏损状态时，作为对第一大股东最有威胁的第二到第十大股东可能会联合起来与第一大股东为公司控制权而抗衡（Bai，Liu，Song，2002），甚至还可能与外部人进行协作，这势必会加大亏损上市公司控制权市场的竞争程度，降低第一大股东和管理层的私有收益，从而提高公司整体治理水平，使得公司的业绩能够在亏损以后发生好转，从而提升其财务价值。国有股权比例在上述模型中，无论是否控制年份和行业变量，其回归系数均显著为负，表明国有股权对亏损上市公司的财务价值存在显著的负面影响，这就证实了前文的假设6，表明较高的国有股权比例会降低亏损上市公司的财务价值；无论是控制年份和行业变量的模型还是在没有控制年份和行业变量的模型，审计意见的回归系数都不显著，表明审计意见类型对亏损上市公司的财务价值不存在明显影响，这无法证实前文的假设7，可能是因为标准审计意见对公司价值影响的产生具有滞后性所致。在控制变量中，在控制了年份和行业变量的模型中，只有公司规模的回归系数显著为负，公司是否首次亏损、公司成长性等变量的回归系数并不显著，这表明公司规模对亏损上市公司的财务价值确实存在显著负面影响，而首次亏损与否、公司成长性对亏损上市公司财务价值不存在明显影响。

在加入了董事会规模平方项后的模型（5-2）中，无论是否控制行业和年份变量，董事会规模和董事会规模的平方项都不显著，其余变量的回归系数与模型（5-1）的回归结果相同，说明在我国亏损上市公司中，董事会规模对亏损上市公司财务价值并不存在二次相关关系，即亏损上市公司的财务价值并不会像预期那样，随着董事会规模扩大而先升后降，这样，前文的假设 4 无法得到证实，进一步说明董事会规模并没有对亏损上市公司财务价值产生明显影响。究其原因，可能是尽管更多董事成员会给公司带来更好的治理效益，能够发挥提升亏损上市公司财务价值的作用，但另一方面，正如 Lipton 和 Lorsch(1992) 等所言，董事会规模的扩大也会产生沟通、协调问题，从而引发较高的“过程损失”和“联盟成本”，这些成本可能会抵消甚至超过更多董事成员产生的治理效益，从而使董事会规模对亏损上市公司的价值影响并不明显。

5.4 稳健性检验

为了检验线性回归分析结论的可靠性，本章还分别使用了每股流动股市场附加值、每股内涵价值来度量亏损上市公司财务价值，然后对原有模型进行重新回归，其结果如表 5-6 所示。从回归结果来看，以每股内涵价值为财务价值的替代变量进行回归时，除了管理层持股比例的显著性增强、国有股比例的显著性有所减弱之外，其余解释变量的结论基本不变；以每股流通股市场附加值为财务价值的替代变量进行回归的结论与原有结论保持了较好的一致性。

另外，考虑到 2005 年开始实施的股权分置改革对公司治理状况有较大影响，本章将样本分成 2003—2005 年以及 2006—2010 年两组样本，然后分组对模型进行重新回归，其结果如表 5-7 所示。在 2003—2005 年的分组样本回归中，控制权市场的显著性水平尽管有所下降，但仍然保持在 5%的水平显著，其余解释变量保持不变；在 2006—2010 年的分组样本回归中，除国有股比例不再显著之外，其余解释变量保持不变。由此，说明前面的回归结论具有较好的稳定性。

表 5-6 以 EVP 和 FJLT 为替代变量的稳健性检验结果

变量	EVP（每股内涵价值）				FJLT（每股流通股市场附加值）			
	系数	T 值	系数	T 值	系数	T 值	系数	T 值
截距	−15.466***	−5.550	−17.826***	0.000	21.739***	11.420	20.250***	6.403
GLCC	2.257	1.642	2.290*	0.096	0.445	0.474	0.466	0.495
DYCG	4.352***	3.799	4.333***	0.000	2.814***	3.596	2.803***	3.579
DLDS	−0.528	−0.404	−0.633	0.631	−0.387	−0.433	−0.453	−0.503
DSGM	0.431	1.138	2.498	0.444	0.175	0.676	1.479	0.664
$DSGM^2$			−0.419	0.523			−0.264	−0.589
KZQS	5.430***	4.339	5.464***	0.000	4.137***	4.839	4.158***	4.858
GYGS	−0.961	−1.466	−0.951	0.147	−0.834*	−1.862	−0.828*	−1.847
ADIT	0.038	0.127	0.043	0.884	−0.219	−1.078	−0.215	−1.061
SHCK	0.984***	3.220	0.975***	0.001	−0.077	−0.368	−0.082	−0.392
SIZE	1.235***	9.967	1.230***	0.000	−0.722***	−8.524	−0.725***	−8.543
INZZ	−0.023	−0.539	−0.023	0.584	−0.015	−0.503	−0.015	−0.510
年份	控制		控制		控制		控制	
行业	控制		控制		控制		控制	
样本	1336		1336		1336		1336	
F	35.350		33.496***		63.632***		60.271***	
Adj R^2	0.317		0.316		0.458		0.458	
Durbin－Watson	1.952		1.954		1.901		1.904	

注：***、**、* 分别表示在 1%、5%、10%的统计水平上显著；年度虚拟变量和行业虚拟变量中的“控制”代表其参与了相应模型的回归过程，由于篇幅所限，本书没有将年度虚拟变量和行业虚拟变量的检验结果列示出来。

表 5-7 分组样本回归的稳健性检验结果

变量	2003—2005 年样本				2006—2010 年样本			
	系数	T 值	系数	T 值	系数	T 值	系数	T 值
截距	19.785***	9.118	22.419***	7.627	21.175***	7.662	14.924***	2.585
GLCC	0.718	0.308	0.793	0.340	−0.081	−0.067	0.069	0.057
DYCG	1.604**	1.967	1.647**	2.019	3.269***	2.661	3.290***	2.678
DLDS	0.198	0.223	0.446	0.491	−0.965	−0.688	−1.054	−0.751
DSGM	0.396*	1.667	−1.970	−1.095	−0.146	−0.338	5.227	1.194
$DSGM^2$			0.487	1.327			−1.074	−1.233
KZQS	1.921**	2.141	1.835**	2.041	5.122***	3.842	5.158***	3.869
GYGS	−0.702*	−1.883	−0.724*	−1.941	−0.884	−1.066	−0.910	−1.098
ADIT	−0.771***	−3.984	−0.777***	−4.019	0.166	0.504	0.176	0.534
SHCK	−0.138	−0.709	−0.126	−0.644	0.054	0.158	0.035	0.103
SIZE	−0.927***	−9.589	−0.922***	−9.532	−0.677***	−5.474	−0.693***	−5.573
INZZ	−0.019	−1.032	−0.019	−1.014	0.480	1.264	0.485	1.279
年份	控制		控制		控制		控制	
行业	控制		控制		控制		控制	
样本	568		568		768		768	
F	21.501		20.119***		34.917***		32.852***	
Adj R^2	0.320		0.321		0.399		0.399	
Durbin - Watson	1.964		1.969		1.902		1.916	

注：***、**、* 分别表示在 1%、5%、10%的统计水平上显著；年度虚拟变量和行业虚拟变量中的“控制”代表其参与了相应模型的回归过程，由于篇幅所限，本书没有将年度虚拟变量和行业虚拟变量的检验结果列示出来。

5.5 本章小结

本章结合中国制度背景，理论推演了公司治理特征要素和亏损上市公司财务价值之间关系，采用从2003—2010年发生亏损的1 336家亏损上市公司年作为样本，系统研究公司治理水平是如何影响亏损上市公司的价值。研究结果表明，在公司治理特征要素中，第一大股东持股比例、控制权市场对亏损上市公司财务价值存在明显的正面影响；国有股比例对亏损上市公司财务价值存在明显的负面影响，管理层持股、独立董事比例、董事会规模以及审计意见类型等公司治理要素并没有对亏损上市公司财务价值产生显著的影响。另外，在控制变量中，公司规模对亏损上市公司财务价值存在明显的负向驱动效应，而首次亏损与否、公司成长性对亏损上市公司财务价值不存在明显影响。

本章的研究表明，公司治理结构的优劣影响着公司管理的效率，而公司管理的效率又直接影响公司的财务状况，内部管理混乱、内部控制薄弱等都将削弱公司的财务能力，进而影响到公司的价值。对于已经处于亏损状态的上市公司而言，其薄弱的公司治理机制很有可能会阻碍亏损上市公司的扭亏行为和降低其扭亏能力，这将会延缓上市公司发生亏损逆转的速度，降低亏损上市公司在亏损以后发生亏损逆转的程度，更为严重的情况是可能增强上市公司的亏损持续性，进一步恶化上市公司的财务危机，这无疑将加大上市公司的退市风险和破产风险，最终降低亏损上市公司的财务价值。总之，无论是哪种情况发生，薄弱的公司治理机制都将降低亏损上市公司的财务价值；反之，如果公司在亏损当期的内部治理结构和外部治理机制较为健全，则其在亏损时能够运用合理的公司治理结构化解当期的财务风险，增强公司自身的扭亏能力，从而提高公司的财务价值。对于中国的亏损上公司而言，应该从改善公司治理结构、提高公司治理效率等方面入手，尤其要注意发挥第一大股东的公司治理作用、进一步激活控制权市场以及减少国有股权的比例。

6 债务融资行为对亏损上市公司财务价值的驱动研究

面对近几年我国上市公司中亏损比例日益增加的现实环境，许多即使是过去业绩非常好的公司也难免会出现亏损的状态，而且大多数亏损上市公司都具有较高的债务融资比例，那么，对于处于亏损状态的上市公司而言，公司的债务融资行为（包括债务融资期限、债务融资比例和债务融资方式等方面）究竟对亏损上市公司的财务价值是否存在驱动效应？如果存在，其驱动路径又是什么呢？笔者认为，对于此类问题的思考和实证研究，不仅能够弄清楚债务融资行为对亏损上市公司财务价值的驱动机理，还能够为亏损上市公司的财务价值评估提供新的方法和思路，进而完善公司价值评估理论体系。

回顾现有的研究文献，涉及债务融资与公司价值或公司绩效之间的关系的研究文献并不少见，如：夏新平、肖佃华、汪宜霞（2002）对1999—2000年的570家上市公司进行统计分析发现，在这570家公司中，亏损公司的负债比率普遍过高。他们又将其按负债率的高低进行分组研究，结果发现，对于中国现阶段上市公司而言（某些特定行业除外），当资产负债率高于40%时，公司管理者就应该防范可能会出现的财务风险；当资产负债率高于60%时，已处于比较危险的境地；当负债比率高达80%时，公司很可能已处于崩溃的边缘。汪辉（2003）就上市公司的债务融资与公司治理、公司市场价值的关系进行了理论分析和实证检验，发现我国上市公司债务融资占总资产的比重不大；总体上债务融资具有加强公司治理、增加公司市场价值的作用，但是对于少数资产负债率非常高的公司，这种作用并不显著；市场对公司发行债券有积极的反应；同时债务融资起到了传递公司业绩的信号作用。李双飞、陈收（2007）利用中国所有A股上市公司1998—2005年的数据，改进了汪辉（2003）实证模型，来检验上市公司债务融资与公司价值的关系，发现上市公司债务融资净额占总资产的2.27%；资产负债率在30%～60%的上市公司的负债融资，有利于增加公司的市场价值，资产负债率小或者大的公司这种效应不显著；同时债务融资对传递公司的业绩具有很强的信号作用，公司价值越高的公司，未来进行债务融资的可能性越大。从现有的关于债务融资与公司价值的关系研究文献来看，大多数是针对盈利性上市公司而言，在选择样本中很多文献是将ST、PT或亏损的上市公司直接从研究样本中剔除，有些研究即使将包含亏损上市公司在内的所有上市公司为研究对象，但并未区别盈利性和亏损性两类公司各自具有的特征，而且在大多数样本中亏损上市公司所占比例是微乎其微的。仅有一篇是针对亏损上市公司业绩与负债规模的研究文献（夏新平，肖佃华，汪宜霞，2002）。但其仅仅是利用了简单的描述性统计方法发现了公司负债规模与亏损上市公司的业绩之间存在负相关性，并未对公司负债规模对亏损上市公司业绩的影响原因和影响路径进行深入分析，而且也缺乏就公司负债方式、负债期限等债务融资情况对亏损上市公司价值的影响研究。鉴于此，本章选择了从2003—2010年共8个会计年度发生亏损的A股上市公司作为研究总样本，深入分析和研究债务融资行为的三种特征（债务融资期限、债务融资比例和债务融资方式等）对亏损上市公司财务价值的驱动机理。

6.1 理论分析与研究假设

债务融资行为主要表现为三个方面的特征：债务融资期限、债务融资方式和债务融资规模。为满足研究的需要，本章按照债务融资期限的长短将亏损上市公司的债务划分为流动负债和非流动负债，按照债务融资的方式不同将亏损上市公司的债务划分为银行借款、商业信用、发行债券、其他临时性占用款（包括应付职工薪酬、应交税金、应付股利、应付利息、应付短期债券、预提费用、递延收益等短期负债项目）等几类，按照债务融资规模不同将亏损样本划分资不抵债组、高额负债组、中低负债组等。从理论上来讲，这三种债务融资行为特征都会对亏损上市公司的财务价值产生一定的影响。

6.1.1 债务融资期限对亏损上市公司财务价值的驱动分析

公司进行债务融资的期限长短不同，所承担的成本、面临的偿债风险等也会有差异，这导致了流动负债和非流动负债的期限结构对亏损上市公司的财务价值产生一定的驱动效应。Rajan 和 Winton(1995)、Stulz(2000) 等学者认为，由于短期债务需要频繁的续借，使得贷款人能够使用最少精力而能有效监督内部人，迫使管理者吐出现金，从而防止他们利用这些资金从事非营利的“帝国建造”。因此，短期债务是监督内部人机会主义的一种极有力的工具。这说明较多的债务融资能够发挥正向的公司治理效应，降低公司的代理成本，从而提升亏损上市公司的财务价值。然而，短期债务融资比例应该控制在一定的范围以内，如果流动负债过多，债务期限过短，就会给亏损上市公司带来较大的即期偿债压力，此时，公司的偿债风险就会较高，可能还要承担再融资的过高成本，这势必会给亏损上市公司带来一定的负面影响，从而降低亏损上市公司的财务价值。由此，本章提出以下假设：

H1：流动负债比例与亏损上市公司财务价值之间存在倒 U 形关系，即亏损上市公司的财务价值随着流动负债比例的提高呈现先升后降的趋势。

6.1.2　债务融资方式对亏损上市公司财务价值的驱动分析

各种债务融资方式在融资效率、融资成本、公司治理效应等方面均有不同，因而，它们各自对亏损上市公司的财务价值驱动效应可能也存在差异。由于亏损上市公司中采取发行债券融资的比例很低[①]，因此，本章重点分析了银行借款（包括短期借款和长期借款之和）、商业信用（包括应付账款、应付票据、预收账款三项之和）、其他临时性占用款（包括应付职工薪酬、应交税金、应付股利、应付利息、应付短期债券、预提费用、递延收益等短期负债项目）三种债务融资方式对亏损上市公司财务价值的驱动效应。

（1）银行借款对亏损上市公司财务价值的影响　银行借款对亏损上市公司财务价值存在两种效应：一是监督效应。Fama（1985）的研究表明，由于银行在经济控制与监督中具有净成本优势和实施经济控制的信息成本优势，让银行介入公司治理有助于克服众多股票持有者“用脚投票”造成的控制权虚置和普遍存在的代理问题与“内部人”控制问题，有利于发挥银行对公司的监督和控制作用，他们认为银行对债权人的经济控制是银行的实质性职能。二是侵害效应。过高的银行借款除了会给公司带来较高的破产风险之外，由于银行作为债权人，出于保护自身利益的考虑，它们还会对公司的重大决策进行严格控制和跟踪调查，这极大程度上限制了亏损上市公司进行内部业务调整、改变投资方向的灵活性，增加了亏损上市公司扭亏的难度，降低了其公司的财务价值。由此，本章提出以下假设：

H2：银行借款比例与亏损上市公司财务价值之间存在倒 U 形

① 本章的描述性统计结果发现，所有样本公司中采用发行债券进行债务融资的亏损上市公司只有 5 家，因此，本研究在分析负债融资方式对亏损上市公司财务价值的驱动效应时，没有考虑发行债券这一融资方式。

关系，即亏损上市公司的财务价值先随着银行借款比例的提高而上升，但到达一定比例后，又开始随着银行借款比例的提高而降低。

（2）商业信用对亏损上市公司财务价值的影响 商业信用融资是指企业之间在买卖商品时，以商品形式提供的借贷活动，是经济活动中的一种最普遍的债权债务关系。尽管大多数企业都存在利用商业信用进行债务融资的行为，但采用商业信用筹集资金，期限一般都很短，如果企业要取得现金折扣，期限则更短；筹资数额较小，采用商业信用筹资一般只能筹集小额资金，而不能筹集大量的资金；有时成本较高。如果企业放弃现金折扣，则必须付出非常高的资金成本。此外，商业信用具有非恒定的独占性，也就是说，它会随着商业主体经营状况的好坏而处于一种变化的过程中，企业的不善经营和频繁的非诚信行为，完全有可能因此而降低甚至丧失商业信用。从这种意义上讲，利用商业信用进行债务融资可能会侵害亏损上市公司的财务价值。由此，本章提出以下假设：

H3：商业信用占负债总额的比例对亏损上市公司财务价值存在显著的反向驱动效应。

（3）其他临时性占用款对亏损上市公司财务价值的影响 其他临时性占用款主要包括应付职工薪酬、应交税金、应付股利、应付利息、应付短期债券、预提费用、递延收益等项目，这些项目的融资款期限普遍较短，上市公司利用这些项目进行债务融资，尽管短期内能够缓解公司的资金紧张，但即期偿还的压力较大，从长远来看，并不能满足上市公司长期资金的需要。因此，本章提出以下假设：

H4：其他临时性占用款比例对亏损上市公司财务价值存在显著的反向驱动效应。

6.1.3 债务融资规模对亏损上市公司财务价值的驱动分析

由于管理层持股份额一定时，负债融资比例的增加将会相对增加管理层的剩余索取权，使他们能在更大范围内参与企业的决策与盈余的分配，从而缓和其与股东之间由于目标函数不一致而造成的冲突。另外，负债融资的硬约束使经理减少了对自由现金流的支配，缩小了他在职消费的空间和过度投资行为，由此保护了股东的利益，这些构成了负债融资的益处。另外，债务融资还是一种担保机制，促使经理多努力工作，少个人享受，并且做出更好的投资决策，从而降低由于所有权与控制权分离而产生的代理成本。由此来看，适度的债务融资规模有利于降低公司的代理成本，提升亏损上市公司的财务价值。但正如 MM 资本结构理论的权衡理论观点所述，随着公司债务融资规模的扩大，公司面临的风险也会上升，因而公司陷入财务危机甚至破产的可能性也就越大，由此会增加公司的额外成本。尤其是对于本来就处于亏损状态的上市公司而言，由于其本身的现金流不足和再融资能力较差，过高的负债必然给其带来更为严重的偿债压力和经营困难，因此，它们更有可能因过度负债而陷入危机甚至破产的境地。由此，本章提出以下假设：

H5：亏损上市公司的财务价值随着其债务融资规模的扩大呈现出显著的先增后减的趋势。

6.2 研究设计

6.2.1 样本的选择

考虑到中国证监会于 2003 年 3 月 18 日颁布并实施了《关于执行〈亏损上市公司暂停上市和终止上市实施办法（修订）〉的补充规定》，这些补充规定对亏损股本身在当年及以后年度造成的影响较大，因此，本章选择了从 2003—2010 年共 8 个会计年度发生亏损的 A 股上市公司作为研究总样本，同时按照一定的规则删除了一些样本。具体样本筛选的过程同上章的表 5 - 1 所示。

6.2.2 变量的设计

6.2.2.1 被解释变量

对于亏损上市公司财务价值的度量完全同第五章。

6.2.2.2 解释变量

债务期限结构的度量：取流动负债占负债总额的比例表示。

债务融资方式的度量：分别用银行借款（包括短期借款和长期借款之和）、商业信用（包括应付账款、应付票据、预收账款三项之和）、其他临时性占用款（包括应付职工薪酬、应交税金、应付股利、应付利息、应付短期债券、预提费用、递延收益等短期负债项目）与负债总额的比例表示。

债务融资规模的度量：用资产负债率表示。

6.2.2.3 控制变量

考虑到除债务融资行为之外的其他变量也可能对亏损上市公司的财务价值产生影响，并根据上章的研究结论，本章设置了以下一些主要的控制变量。

（1）第一大股东持股比例对亏损上市公司财务价值的影响 Faulkender(2002)、Guney 等（2003；2007)、Pawlina 和 Renneboog(2005)、谢军（2006）的研究表明，股权越集中，公司持有现金水平越低，大股东能对公司管理者进行有效的监督。这便是 Shleifer 和 Vishny(1986)、Friend 和 Lang(1988）等学者较早提出来的第一股东对公司治理的“监督假说”。根据这一假说，当上市公司处于亏损状态时，第一大股东也能督促公司管理层积极寻找弥补亏损的途径，使得上市公司能够在亏损以后较快地扭亏以及更大程度地发生亏损逆转。因此，本章预期第一大股东持股比例对亏损上市公司的财务价值会产生正向驱动效应。

（2）控制权市场对亏损上市公司财务价值的影响 Jensen (1983，1993）的研究表明，无论哪种形式的股权结构，无论是否存在代理问题，公司控制权市场的存在对于在位的公司控制者

(可能是控股股东，也可能是管理层）都是一种约束和威胁，因为表现不好的公司随时可能被接管，使他们失去对公司的控制权。在由公司各种内外部控制机制构成的控制权市场上，收购行为是其中最为有效的控制机制。如果公司控制权市场作为外部治理机制是有效的，可以预期，在现在的管理层经营下未达到预期表现的公司容易成为收购目标，因而在这样的公司里改善经营管理的动力和潜力更大。因此，可以预期控制权市场对亏损上市公司的财务价值会产生正向驱动效应。

（3）国有股比例对亏损上市公司财务价值的影响 尽管国有股东控股的上市公司名义上是被国家控制，但由于国有股东主体的虚位，其实际控制权往往在相关的政府部门手中，而国有股东控股的上市公司的现金流量权被高度分散于全体国民手中(Shirley，Walsh，2000；徐莉萍等，2006)，这使得掌控上市公司的政府部门并没有显著的现金流量权，从而导致国有控股股东控制权和现金流量权的分离。这种分离可能导致政府部门的官员通过利润转移等手段加大对公司的利益攫取力度，特别是当国有股比例较高时，政府部门对公司的干预能力增强，可能使代理问题进一步恶化，最终降低企业价值。因此，本章预期，国有股比例对亏损上市公司的财务价值会产生负向驱动效应。

（4）公司规模对亏损上市公司财务价值的影响 许多学者都认识到公司规模的大小对公司发生亏损逆转的可能性和时间上存在影响。Satin(1992）认识到规模大的亏损公司比规模小的亏损公司更容易摆脱财务困境，因而继续生存的可能性要大些。Hayn(1995）的研究表明，规模大的公司相对于小公司发生亏损的频率要低得多，因此，其发生亏损逆转的概率会较高。Klein和Marquardt(2006）的研究表明，小公司多元化程度越低，风险越高，扣除研发支出后的现金流回报负得越多。因此，本章预期公司规模对亏损上市公司的财务价值有正向驱动效应。

（5）公司所处的年度对亏损上市公司财务价值的影响 由于各个年度的经济周期、行业发展状况不一样，亏损上市公司的财务价值可能会因为其所处的年度环境差异而不同，因此，本章对公司所处的年度也进行了控制。这里以 2010 年为基准年份，设置 7 个年度虚拟变量（*YEAR*），以控制年度间的差异对亏损上市公司财务价值的影响。

（6）公司所处的行业属性对亏损上市公司财务价值的影响 Lev 和 Zarowin(1998）等学者的研究表明，如电子、制药等技术密集型亏损公司比其他劳动和资本密集型亏损公司具有更多的投资价值，而且，其未来的经营业绩与公司的研发支出之间存在关联性。Shortridge(2004）检验了制药行业的研发支出的价值相关性，发现研发支出与公司股票价格正相关，对于那些高研发产出率的公司尤为如此。因此，本章对公司所处的行业也进行了控制。考虑到大多数亏损样本都分布在制造业，本章依据公司是否属于制造业来设置行业（*INDU*）虚拟变量，以控制行业间的差异对亏损上市公司财务价值的影响，如果属于制造业，*INDU* 取值为 1，否则为 0。

各变量的具体定义如表 6－1 所示。

表 6－1 被解释变量、解释变量及控制变量定义

变量类型	变量名称	变量代码	变量定义
被解释变量（亏损上市公司的财务价值）	每股市场附加价值	*FJPS*	市场附加价值＝公司股票市价总值－公司净资产总值 每股市场附加价值＝市场附加价值/公司总股数
	每股流通股市场附加价值	*FJLT*	流通盘市场附加价值＝流通股市值－每股净资产×流通股股数 每股流通盘市场附加价值＝流通盘市场附加价值/公司流通股股数

（续）

变量类型	变量名称	变量代码	变量定义
解释变量	债务期限结构	*LDFZ*	流动负债占负债总额的比例
	债务融资方式	*YHJK*	短期借款和长期借款之和除以负债总额的比例
		SYXY	商业信用款项之和除以负债总额的比例
		LSZK	临时性占用款项之和除以负债总额的比例
	债务融资规模	*DEBT*	资产负债率，用负债总额除以资产总额表示
控制变量	第一大股东持股	*DYCG*	第一大股东持股数量占总股数的比例
	公司控制权市场	*KZQS*	第二到第十大股东持股比例之和
	国有股比例	*GYGS*	国有股比例表示
	公司规模	*SIZE*	取该样本在亏损当年总资产的自然对数表示
	年度哑变量	*YEAR*	如果样本是该年度，取值为 1；否则为 0
	行业哑变量	*INDU*	如果样本属于制造业，取值为 1；否则为 0

6.2.3 模型的设计

为了考察各种债务融资行为特征对亏损上市公司财务价值的驱动效应，本章分别设置了以下一些回归模型：

$$FJPS_{i,t} = \alpha_0 + \beta_1 LDFZ_{i,t} + \beta_2 DYCG_{i,t} + \beta_3 KZQS_{i,t} + \beta_4 GYGS_{i,t} + \beta_5 SIZE_{i,t} + \beta_6 \sum YEAR_{i,t} +$$

$$\beta_7 \sum INDU_{i,t} + \varepsilon_{i,t} \quad (6-1)$$

$$FJPS_{i,t} = \alpha_0 + \beta_1 LDFZ_{i,t} + \beta_2 LDFZ^2 + \beta_3 DYCG_{i,t} + \beta_4 KZQS_{i,t} + \beta_5 GYGS_{i,t} + \beta_6 SIZE_{i,t} + \beta_7 \sum YEAR_{i,t} + \beta_8 \sum INDU_{i,t} + \varepsilon_{i,t} \quad (6-2)$$

$$FJPS_{i,t} = \alpha_0 + \beta_1 YHJK_{i,t} + \beta_2 SYXY_{i,t} + \beta_3 LSZY_{i,t} + \beta_4 DYCG_{i,t} + \beta_5 KZQS_{i,t} + \beta_6 GYGS_{i,t} + \beta_7 SIZE_{i,t} + \beta_8 \sum YEAR_{i,t} + \beta_9 \sum INDU_{i,t} + \varepsilon_{i,t} \quad (6-3)$$

$$FJPS_{i,t} = \alpha_0 + \beta_1 YHJK_{i,t} + \beta_2 YHJK^2 + \beta_3 SYXY_{i,t} + \beta_4 LSZY_{i,t} + \beta_5 DYCG_{i,t} + \beta_6 KZQS_{i,t} + \beta_7 GYGS_{i,t} + \beta_8 SIZE_{i,t} + \beta_9 \sum YEAR_{i,t} + \beta_{10} \sum INDU_{i,t} + \varepsilon_{i,t} \quad (6-4)$$

$$FJPS_{i,t} = \alpha_0 + \beta_1 DEBT_{i,t} + \beta_2 DYCG_{i,t} + \beta_3 KZQS_{i,t} + \beta_4 GYGS_{i,t} + \beta_5 SIZE_{i,t} + \beta_6 \sum YEAR_{i,t} + \beta_7 \sum INDU_{i,t} + \varepsilon_{i,t} \quad (6-5)$$

$$FJPS_{i,t} = \alpha_0 + \beta_1 DEBT_{i,t} + \beta_2 DEBT^2 + \beta_3 DYCG_{i,t} + \beta_4 KZQS_{i,t} + \beta_5 GYGS_{i,t} + \beta_6 SIZE_{i,t} + \beta_7 \sum YEAR_{i,t} + \beta_8 \sum INDU_{i,t} + \varepsilon_{i,t} \quad (6-6)$$

其中，模型（6-1）、（6-2）是用来验证债务融资期限结构对亏损上市公司财务价值的驱动效应，模型（6-3）、（6-4）是用来验证债务融资方式（主要包括银行借款、商业信用、其他临时性占用款项等）对亏损上市公司财务价值的驱动效应，模型（6-5）、（6-6）是用来验证债务融资规模对亏损上市公司财务价值的驱动效应。

6.3 实证分析

6.3.1 描述性统计分析

表 6-2 是对上述模型中各个变量进行描述性统计结果。

表 6-2 各个变量的描述性统计

变量	N	极小值	极大值	均值	标准差
FJPS	1 336	−2.594	38.216	4.145	4.271
LDFZ	1 336	0.064	1.000	0.861	0.175
YHJK	1 336	0.000	0.986	0.451	0.226
SYXY	1 336	0.000	1.000	0.240	0.188
LSZK	1 336	−0.085	1.000	0.249	0.197
DEBT	1 336	0.002	7.979	0.873	0.955
DYCG	1 336	0.056	0.852	0.331	0.148
KZQS	1 336	0.004	0.749	0.191	0.128
GYGS	1 336	0.000	0.814	0.212	0.224
SIZE	1 336	15.380	25.404	20.765	1.160

从表 6-2 的全样本描述性统计结果可以看出，以每股市场附加价值表示的亏损上市公司财务价值均值为 4.145，但其最小值为−2.594，最大值为 38.216，而且标准差最大，达到 4.271，这表明样本中各家亏损上市公司财务价值相差较大；流动负债占负债总额的比例均值为 0.861，说明总体而言，亏损上市公司在负债融资期限结构安排中偏好于短期债务融资，这可能是由于债权人出于自己的利益保护不愿意更多地向亏损上市公司贷出长期借款，而倾向于放出短期借款所致；银行借款占负债总额的比例均值为 0.451，而商业信用和其他临时性占用款项占负债总额的比例均值分别为 0.240 和 0.249，这表明亏损上市公司在负债融资过程中几乎有一半的概率会选择银行借款的融资方式，而相对较少使用其他融资方式（包括利用商业信用和临时性占用款项）；资产负债率均值为 0.873，这

表明亏损上市公司普遍存在债务比例过高的现象；第一大股东持股比例均值达到0.331，而以第二到第十大股东持股比例之和表示的控制权市场均值为0.191，与第一大股东持股比例相差较大，这表明我国亏损上市公司中普遍存在股权过度集中的现象，中小股东难以发挥对控股股东（或大股东）的股权制衡作用；国有股比例均值为0.212，高于第二到第十大股东持股比例之和，表明总体而言，我国亏损上市公司的国有股占总股本的比重较大。

6.3.2 皮尔逊相关分析

对除年度、行业变量外的其他各变量作 Person 相关分析，其分析的结果如表6-3所示。

从表6-3列示的各变量之间相关性分析结果来看，每股市场附加价值与银行借款、其他临时性占用款、资产负债率等解释变量存在显著的相关性，这初步表明亏损上市公司的债务融资方式和债务融资规模对其公司财务价值存在明显的驱动效应。每股市场附加价值与流动负债比例、商业信用之间不存在显著相关性，初步表明亏损上市公司的债务融资期限结构对其财务价值不存在明显的驱动效应；在控制变量中，第一大股东持股比例、国有股比例、公司规模等变量均与每股市场附加价值之间存在显著的相关性，这初步表明，第一大股东持股比例、国有股比例以及公司规模等变量对亏损上市公司的财务价值存在明显的驱动效应，但控制权市场与亏损上市公司的每股市场附加价值之间不存在显著的相关性，这初步表明，控制权市场等变量对亏损上市公司的财务价值不存在明显的驱动效应。此外，在解释变量和控制变量的相互关系中，尽管有些变量相互之间存在较强的相关性，但在多重共线性诊断中，各变量的方差膨胀因素 VIF 均小于10，因此对随后的多元回归不会产生较大影响。

表 6-3 各变量之间的 Person 相关系数矩阵

	LDFZ	YHJK	SYXY	LSZK	DEBT	DYCG	KZQS	GYGS	SIZE
FJPS	0.009	−0.114**	−0.051	0.108**	0.171**	−0.091**	0.030	−0.150**	−0.211**
	0.740	0.000	0.063	0.000	0.000	0.001	0.281	0.000	0.000
LDFZ	1.000	−0.185**	0.361**	0.184**	−0.181**	0.054*	−0.042	−0.018	−0.181**
		0.000	0.000	0.000	0.000	0.046	0.123	0.509	0.000
YHJK		1.000	−0.432**	−0.594**	−0.119**	0.076**	−0.049	0.094**	0.329**
			0.000	0.000	0.000	0.005	0.076	0.001	0.000
SYXY			1.000	−0.311**	−0.266**	0.124**	−0.098**	0.056*	0.160**
				0.000	0.000	0.000	0.000	0.041	0.000
LSZK				1.000	0.151**	−0.155**	0.094**	−0.094**	−0.412**
					0.000	0.000	0.001	0.001	0.000
DEBT					1.000	−0.082**	0.083**	−0.090**	−0.356**
						0.003	0.003	0.001	0.000
DYCG						1.000	−0.482**	0.421**	0.139**
							0.000	0.000	0.000
KZQS							1.000	−0.120**	−0.173**
								0.000	0.000
GYGS								1.000	0.151**
									0.000
SIZE									1.000

注：各变量对应所在的第一行数字为皮尔逊相关性系数，第二行为其对应的 P 值。** 表示在 1%水平（双侧）上显著相关，* 表示在 5%水平（双侧）上显著相关。

6.3.3 回归分析

利用 SPSS17.0 和 EVEIWS6.0 对反映各变量关系的模型运用从 2003—2010 年的全样本数据进行多元线性回归分析，其结果如表 6-4 所示。从表 6-4 显示的回归结果来看，利用全样本对上述六个模型进行线性回归的检验结果 F 值均在 1%的统计水平上显著，说明各个线性回归模型拟合的效果均较好；除了包含平方项的模型（6-2）、（6-4）、（6-6）之外，（6-1）、（6-3）、（6-5）各模型中的解释变量和控制变量的方差膨胀因子（VIF）最大值均小于 10，说明各自变量之间不存在严重的多重共线性问题；各个模型的自相关 Durbin - Watson 值均接近于 2，说明各模型不存在一阶序列相关性。

首先，从全样本的回归结果可以看出，

对于解释变量而言，模型（6-1）中的解释变量流动负债比例的回归系数尽管为负数但并不显著，说明债务融资的期限结构并没有对亏损上市公司财务价值产生明显的负向驱动效应，究其原因可能是由于过多的短期债务融资在通过给亏损上市公司带来偿债压力、高额利息成本等负面影响降低亏损上市公司财务价值的同时，也发挥着较为明显的公司治理效应，有效地抑制了内部人的机会主义行为，这种治理效应抵消了一部分短期债务融资对亏损上市公司财务价值的负面影响。这与 Rajan 和 Winton(1995)、Stulz(2000）等学者认知相同：由于短期债务需要频繁地续借，使得贷款人能够使用最少精力而能有效监督内部人，迫使管理者吐出现金，从而防止他们用这些资金从事非营利的“帝国建造”。因此，短期债务是监督内部人机会主义的一种极有力的工具。在模型（6-1）的基础上加入流动负债比例的平方项之后，得到模型(6-2)，对其进行回归分析，发现流动负债比例和流动负债比例的平方项系数分别在 1%的统计水平上显著为正和显著为负，这说明流动负债比例与亏损上市公司财务价值之间存在倒 U 形关系，而且当流动负债占负债总额的比例处于 0～68.38%时，亏损上市公司的

表 6-4 对 2003—2010 全样本的 OLS 回归结果

变量	(1)		(2)		(3)		(4)		(5)		(6)	
	系数	T值	系数	T值	系数	T值	系数	T值	系数	T值	系数	T值
截距	23.327***	12.786	20.812***	10.189	24.653***	13.095	24.368***	12.910	18.669***	10.634	18.209***	10.374
LDFZ	−0.367	−0.717	8.253***	2.565								
$LDFZ^2$			−6.034***	−2.713								
YHJK					−1.648**	−1.974	0.791	0.500				
$YHJK^2$							−2.796*	−1.816				
SYXY					−2.871***	−3.369	−2.790***	−3.273				
LSZK					−2.398***	−2.728	−2.228**	−2.523				
DEBT									0.635***	6.619	1.434***	5.375
$DEBT^2$											−0.132***	−3.210
DYCG	2.787***	3.642	2.894***	3.787	2.841***	3.714	2.889***	3.777	2.812***	3.736	2.961***	3.940
KZQS	4.241***	5.209	4.267***	5.253	4.197***	5.176	4.288***	5.283	4.260***	5.322	4.320***	5.415

（续）

变量	(1)		(2)		(3)		(4)		(5)		(6)	
	系数	T值	系数	T值	系数	T值	系数	T值	系数	T值	系数	T值
GYGS	−0.908**	−2.046	−0.967**	−2.181	−0.822*	−1.857	−0.811*	−1.834	−0.758*	−1.733	−0.728*	−1.670
SIZE	−0.776***	−9.919	−0.787***	−10.076	−0.762***	−8.886	−0.767***	−8.945	−0.586***	−7.315	−0.587***	−7.350
年份	控制		控制		控制		控制		控制		控制	
行业	控制		控制		控制		控制		控制		控制	
样本	1 336		1 336		1 336		1 336		1 336		1 336	
F	87.546***		82.209***		77.492***		72.982		93.742***		88.395***	
Adj R^2	0.457		0.460		0.462		0.463		0.475		0.478	
Durbin-Watson	1.907		1.901		1.881		1.885		1.892		1.889	

注：***、**、* 分别表示在1%、5%、10%的统计水平上显著；年度虚拟变量和行业虚拟变量中的“控制”代表其参与了相应模型的回归过程，由于篇幅所限，本书没有将年度虚拟变量和行业虚拟变量的检验结果列示出来。

财务价值随着流动负债比例的提高而上升，当流动负债占负债总额的比例高于 68.38%时，亏损上市公司的财务价值随着流动负债比例的提高而降低。这验证了前文的假设 1，即债务融资期限结构对亏损上市公司的财务价值同时存在侵害效应和治理效应。

模型（6-3）中的解释变量银行借款比例的回归系数在 5%的统计水平上显著为负，说明银行借款的债务融资方式对亏损上市公司财务价值产生明显的反向驱动效应，在模型（6-3）的基础上加入银行借款的平方项之后，得到模型（6-4），对其进行回归分析，发现银行借款比例的回归系数并不显著，而银行借款比例的平方项系数仅在 10%的统计水平上显著为负，表明银行借款比例与亏损上市公司财务价值之间的倒 U 形关系并不明显，这就无法验证前文的假设 2，即银行借款的债务融资方式对亏损上市公司的财务价值存在更为显著的反向驱动效应，这说明银行借款给亏损上市公司所带来的破产风险和借款成本等侵害效应可能远远超出债务融资对亏损上市公司的监督效应。

模型（6-3）中的解释变量商业信用占负债总额比例的回归系数在 1%的统计水平上显著为负，说明利用商业信用进行债务融资的方式对亏损上市公司财务价值产生明显的反向驱动效应，这证实了前文的假设 3。究其原因可能由于商业信用的期限普遍较短，难以满足亏损上市公司长期资金的需要。如果商业信用在负债总额的比例较高，意味着其资金占用的时间有限，公司随时要准备筹措足够的流动资金支付信用占款，这会耗费公司过多的精力，再加上利用商业信用的融资方式本身也存在信用风险等，这无疑加重了亏损上市公司的财务困境，损害了其财务价值。

模型（6-3）中的解释变量临时性占用款占负债总额比例的回归系数在 1%的统计水平上显著为负，说明利用临时性占用款进行债务融资的方式对亏损上市公司财务价值产生明显的反向驱动效应，即证实了前文的假设 4。究其原因可能是与商业信用类似，由于应付职工薪酬、应交税金等流动负债的期限都比较短，亏损上市公司一旦占用这些临时性负债款之后，就会面临即时支付的压力，这势必降低亏损上市公司使用资金的灵活性，损害了其财务价值。

模型（6－5）中的解释变量资产负债率的回归系数在1%的统计水平上显著为正。在模型（6－5）的基础上再加入资产负债率的平方项后，得到模型（6－6），进行回归后发现，资产负债率和资产负债率平方项的回归系数分别在1%的统计水平上显著为正和显著为负，而且资产负债率的回归系数增大，这说明资产负债率与亏损上市公司财务价值之间存在倒U形关系，而且当资产负债率处于0～543.55%时，亏损上市公司的财务价值随着资产负债率的提高而上升，当资产负债率高于543.55%时，亏损上市公司的财务价值随着资产负债率的提高而降低。这验证了前文的假设5，即债务融资规模对亏损上市公司的财务价值也同时存在侵害效应和治理效应。这一结论也符合经典的MM资本结构理论中权衡理论的观点，但与之不同的是，权衡理论探讨的一般是针对盈利上市公司，这类公司的资产负债率一般都在100%以内，而对于亏损上市公司而言，只有当其资产负债率高达543.55%时，公司的财务价值才能达到最高，而这时亏损上市公司实际上是处于严重的资不抵债状态，这也许就是为什么我国许多亏损上市公司具有高额负债率的根本原因①。这反过来也说明了权衡理论对于亏损上市公司而言可能并不适用。

对于控制变量而言，在上述六个模型中均有相同的回归结果，即：第一大股东持股比例、控制权市场的回归系数显著为正，这表明第一大股东持股比例、控制权市场对亏损上市公司的财务价值存在明显的正向驱动效应，说明股权集中度和控制权市场在亏损上市公司中发挥着正向公司治理作用；国有股比例、公司规模的回归系数显著为负，这表明国有股比例、公司规模对亏损上市公司的财务价值存在明显的负向驱动效应，说明国有股过

① 根据和讯网（http：//stock.hexun.com/2009/bnzcfzl/）统计数据显示，2009年中报资产负债率排名前10位的亏损上市公司中，有7家亏损上市公司的资产负债率已经超过543.55%这一临界点，其中资产负债率最高的是＊ST盛润，达到10 323.54%，资产负债率最低的＊ST宝硕也有368.43%。

多、公司规模过大均会损害亏损上市公司的财务价值。

6.4 稳健性检验

（1）尽管本章的研究发现债务融资方式和债务融资规模对亏损上市公司的财务价值存在明显的驱动效应，但 Mayer 和 Majluf (1984)、汪辉（2003）等学者的研究发现，负债融资具有传递有关公司价值信息的功能，例如，当公司价值被低估时，现有股东可能因为担心公司利益会流向新股东而偏好债务融资，此时，负债融资对公司价值起到了积极的信号传递作用，这说明公司价值有可能反过来会影响亏损上市公司的债务融资行为，即产生内生性问题。现有的解决内生性问题的一种常见办法是采用工具变量（Himmelberg 等，1999），本章借鉴一些研究，如 Hermalin 和 Weisbach（1991）、Linck 等（2008）、Coles 等（2008）、Harford 等（2008）、McKnight 和 Weir(2008）采用内生变量的滞后值作为工具变量的方法，视所有反映债务融资行为特征的变量（包括债务期限结构、债务融资方式和债务融资规模等）为内生变量，使用其滞后一期值作为工具变量进行回归估计来解决内生性问题，表 6-5 是对上述模型使用工具变量进行重新回归检验的结果，重新回归后发现，商业信用、临时性占用款项以及资产负债率等变量的回归系数仍然保持较好的显著性，表明债务融资方式和债务融资规模这两种债务融资行为特征确实对亏损上市公司的财务价值存在明显的驱动效应。

（2）考虑到本章在计算非流通股市值时将其等同于流通股市价进行计算，这可能导致表示亏损上市公司财务价值的每股市场附加价值的计算结果不够准确，为此，本章还使用了流通股市场附加价值作为市场附加价值的替代变量，并计算出每股流通股市场附加价值，以此更为准确地度量亏损上市公司的财务价值。表 6-6 是对上述模型进行重新回归检验的结果，发现除模型（6-6）中的资产负债率平方项的系数显著性减弱之外，其余变量系数的显著性基本不变，这进一步表明本章前述研究结论的稳健性。

表 6-5 使用内生变量的滞后一期变量为工具变量的稳健性检验结果

变量	(1)		(2)		(3)		(4)		(5)		(6)	
	系数	T值	系数	T值	系数	T值	系数	T值	系数	T值	系数	T值
截距	22.484***	12.008	21.912***	10.247	24.454***	13.257	24.277***	13.310	19.886***	11.555	19.436***	11.333
$LDFZ_{iv}$	0.201	0.367	2.106	0.604								
$LDFZ_{iv}^2$			−1.313	−0.554								
$YHJK_{iv}$					−0.518	−0.622	1.189	0.772				
$YHJK_{iv}^2$							−2.000	−1.317				
$SYXY_{iv}$					−1.447*	−1.660	−1.477*	−1.695				
$LSZK_{iv}$					−1.705*	−1.798	−1.663*	−1.753				
$DEBT_{iv}$									0.822***	5.918	2.069***	5.663
$DEBT_{iv}^2$											−0.265***	−3.687
DYCG	2.759***	3.603	2.778***	3.624	2.831***	3.692	2.864***	3.735	2.861	3.788	2.991	3.975
KZQS	4.286***	5.258	4.300***	5.271	4.324***	5.320	4.350***	5.352	4.352	5.419	4.423	5.532

（续）

变量	(1)		(2)		(3)		(4)		(5)		(6)	
	系数	T 值	系数	T 值	系数	T 值	系数	T 值	系数	T 值	系数	T 值
GYGS	−0.889**	−2.001	−0.894**	−2.012	−0.877**	−1.977	−0.884**	−1.993	−0.841*	−1.918	−0.817*	−1.874
SIZE	−0.758***	−9.588	−0.760***	−9.602	−0.809***	−9.646	−0.811***	−9.671	−0.647	−8.263	−0.656	−8.416
年份	控制		控制		控制		控制		控制		控制	
行业	控制		控制		控制		控制		控制		控制	
样本	1 336		1 336		1 336		1 336		1 336		1 336	
F	87.492***		81.221***		76.621***		71.980***		92.484***		87.668***	
Adj R^2	0.457		0.457		0.459		0.460		0.471		0.476	
Durbin-Watson	1.910		1.909		1.894		1.897		1.889		1.884	

注：***、**、* 分别表示在 1%、5%、10%的统计水平上显著；年度虚拟变量和行业虚拟变量中的“控制”代表其参与了相应模型的回归过程，由于篇幅所限，本书没有将年度虚拟变量和行业虚拟变量的检验结果列示出来。*iv* 表示工具变量。

表 6-6　使用每股流通股市场附加价值为被解释变量的稳健性检验结果

变量	(1)		(2)		(3)		(4)		(5)		(6)	
	系数	T值	系数	T值	系数	T值	系数	T值	系数	T值	系数	T值
截距	23.417***	11.816	20.900***	10.229	24.682***	13.103	24.400***	12.919	20.563***	11.822	18.590***	10.578
LDFZ	−0.425	−1.598	8.203**	2.548								
$LDFZ^2$			−6.040***	−2.714								
YHJK					−1.662**	−1.990	0.757	0.479				
$YHJK^2$							−2.774*	−1.801				
SYXY					−2.857***	−3.351	−2.778***	−3.256				
LSZK					−2.417***	−2.748	−2.248**	−2.544				
DEBT									0.635***	6.616	0.763***	5.377
$DEBT^2$											−0.049	−1.229
DYCG	2.772***	3.621	2.879***	3.766	2.820***	3.683	2.867***	3.746	2.795***	3.711	2.802***	3.721
KZQS	4.232***	5.195	4.257***	5.239	4.190***	5.165	4.281***	5.271	4.254***	5.312	4.242***	5.297

（续）

变量	(1)		(2)		(3)		(4)		(5)		(6)	
	系数	T值	系数	T值	系数	T值	系数	T值	系数	T值	系数	T值
GYGS	−0.884**	−1.990	−0.943**	−2.125	−0.795*	−1.795	−0.784*	−1.772	−0.731*	−1.672	−0.715	−1.633
SIZE	−0.778***	−9.944	−0.789***	−10.101	−0.763***	−8.895	−0.768***	−8.953	−0.587***	−7.318	−0.586***	−7.307
年份	控制		控制		控制		控制		控制		控制	
行业	控制		控制		控制		控制		控制		控制	
样本	1 336		1 336		1 336		1 336		1 336		1 336	
F	88.138***		82.763***		77.964***		73.419***		94.322***		87.726***	
Adj R^2	0.459		0.462		0.464		0.465		0.476		0.476	
Durbin-Watson	1.902		1.895		1.876		1.879		1.886		1.888	

注：***、**、* 分别表示在1%、5%、10%的统计水平上显著；年度虚拟变量和行业虚拟变量中的“控制”代表其参与了相应模型的回归过程，由于篇幅所限，本书没有将年度虚拟变量和行业虚拟变量的检验结果列示出来。

6.5 本章小结

本章选择了从2003—2010年共8个会计年度发生亏损的A股上市公司作为研究总样本，研究了债务融资行为的三种特征（债务融资期限、债务融资方式和债务融资规模）对亏损上市公司财务价值的驱动路径和驱动机理。实证结果表明，债务融资期限结构对亏损上市公司的财务价值同时存在侵害和治理两种效应，并且随着流动负债比例的增加，亏损上市公司的财务价值表现出先升后降的趋势；从债务融资方式来看，银行借款的债务融资方式对亏损上市公司的财务价值也同时存在侵害效应和治理效应，但侵害效应更加明显，利用商业信用和临时性占用款进行债务融资的方式对亏损上市公司财务价值产生明显的反向驱动效应；债务融资规模对亏损上市公司的财务价值也同时存在侵害效应和治理效应，同样，随着负债比率的增加，亏损上市公司的财务价值也表现出先升后降的趋势。

从我国的现实情况来看，要正确发挥债务融资行为对亏损上市公司财务价值的正向驱动效应，应该控制好债务融资的期限结构、选择恰当的债务融资方式和合理的债务融资规模。具体而言，在确定债务融资的期限结构时，要注意流动负债与非流动负债的匹配关系，流动负债在债务融资中的比例过高和过低都不利于提升亏损上市公司的财务价值；在选择债务融资方式时，要尽可能发挥银行在公司治理结构中的正向治理作用，允许银行对公司适当持股，让银行直接介入公司治理结构，以制约“内部人控制”现象的发生。为避免商业信用和临时性占用款对亏损上市公司财务价值的负面影响，公司应该尽可能压缩商业信用和临时性占用款去融通长期资金的比例，将其尽量与短期资金的需要相匹配；在确定债务融资规模时，要将公司的资产负债率控制在合理的范围之内，以避免出现因负债过度给亏损上市公司带来财务危机甚至是破产的额外风险。

7 盈余管理行为对亏损上市公司财务价值的驱动研究

所有权和经营权的分离是公司制企业区别于其他形式企业（主要包括独资企业、合伙制企业）的典型特征，这种两权分离的组织形式在给公司制企业带来诸如风险分担、责任有限、管理精通等优势的同时，也使它们面临着更为严重的委托代理问题。特别是在处于转型经济时期的我国现代公司制企业中，由于委托人和代理人之间可能同时存在“契约摩擦”（contracting frictions）和“沟通摩擦”（communication frictions），导致公司制企业发生盈余管理的行为比比皆是。特别是在亏损上市公司中，出于保壳护壳的目的，管理层在亏损当年会更有意愿进行盈余管理。然而，亏损上市公司在亏损当年发生的盈余管理行为会给亏损上市公司在亏损当年和亏损以后年度的财务价值带来影响吗？如果会，是正面还是负面影响呢？其驱动机理又是怎样的呢？先前的研究关注的是公司为什么要进行盈余管理、如何进行盈余管理，即盈余管理的动机和方式、频率和幅度的研究，本章将这些研究进行延伸，重点研究盈余管理的后果，即不同方向、程度和不同途径的盈余管理行为给公司价值带来了怎么的影响，其影响程度和驱动机理又是怎样的。这些问题的回答对投资者和证券管理部门来说意义更大，将有助于对亏损上市公司的财务价值进行合理的评估，从而帮助投资者和证券监管部门真正识别亏损上市公司的价值，同时在理论上将有助于完善我国现代公司制度、丰富盈余管理理论和公司价值评估理论。因此，本章将结合我国证券市场中从2003—2010年发生亏损的上市公司数据，对盈余管理行为作用于亏损上市公司财务价值的驱动效应进行深入研究。

7.1 文献回顾

截至目前，国内外专门针对亏损公司盈余管理问题展开研究的文献颇为丰富，但现有的研究基本上都局限于以下两个方面：

一是关于亏损公司盈余管理的存在性及其方式的研究。大量的实证研究文献对 Burgstahler 和 Dichev(1997) 提出的“所有公司管理盈余的动机都是同质的”假设提出了挑战，它们的结论表明，公司在零左右波动的盈余分布变化大多与公司的盈余管理行为有关联。陆建桥（1999）选取了在上海证券交易所上市的 22 家亏损公司作为样本，对这些公司在出现亏损前、亏损年和扭亏年盈余构成进行研究，发现在首次亏损前 1 年，存在利用非预期性应计项目调增利润以推迟出现亏损的现象；在亏损年度，则利用非预期性应计项目调减利润，进行“大洗澡”；在扭亏年度，又利用非预期性应计项目调增利润，以避免出现连续亏损。Haw、Qi、Wu 和 Zhang(1998) 用 1994—1997 年的 A 股上市公司作为样本，发现上市公司为避免被摘牌，在亏损前 1 年利用线下项目增加利润，在亏损当年，利用应计项目和线下项目调减利润进行大洗澡。孙铮、王跃堂（1999）用上市公司净资产收益率分布总体检验的方法发现上市公司的盈余操纵突出表现在配股现象，微利现象和重亏现象中。吴东辉（2001）利用 Jones 模型对中国上市公司的应计项目选择进行的研究表明，投资机会相对于行业的业绩水平、财务杠杆和企业规模对应计项目的选择有影响。在 IPO 年度和争取配股资格的公司中，反常应计项目明显增加，但未发现企业使用应计项目避免摘牌的现象。此外，还发现机构投资者持股比例和大会计师事务所审计的企业报告的反常应计项目低。企业报告非预期应计项目的能力随着上市年限的增加和应计资产和应计负债的增加而降低。薛爽（2002）

对中国从1995—2000年亏损的A股样本进行了实证检验，结果发现：①盈余管理在不同行业的亏损公司中普遍存在，且在统计上显著。②亏损公司在不同的时间选择不同的盈余管理行为。在亏损前1年，为了推迟亏损的时间以及由此所带来的后果，上市公司会通过提高经营性应计项目或各种形式的影响线下项目的交易安排来做高利润。③在亏损年度，由于亏损在所难免，公司通过调低经营性应计项目或线下项目进行“大洗澡”，为以后年度扭亏预留空间。尽管所有亏损公司都存在显著的调低利润的管理行为，但首次亏损的公司在亏损年度盈余管理的程度要低于连续亏损的公司。④扭亏公司中，有50%是通过主营业务达到扭亏目的的，另外50%是通过进行影响线下项目的交易安排来扭亏的，其中主要是通过资产重组、债务重组等途径，还有6%的公司是靠政府补贴摘掉亏损帽子的。陈晓、戴翠玉（2004）系统考察了1998—2000年中国A股上市亏损公司的扭亏行为，结果发现关联交易活动和重组活动是亏损上市公司扭亏的主要手段，而西方企业盈余管理的主要手段——操控性应计利润对我国亏损公司的扭亏作用十分有限，主要被未扭亏公司用来做大亏损。另外，他们还发现财政补贴不是亏损公司扭亏为盈的主要手段，2001年12月4日出台的取消PT政策加速了连续亏损公司的扭亏步伐。Sugata(2006）的研究表明，那些获得负市场报酬的公司比那些获得正市场报酬的公司更具有动机去进行盈余管理，其根本目的是为了隐藏一种来自于信用市场的亏损信号，这种信号可能会提高公司的债务成本。同时，与债务成本解释一致，他们还发现债务需求较大的公司为了避免亏损会进行更多的盈余管理。

二是关于亏损公司盈余管理的频率和幅度研究。Tech、Wong和Rao(1998）发现，IPO公司在IPO当年的非预期应计利润的中位数为资产总额的4%～5%。Erickson和Wang(1998)则发现收购股票公司在股票收购季度的非预期应计利润为资产总额的 2%。不过，二者所运用的估计非正常应计利润的模型，并不适用于特殊事项下的非预期应计利润的估计，因而其结论是否可靠值得怀疑。Sweeney(1994) 研究了为避免违反贷款合约而进行的盈余管理的频率问题，发现违反贷款合约的 22 家公司中，只有 5 家通过会计变更而得到延迟违反合约 1 个季度或者 1 个季度以上。显然，Sweeney 研究的仅仅是违反贷款合约的公司，而并不包括通过盈余管理而达到没有违反贷款合约的公司，这样，就可能低估了为避免违反贷款合约而进行盈余管理的频率。Collins、Shackelford 和 Walhen(1995) 发现，近一半的样本银行为对付监管而运用 5 种或 5 种以上的方法进行盈余管理。Adiel (1996) 将 1980—1990 年 1 294 家保险公司作为研究样本，发现有 1.5%的样本保险公司运用再保险金额进行盈余管理以通过监管部门的检查。可见，为避免监管部门干预而进行盈余管理的频率，以上研究所得出的结论差异较大。我国学者也运用类似的方法对盈余管理进行了研究，如陆建桥 (1999)，吴东辉 (2001)，耿建新、肖泽忠和续芹 (2002) 以及白云霞、王亚平和吴联生 (2005)，但几乎没有涉及盈余管理程度的问题。以上关于盈余管理频率和幅度的文献，还有一个共同的不足之处：估计非预期应计利润的方法不够精确。为了克服这种不足，部分文献采用新的方法来研究盈余管理，它们通过检验报告盈余分布来判断是否存在盈余管理 (Burgstahler，Dichev，1997；Degeoge，Patel，Zeckhauser，1999)。这些研究通过检验报告盈余在阈值处的分布，来推断经营者具有避免亏损或者避免业绩下降的动机。在不存在盈余管理的情况下，盈余分布函数在统计意义上是光滑的；而在阈值处存在盈余管理时，在盈余分布函数直方图中，阈值的左边相邻间隔内的公司会不寻常地少，右边相邻间隔内的公司会不寻常地多，从而造成在阈值处密度分布函数不光滑或不连续。因此，判断阈值处是否存在盈余管理行为便转化为判断阈值处盈余分布函数是否光滑。但该类方法仍然存在以下几方面的不足：

①它们需要将盈余分布主观地划分为不同的很小的区间，而确定盈余分布函数直方图中盈余间隔的大小存在一定的随意性，而不同大小的盈余间隔对结果有相当程度的影响，同样的数据可能得到相互矛盾的结论；②它们都只是关注阈值左右相邻间隔内的样本，而没有运用处于这些间隔外的更多的样本公司，因此，它们的结论是基于少数样本的报告盈余的基础上得到的，可能存在较大的偏差；③它们都没有估计盈余管理的幅度。从国内的研究来看，蒋义宏和魏刚（1998），陈小悦、肖星和过晓艳（2000）以及靳明（2000）都曾经从盈余分布的角度来观察公司盈余管理的行为，但都没有进行相应的检验；杜滨、李若山和俞乔（2003）运用了 Burgstahler 和 Dichev（1997）的方法，从盈余分布的角度对中国公司在几个阈值上是否存在盈余管理进行了检验，不过，也存在与 Burgstahler 和 Dichev（1997）类似的不足。王亚平、吴联生、白云霞（2005）运用所有研究样本的报告盈余信息，通过假设报告盈余服从混合正态分布，运用参数估计的方法对阈值处的盈余管理频率和幅度进行推断。研究结论表明，中国上市公司从 1995—2003 年都存在为避免报告亏损而进行的盈余管理。1996 年、1997 年以及 2001—2003 年的盈余管理频率和幅度较高，并且 2001—2003 年逐年呈上升趋势。2001—2003 年平均有 64.4%的亏损公司在阈值 0 点上进行盈余管理并达到避免报告亏损的目的，平均盈余管理幅度为提高 ROA 数据 0.065。研究还发现 2001—2003 年期间的盈余管理更加具有隐蔽性。白云霞、王亚平、吴联生（2005）通过考察控制权转移公司的后续资产处置行为，来研究中国控制权转移公司的后续盈余管理行为。研究结论表明，业绩低于阈值的控制权转移公司，会通过资产处置而使公司报告业绩高于阈值，其概率与业绩和阈值之差成正相关，与线下项目成负相关，与资产负债率成正相关。另外，研究结论还发现，控制权转移公司在控制权转移之后的第 0 年和第 1 年通过资产处置达到扭亏的程度显著高于第 2 年和第 3 年，

而在通过资产处置达到避免业绩下降方面，控制权转移之后第 1 年的实现程度显著高于其他年度。吴联生、薄仙慧、王亚平（2007）的研究结论显示，1998—2004 年我国上市公司与非上市公司每年都存在避免亏损的盈余管理；在上市公司中，盈余管理公司比例为 15.87%，它们提高 ROA 数据 0.012 2；在非上市公司中，盈余管理公司比例则只有 5.49%，它们提高 ROA 数据 0.000 9。上市公司盈余管理频率大约为非上市公司的 3 倍，平均盈余管理幅度大约为非上市公司的 13 倍。两类公司盈余管理程度差异随着时间的推移而不断增大，因为非上市公司盈余管理程度在年度上的分布比较稳定，而上市公司盈余管理程度则随着时间的推移而不断增大。

综上所述，现有的文献很少有专门就盈余管理行为对亏损公司价值影响的研究，仅有的一篇研究利益输送对亏损公司价值或经营业绩的影响的文献并未直接给出盈余管理行为对亏损公司价值影响的证据，更缺乏就盈余管理行为特征（笔者认为，反映盈余管理行为特征的要素主要包括盈余管理方向、盈余管理幅度、盈余管理途径等方面）对亏损公司价值的驱动路径和驱动机理的深入研究。基于此，本章试图深入研究亏损公司的盈余管理行为对亏损公司价值的驱动效应，期望弄清楚盈余管理行为对亏损公司价值的驱动路径和驱动机理，借此帮助审计师提高审计质量、增强投资者对于会计信息质量的鉴别能力，同时也为监管部门查处严重盈余管理行为提供借鉴。

7.2 理论分析与研究假设

现有的涉及亏损公司盈余管理存在性的研究文献大多认为，亏损公司在亏损当年或者亏损年度的第四季度存在明显的负向盈余管理行为，以为下一年扭亏为盈奠定基础。但事实上，如果亏损公司被预期在当年扭亏有望时（张昕，2008），亏损公司在亏损当年或亏损年度的第四季度不一定会采取负向盈余管理行为，反之，亏损公司管理层可能会采取正向盈余管理行为，以避免公司在亏损当年出现更为严重的亏损或者是缩小当年亏损额与盈亏平衡点的距离。因此，本章认为，有必要从盈余管理的三项行为特征，即盈余管理方向、盈余管理幅度和盈余管理途径等方面去分析盈余管理行为对亏损上市公司财务价值的影响。

7.2.1 盈余管理方向和幅度对亏损上市公司财务价值的影响

印象管理领域的研究认为，感知的收益质量与事实的收益质量同等重要。张翠波（2001）的研究表明，投资者在决策过程中首先是通过解读财务报告，以感知的收益质量作出反应，随着时间的推移，企业的实际经营情况以及其他的信息会逐渐向投资者传递更多的关于企业事实的收益质量的信息，而这些信息会逐渐改变、修正和补充投资者已有的对收益质量的感知，投资者再以修正后的新感知的收益质量作出反应。由此可见，投资者对于收益质量的感觉是影响市场反应的重要因素，而管理层的盈余管理行为恰恰影响了投资者对收益质量的感觉，从而导致投资者作出逆向的反应。

当上市公司陷入亏损状态时，如果管理层认为其在亏损当年扭亏有望，就会采取一切可行的办法进行正向盈余管理，这种正向盈余管理行为会通过以下两种途径影响到投资者对收益质量的感觉，从而推动市场作出与管理层预期相反的反应。一是正向盈余管理行为降低了亏损上市公司在亏损当期的收益质量和未来的盈利能力，如企业采取由加速折旧法转为直线折旧法旨在提高报告收益的会计变更时，盈余管理的行为本身向市场传递了这样一种信号：公司的扭亏为盈是通过减缓资产的注销而实现的。与正常经营获利的公司相比，投资者意识到这样的公司收益质量较低。此外，当期较低的资产注销意味着未来要承担更多的资产注销，所以市场会对其未来收益的增加给予较低的评价。二是正向盈余管理行为会导致投资者对亏损上市公司的财务状况做出悲观的推测。如果公司由稳健的会计政策转为乐观的会计政策，会给投资者传递一种信号：公司需要通过这些行为来避免报表数字的恶化。这种推测会影响到投资者对于公司收益持续性的判断，从而直接降低投资者对公司收益质量的感觉，从而推动投资者作出与管理层预期相反的反应。而且，这种正向盈余管理的幅度越大，市场对公司的评价越低，从而导致其财务价值越低。由此做出以下假设：

H1：亏损上市公司在亏损当年发生的正向盈余管理行为会降低亏损公司当年的财务价值。

H2：对于亏损上市公司而言，正向盈余管理的幅度对公司在亏损当年的财务价值有显著的负面影响。

当上市公司陷入亏损状态时，如果管理层认为其在亏损当年扭亏无望，根据信号传递理论，公司管理层出于避免股价的不利波动和高额利润引发的政治成本的动机，会通过“洗大澡”进行负向盈余管理。同时，张昕（2008）的研究也表明，如果上市公司当年扭亏无望，它们会选择在第四季度增加亏损为实现下一年度扭亏为盈做好准备。同样，这种负向盈余管理行为会通过以下两种途径影响到投资者对收益质量的感觉，从而推动市场作出与管理层预期相反的反应。一是负向盈余管理行为尽管会导致其在会计利润上亏损得更为严重，但实质上，这种亏损的加重只是将亏损年度以后年度的损失提前确认或以后的成本提前费用化的结果，它增加了亏损上市公司在未来的扭亏能力和持续获利的可能性，这增强了投资者对亏损上市公司未来扭亏为盈的信心，从而推动市场对亏损上市公司给予较高的评价。二是管理层通过“洗大澡”方式将公司的劣质资产一次性注销，给投资者传递了资产优化配置、资产质量提升的信号，这本身也会增加投资者对亏损上市公司未来业绩好转的预期，从而使得市场对亏损上市公司的评价较高。而且，类似于正向盈余管理行为，这种负向盈余管理幅度越大，市场对公司的评价越高，从而导致其财务价值越高。由此做出以下假设：

H3：亏损上市公司在亏损当年发生的负向盈余管理行为会提升亏损公司当年的财务价值。

H4：对于亏损上市公司而言，负向盈余管理的幅度对公司在亏损当年的财务价值有显著的正面影响。

7.2.2 盈余管理途径对亏损上市公司财务价值的影响

现有的研究文献对盈余管理途径的划分并不完全统一，Burgstahler 和 Dichev（1997），Degeoge、Patel 和 Zeckhauser（1999）等学者认为，管理者操控会计数字的手段主要有会计方法变更、资产置换、操控应计利润三种。朱红军（2002）、薛爽（2002）等学者认为，盈余管理的途径包括正常项目和线下项目，其中，线下项目是上市公司盈余管理的主要途径。这里的线下项目则主要由投资收益、营业外收入、营业外支出和补贴收入等项目构成。陈晓（2004）提出我国上市公司操控盈余的途径主要有关联交易、资产重组、财政补贴收入和操控应计利润四种。赵春光（2006）的研究表明减值前亏损的公司利用资产减值避免亏损或者“洗大澡”。孟焰（2006）、陆正飞等（2007）发现，上市公司进行盈余管理倚重于非经常性损益实现。尽管学者对盈余管理的途径划分存在差异，但无论通过哪种途径，其盈余管理的最终结果都是通过利润表反映出来的（张昕，2007），为此，我们就利润表中各项目分层次进行了分析，并提出了对应的假设。

利润表中营业利润这部分主要与营业收入、营业成本、营业税金及附加有关。张昕（2010）研究认为，营业收入（包括主营业务收入和其他业务收入）的操控需要有外部客户或者经销商的配合，有外部订货单等外部凭证的支持，而且收入的增加必然需要同时伴随着应收账款或银行存款的增加，应收账款的大幅增加容易引起外界的高度关注，而增加银行存款则难度更大，因此主营业务收入的调整并不是操纵利润的很好手段。相比之下，营业成本（包括主营业务成本、其他业务成本）的确认、计量主要是在企业内部由财务人员进行的，企业对这部分财务数据有很大的操控性，管理人员可以通过增加产量来降低单位产品分摊的固定成本，也可以减少结转已销售产品成本，这些方法都可以有效地降低主营业务成本，增加主营业务收益率，从而增加利润总额与净利润，因此企业很有可能通过这个项目进行盈余管理。至于营业税金及附加，因为国家有明确的税法规定，企业基本上也没有多少操控的空间，而且这部分金额有限，不是我们考虑的重点。据此，我们提出以下假设：

H5：操控主营业务成本对亏损上市公司财务价值会产生显著的驱动效应。

按照前文的分析，由于投资者往往会做出与管理层盈余管理方向相反的预期，因此，本章进一步假设：

$H5_1$：在正向盈余管理组，操控主营业务成本会明显降低亏损上市公司的财务价值。

$H5_2$：在负向盈余管理组，操控主营业务成本会明显提升亏损上市公司的财务价值。

在三项期间费用中，企业对于销售费用、管理费用有较大的操控空间，例如企业可以自主决定广告费、培训费、办公开支等，对应收账款与存货的减值准备也有一定的调控能力，这些都可以导致营业费用与管理费用受到很大程度的操控；而企业负担的财务费用主要包括借款利息以及各种手续费，企业对于利息支出的资本化或费用化的选择上具有较大的可操控性。据此，我们提出以下假设：

H6：操控销售费用对亏损上市公司财务价值会产生显著的驱动效应。

H7：操控管理费用对亏损上市公司财务价值会产生显著的

驱动效应。

H8：操控财务费用对亏损上市公司财务价值会产生显著的驱动效应。

同样的，根据前文的分析，进一步假设：

$H6_1$：在正向盈余管理组，操控销售费用会明显降低亏损上市公司的财务价值。

$H6_2$：在负向盈余管理组，操控销售费用会明显提升亏损上市公司的财务价值。

$H7_1$：在正向盈余管理组，操控管理费用会明显降低亏损上市公司的财务价值。

$H7_2$：在负向盈余管理组，操控管理费用会明显提升亏损上市公司的财务价值。

$H8_1$：在正向盈余管理组，操控财务费用会明显降低亏损上市公司的财务价值。

$H8_2$：在负向盈余管理组，操控财务费用会明显提升亏损上市公司的财务价值。

利润表中的资产减值损失直接来源于资产减值准备的计提，已有的经验研究结果显示，我国上市公司普遍存在利用资产减值政策进行盈余管理的行为。在这些公司中，盈利上市公司出于利润平滑目的，通过当年大量计提资产减值准备隐藏利润以待以后年度转回的方法进行盈余管理，而非盈利公司也会进行“大洗澡”，孙光国、莫冬燕（2010）的研究表明，即使是在2006年新会计准则实施之后的年份，资产减值政策的调整在非流动资产减值准备的转回方面遏制了上市公司的盈余管理行为，但是上市公司却更多转向通过流动资产的资产减值准备的计提与转回来进行盈余管理。这表明，亏损上市公司利用资产减值损失作为盈余管理的手段来调控会计利润依然存在。由此，我们提出以下假设：

H9：操控资产减值损失对亏损上市公司财务价值会产生显著的驱动效应。

同样的，根据前文的分析，进一步假设：

$H9_1$：在正向盈余管理组，操控资产减值损失会明显降低亏损上市公司的财务价值。

$H9_2$：在负向盈余管理组，操控资产减值损失会明显提升亏损上市公司的财务价值。

叶建芳（2009）的研究发现，当上市公司持有的金融资产比例较高时，为降低公允价值变动对利润的影响程度，管理层会将较大比例的金融资产确认为可供出售金融资产，在持有期间，为了避免利润下滑，管理层又倾向于将可供出售金融资产在短期内进行处置。由此可见，公允价值变动损益也是上市公司进行盈余管理的重要途径之一。据此提出假设：

H10：操控公允价值变动损益对亏损上市公司财务价值会产生显著的驱动效应。

同样的，根据前文的分析，进一步假设：

$H10_1$：在正向盈余管理组，操控公允价值变动损益会明显降低亏损上市公司的财务价值。

$H10_2$：在负向盈余管理组，操控公允价值变动损益会明显提升亏损上市公司的财务价值。

此外，企业对于投资收益与营业外收支则有一定的调节能力，例如企业可以选择时机转让持有的短期投资或长期投资来调节投资收益，企业还可以通过报废或出售固定资产、计提或转回减值准备等手段操控营业外收支。因此，上市公司可以利用投资收益与营业外收支作为手段进行盈余管理。这样我们提出以下假设：

H11：操控投资收益对亏损上市公司财务价值会产生显著的驱动效应。

H12：操控营业外收支对亏损上市公司财务价值会产生显著的驱动效应。

同样的，根据前文的分析，进一步假设：

$H11_1$：在正向盈余管理组，操控投资收益会明显降低亏损上市公司的财务价值。

$H11_2$：在负向盈余管理组，操控投资收益会明显提升亏损上市公司的财务价值。

$H12_1$：在正向盈余管理组，操控营业外收支会明显降低亏损上市公司的财务价值。

$H12_2$：在负向盈余管理组，操控营业外收支会明显提升亏损上市公司的财务价值。

7.3 样本选择与研究方法

7.3.1 样本数据的选取

考虑到中国证监会于 2003 年 3 月 18 日颁布并实施了《关于执行〈亏损上市公司暂停上市和终止上市实施办法（修订）〉的补充规定》，这些补充规定对亏损股本身在当年及以后年度造成的影响较大，因此，本章选择了从 2003—2010 年共 8 个会计年度发生亏损的 A 股上市公司作为研究总样本，实际在计算各变量时跨越了从 2002—2010 年的 9 个会计年度的亏损上市公司数据。

具体样本筛选的过程同第 5 章。

本章根据操控性应计利润的正负号将所有研究样本划分为正向盈余管理组（操控性应计利润为正数，共 119 家）和反向盈余管理组（操控性应计利润为负数，共 1217 家），在后续的统计分析中对其进行了比较研究。

7.3.2 盈余管理幅度的度量

不同学者估计非预期应计利润所采用的方法也不尽相同。为了降低时间序列过少而带来的生存偏差问题，本章选择了修正截面的 Jones 模型（Dechow，Sloan and Sweeney，1995）来预测操纵性应计利润，它估计得到的可操控性总应计利润（discretionary total accruals）即为非预期应计利润，用其度量上市公司的盈余管理程度。具体计算步骤如下：

首先，计算总应计利润总额（Total accruals，TAC）：

$$TAC_{j,t}=E_{j,t}-CFO_{j,t} \tag{7-1}$$

式中，$TAC_{j,t}$为第j个公司第t期总应计利润；$E_{j,t}$为第j个公司第t期净利润；$CFO_{j,t}$为第j个公司第t期的经营活动产生的现金净流量。

然后，根据基本的Jones模型（7-2），利用所有亏损上市公司的数据分年度不分行业（考虑到中国亏损上市公司大都是集中于制造业，分行业意义不大）估计系数α_j，β_{1j}和β_{2j}，并将其代入（7-3）式中得到非操控性应计利润部分。

$$TA_{it}/A_{it-1}=\alpha_j(1/A_{it-1})+\beta_{1j}(\Delta REV_{it}/A_{it-1})+\beta_{2j}(PPE_{it}/A_{it-1})+\varepsilon_{it} \tag{7-2}$$

$$NDTAC_{j,t}=\alpha_j(1/A_{it-1})+\beta_{1j}[(\Delta REV_{it}-\Delta REC_{it})/A_{it}-1]+\beta_{2j}\ (PPE_{it}/A_{it}-1) \tag{7-3}$$

式中，下标i、j、t分别表示公司、行业和年度；TA_{it}表示总应计额；A_{it-1}表示公司i的年初总资产余额；ΔREV_{it}=公司i主营业务收入的变动额；PPE_{it}表示公司i的固定资产原值；ε_{it}为回归的残差项，表示各公司总应计利润中的操纵性应计利润部分；$NDTAC_{j,t}$为第j个公司第t期非操控性总应计利润。

最后，我们用修正的Jones模型计算可操纵的应计额（DA）：

$$DA_{it}=TA_{it}/A_{it-1}-NDTAC_{j,t} \tag{7-4}$$

式中变量的含义与上式相同，只是增加了第t期净应收款项和第$t-1$期净应收款项的差额ΔREC_{it}。之所以加入ΔREC_{it}，是为了控制公司对销售收入的操纵。因为在销售收入增加额中，信用销售收入增加额的部分（即应收款项增加额）往往是盈余管理的结果。如果不将此项扣除，则会低估公司盈余管理程度。本章

按照 DA 的正负号表示盈余管理的方向（$YGFX$），取 DA 的绝对值衡量盈余管理的程度（$YGFD$）。

7.3.3 亏损公司财务价值的度量

关于上市公司价值的度量，目前最为普遍使用的就是市盈率指标，但在实际使用中它存在许多局限性。具体表现在：一是不能对不同行业个股进行估值比较，即使进行行业内股票估值时有时也存在可比公司选择的困难；二是不同上市公司市盈率水平往往差异巨大，不仅同行业的上市公司市盈率存在明显差异，而且不同行业上市公司差异则更大；三是同一家上市公司还有静态、动态以及预测市盈率之分，而且这三种市盈率数据往往也是差距巨大。正因为如此，当需要度量一批涉及不同行业的上市公司价值的平均水平时，平均市盈率的结果往往很难反映实际情况。至于市净率指标，由于市净率等于股价与每股净资产之比，因此只有公司的财务状况处于正常，即每股净资产在面值以上，市净率才是评估公司价值比较合适的指标。反之，对于那些财务状况处于非正常状况，即每股净资产低于面值（如大多数 ST 类公司）就不适合以市净率来度量其公司的价值。另外，市盈率的计算还直接与公司盈亏状况直接有关系，公司如果出现亏损，市盈率便为负数，这种情况下的市盈率指标对于确定上市公司价值实际上是没有意义的。可见，正是由于这些问题的存在对计算平均市盈率或平均市净率以及进行多个上市公司的价值比较带来了很大的不便。因此，笔者认为，很有必要寻找新的能够度量并比较多个上市公司价值的指标。

考虑到亏损上市公司的现实情况，其公司价值的衡量用传统的价值衡量方法显然不够真实和可靠，本章采用了每股内涵价值的方法来衡量亏损上市公司的财务价值。具体计算如下：

企业价值＝股票市值＋净债务

净债务＝负债总额－应付职工薪酬－应付股利－应交税金－

其他应交款－预提费用－递延税款贷项

股票市值＝A股价格×总股数

每股内涵价值＝(股票市值＋净债务)/期末普通股股数

7.3.4 控制变量的设计

考虑到除盈余管理行为之外的其他变量也可能对亏损上市公司的财务价值产生影响，本章设置了如表7-1所示的主要控制变量。

表7-1 被解释变量、解释变量及控制变量定义

变量类型	变量名称	变量代码	变量定义
被解释变量	每股内涵价值	*EVPS*	(股票市值＋净债务)/期末普通股股数
解释变量	盈余管理方向	*YGFX*	哑变量，如果是正向盈余管理，取值为1，否则为0
	盈余管理幅度	*YGFD*	以操控性应计利润的绝对值来表示盈余管理幅度
	盈余管理途径	*YGCB*	操控营业成本，营业成本变化额/期初总资产
		YGXS	操控销售费用，销售费用变化额/期初总资产
		YGGL	操控管理费用，管理费用变化额/期初总资产
		YGCW	操控财务费用，财务费用变化额/期初总资产
		YGGY	操控公允价值变动损益，公允价值变动损益变化额/期初总资产
		YGTZ	操控投资收益，投资收益变化额/期初总资产
		YGZJ	操控资产减值损失，资产减值损失变化额/期初总资产
		YGYW	操控营业外项目（营业外收入－营业外支出）/期初总资产

（续）

变量类型	变量名称	变量代码	变量定义
控制变量	第一大股东持股	*DYCG*	第一大股东持股数量占总股数的比例
	独立董事比例	*DLDS*	独立董事人数/董事会总人数
	公司控制权市场	*KZQS*	第二到第十大股东持股比例之和
	首次亏损与否	*SHCK*	哑变量，上市公司在亏损当年是否是首次发生亏损，如果是，取值为 1，否则为 0
	公司规模	*SIZE*	取该样本在亏损当年总资产的自然对数表示
	成长性	*INZJ*	取该样本在亏损当年的营业收入增长率表示
	年度哑变量	*YEAR*	如果样本是该年度，取值为 1；否则为 0
	行业哑变量	*INDU*	如果样本属于制造业，取值为 1；否则为 0

7.3.5 回归模型的设计

为了考察盈余管理方向和幅度两种行为特征对亏损上市公司财务价值的驱动效应，本章设置了模型（7-5）如下：

$$EVPS_{i,t} = \beta_1 + \beta_2 YGFX_{i,t} + \beta_3 YGFD_{i,t} + \beta_4 DYCG_{i,t} + \beta_5 DLDS_{i,t} + \beta_6 KZQS_{i,t} + \beta_7 SHCK_{i,t} + \beta_8 SIZE_{i,t} + \beta_9 INZJ_{i,t} + \sum YEAR + \sum INDU + \varepsilon_{i,t} \quad (7-5)$$

考虑到盈余管理途径即是产生盈余管理幅度的原因，如果将盈余管理幅度与盈余管理途径同时放入一个模型中会导致严重的共线性问题，本章单独设置了模型（7-6）来考察盈余管理的具体行为途径对亏损上市公司财务价值的驱动效应，如下：

$$EVPS_{i,t} = \beta_1 + \beta_2 YGCB_{i,t} + \beta_3 YGXS_{i,t} + \beta_4 YGGL_{i,t} + \beta_5 YGCW_{i,t} + \beta_6 YGGY_{i,t} + \beta_7 YGTZ_{i,t} + \beta_8 YGZJ_{i,t} + \beta_9 YGYW_{i,t} + \beta_{10} DYCG_{i,t} + \beta_{11} DLDS_{i,t} + \beta_{12} KZQS_{i,t} + \beta_{13} SHCK_{i,t} + \beta_{14} SIZE_{i,t} + \beta_{15} INZJ_{i,t} + \sum YEAR + \sum INDU + \varepsilon_{i,t} \quad (7-6)$$

7.4 实证分析

7.4.1 描述性统计分析

由表 7-2 描述性统计的结果可知，盈余管理方向变量均值为 0.089，即仅有 8.9%的样本公司在亏损当年进行了正向盈余管理，说明亏损上市公司样本中绝大多数公司在亏损当年发生了负向盈余管理行为，这印证了赵春光（2006）、张昕（2010）的研究结论；盈余管理幅度均值为 0.172，中位数为 0.141，说明盈余管理幅度变化并不明显；营业成本均值和中位数均为负值，表明总体而言，亏损上市公司在亏损当年压缩了营业成本；销售费用、财务费用、投资收益以及公允价值变动损益均值均小于 0.01，说明这些项目并不是亏损上市公司进行盈余管理的主要途径；管理费用、资产减值损失、营业外收支的均值分别为 0.011、0.043 和－0.023，表明这些项目可能成为亏损上市公司进行盈余操控的主要途径。此外，第一大股东持股比例均值达到 0.331，而以第二到第十大股东持股比例之和表示的控制权市场均值为 0.191，这表明我国亏损上市公司中普遍存在股权过度集中的现象，中小股东难以发挥对控股股东（或大股东）的股权制衡作用；独立董事比例均值为 0.308，刚好符合中国证监会 2001 年 8 月发布的《关于在上市公司建立独立董事制度的指导意见》中要求的上市公司独立董事的人数不得低于董事会成员总数的

1/3 的规定；首次亏损与否的均值为 0.302，表明大部分亏损上市公司在当年的亏损不是第一次，即许多上市公司发生了连续性亏损的情形；以营业收入增长率表示的公司成长性均值为 −0.011，表明总体上亏损上市公司的经营业务在萎缩，这也可能是导致其亏损的原因之一。

表 7－2　研究变量的描述性统计结果

变量	N	Mean	Median	Std.	Minimum	Maximum
EVPS	1 336	8.838	7.471	5.580	0.136	69.768
YGFX	1 336	0.089	0.000	0.285	0.000	1.000
YGFD	1 336	0.172	0.141	0.145	0.000	1.332
YGCB	1 336	−0.029	−0.008	0.210	−3.227	1.650
YGXS	1 336	0.001	0.000	0.021	−0.141	0.235
YGGL	1 336	0.011	0.008	0.149	−2.541	0.738
YGCW	1 336	0.002	0.002	0.015	−0.191	0.151
YGGY	1 336	0.000	0.000	0.006	−0.146	0.058
YGTZ	1 336	−0.007	0.000	0.052	−0.343	0.973
YGZJ	1 336	0.043	0.012	0.131	−0.747	2.590
YGYW	1 336	−0.023	−0.002	0.263	−8.036	1.753
DYGG	1 336	0.331	0.295	0.148	0.056	0.852
DLGG	1 336	0.308	0.304	0.106	0.000	0.714
KZQS	1 336	0.191	0.183	0.128	0.004	0.749
SHCK	1 336	0.302	0.000	0.459	0.000	1.000
SIZE	1 336	20.765	20.755	1.160	15.380	25.404
INZJ	1 336	−0.011	−0.091	2.981	−2.276	107.717

7.4.2　多元线性回归分析

利用 SPSS17.0 和 EVEIWS6.0 对反映各变量关系的模型运用从 2003—2010 年的分组样本数据和全样本数据进行多元线性

回归分析，其结果如表 7-3、表 7-4 所示。从表 7-3、表 7-4 显示的回归结果来看，利用全样本进行模型回归的检验结果 F 值均在 1%的统计水平上显著，说明各个线性回归模型拟合的效果均较好。

表 7-3 模型（7-5）回归的结果

自变量	因变量为每股内涵价值（EVPS）					
	正向盈余管理组		负向盈余管理组		全样本	
	系数	T 值	系数	T 值	系数	T 值
C	−12.383	−1.376	−14.941***	−5.347	−14.981***	−5.661
YGFX					1.306***	2.872
*YGFD*1	−0.330	−0.098	2.008**	1.995	1.755*	1.840
DYGG	4.293	1.305	3.882***	3.515	3.804***	3.648
DLGG	1.853	0.457	−1.300	−0.969	−1.030	−0.811
KZQS	5.883	1.620	5.987***	4.681	5.606***	4.679
SHCK	1.438	1.485	0.941***	2.946	1.032***	3.438
SIZE	1.174***	2.800	1.265***	9.786	1.265***	10.349
INZJ	−0.038	−0.915	0.328	1.039	−0.034	−0.794
YEAR	控制		控制		控制	
INDU	控制		控制		控制	
N	119		1 217		1 336	
F	6.601***		36.624***		40.226***	
Adj R^2	0.416		0.306		0.320	
Durbin-Watson	1.777		1.936		1.953	

注：***、**、*分别表示在 1%、5%、10%的统计水平上显著；年度虚拟变量和行业虚拟变量中的“控制”代表其参与了相应模型的回归过程。由于篇幅所限，本书没有将年度虚拟变量和行业虚拟变量的检验结果列示出来。

表 7-4 模型（7-6）回归的结果

自变量	因变量为每股内涵价值（EVPS）					
	正向盈余管理组		负向盈余管理组		全样本	
	系数	T 值	系数	T 值	系数	T 值
C	−19.025**	−2.442	−12.841***	−4.725	−13.151***	−5.148
YGCB	−0.019**	−0.014	1.934**	2.007	1.248*	1.837
YGXS	18.095	0.882	5.317	0.765	1.155	0.178
YGGL	−5.605	−1.404	1.377	1.243	0.474	0.490
YGCW	37.369**	2.434	25.126**	2.036	25.002***	2.673
YGGY	−22.465	−0.231	−45.163*	−1.921	−44.698**	−1.961
YGTZ	25.529**	2.584	2.964	1.110	3.803	1.491
YGZJ	−3.138	−0.808	2.276	1.448	3.606***	3.033
YGYW	−0.153*	−0.100	−0.176	−0.311	−0.229	−0.441
DYGG	3.605	1.124	3.844***	3.486	3.813***	3.668
DLGG	2.493	0.654	−1.348	−1.004	−0.883	−0.699
KZQS	2.999	0.846	6.042***	4.732	5.748***	4.808
SHCK	1.176	1.317	0.742**	2.332	0.903***	3.019
SIZE	1.494***	4.019	1.172***	9.256	1.192***	9.986
INZJ	−0.024	−0.614	−0.153	−0.391	−0.029	−0.677
YEAR	控制		控制		控制	
INDU	控制		控制		控制	
N	119		1 217		1 336	
F	6.446***		25.907***		30.380***	
Adj R^2	0.504		0.311		0.326	
Durbin-Watson	1.826		1.946		1.963	

注：***、**、*分别表示在1%、5%、10%的统计水平上显著；年度虚拟变量和行业虚拟变量中的“控制”代表其参与了相应模型的回归过程。由于篇幅所限，本书没有将年度虚拟变量和行业虚拟变量的检验结果列示出来。

（1）盈余管理方向和幅度对亏损上市公司财务价值的驱动效应 模型（7-5）的全样本回归结果表明，盈余管理方向对亏损上市公司财务价值具有显著的正向驱动效应，表明正向盈余管理有利于提升亏损上市公司的财务价值，而负向盈余管理会降低亏损上市公司在亏损当年的财务价值，这刚好与预期的方向相反，前文的假设1和假设3就无法成立。究其原因，可能是因为我国证券市场尚处于弱式有效状态，投资者对亏损上市公司的经营业绩改善究竟是公司真实业务的结果还是进行盈余管理后操控的结果无法有效识别，从而导致市场整体对管理层的盈余管理行为并没有像预期那样做出明显相反的反应，最终产生了那些发生了正向盈余管理行为的亏损上市公司财务价值不降反升，而那些发生了负向盈余管理行为的亏损上市公司财务价值不升反降的结果。从盈余管理幅度的回归结果来看，负向盈余管理组和全样本的回归系数都显著为正，表明负向盈余管理的幅度和总样本的幅度均对亏损上市公司财务价值有显著的正向驱动效应，这就验证了前文的假设4；正向盈余管理组的回归系数尽管为负，与预期的一致，但并不显著，这就无法证实前文的假设2，其原因仍然可能是投资者和管理层信息不对称所致。而且分组样本的回归结果表明，负向盈余管理样本组中，盈余管理幅度对亏损上市公司财务价值的驱动程度明显高于正向盈余管理样本组，这解释了为什么大部分亏损上市公司在亏损当年会采取"洗大澡"的方式而一次性亏个够，这种做法最终为提升公司未来价值奠定了基础。

对于控制变量而言，第一大股东持股比例、控制权市场的回归系数显著为正，这表明第一大股东持股比例、控制权市场对亏损上市公司的财务价值存在明显的正向驱动效应，与Jensen（1986）、Faulkender(2002)、谢军（2006）、Guney(2007）的研究结论一致，说明股权集中度和控制权市场在亏损上市公司中发挥着正向公司治理作用；首次亏损与否、公司规模的回归系数也显著为正，这与 Klein 和 Marquardt(2006) 的研究结论一致，表明首次发生亏损、规模较大的亏损上市公司财务价值比那些多次发生亏损、规模较小的亏损上市公司高，其原因可能是由于首次发生亏损、规模较大的公司比非首次发生亏损、规模较小的公司在第二年度发生亏损逆转的程度更大，投资者对该类亏损上市公司未来业绩好转更加有信心，使得市场对该类公司的评价较高。其他控制变量对亏损上市公司财务价值并无明显驱动效应。

（2）盈余管理途径对亏损上市公司财务价值的驱动效应

模型（7－6）中全样本回归的结果表明，在所有的盈余管理行为途径中，操控营业成本、操控财务费用、操控资产减值损失以及操控公允价值变动损益等项目的回归系数均表现出一定的显著性，说明操控营业成本、操控财务费用、操控资产减值损失以及操控公允价值变动损益等项目对亏损上市公司的财务价值会产生显著的驱动效应，这分别证实了前文的假设 5、假设 8、假设 9 和假设 10；而操控销售费用、操控管理费用、操控投资收益和操控营业外收支等项目的回归系数并没有表现出显著性，说明操控销售费用、操控管理费用、操控投资收益和操控营业外收支等项目不会对亏损上市公司的财务价值产生显著驱动效应，这就无法证实前文的假设 6、假设 7、假设 11 和假设 12。其原因可能是由于在亏损上市公司中，这些项目在公司总成本中所占比重较低，管理层利用这些项目实现盈余管理的程度受限，最终使得它们对亏损上市公司财务价值的影响并没有预期的明显。

模型（7－6）中分组样本回归的结果表明，在正向盈余管理样本组中，操控营业成本和操控营业外收支项目的回归系数显著为负，操控财务费用、操控投资收益的回归系数显著为正，表明操控营业成本和操控营业外收支项目能显著降低实施了正向盈余管理的亏损上市公司财务价值，这支持了假设 5_1 和假设 12_1；操控财务费用、操控投资收益能显著提升实施了正向盈余管理的亏损上市公司财务价值，这与假设 8_1 和假设 11_1 刚好相反，其原因可能是由于在亏损上市公司中，这些项目在计算公司当期利润中所占比重较低，管理层利用这些项目实现盈余管理的程度受限，最终使得他们对亏损上市公司财务价值的影响并没有象预期的明显。其他各个操控性项目除操控销售费用的符号与预期相反之外，其余三个操控性项目的符号与预期相同，但并没有表现出显著性，这就无法支持前述的假设 6_1、假设 7_1、假设 9_1 和假设 10_1，其原因可能与亏损上市公司管理层实施盈余管理的途径选择偏好有关，这也从侧面佐证了当亏损上市公司在亏损当年扭亏有望时，管理层更倾向于操控营业成本、操控营业外收支项目、操控财务费用和操控投资收益等途径来实现其正向盈余管理的目的。

在负向盈余管理样本组中，操控营业成本和操控财务费用的回归系数显著为正，操控公允价值变动损益显著为负，表明操控营业成本和操控财务费用能显著提升负向盈余管理的亏损上市公司财务价值，这支持了假设 5_2 和假设 8_2，操控公允价值变动损益能显著降低负向盈余管理的亏损上市公司财务价值，这与假设 10_2 刚好相反，其原因可能是由于信息传递不畅，投资者对管理层利用金融资产持有期限的改变实施负向盈余管理的相反预期并没有很快在亏损当期反映出来。其他各个操控性项目除操控营业外收支的符号与预期相反之外，其余四个操控性项目的符号与预期相同，但并没有表现出显著性，这就无法支持前述的假设 6_2、假设 7_2、假设 9_2、假设 11_2 和假设 12_2，其原因也可能与亏损上市公司管理层实施盈余管理的途径选择偏好有关，这也从侧面佐证了当亏损上市公司在亏损当年扭亏无望时，管理层更倾向于操控营业成本、操控财务费用和操控公允价值变动损益等途径来实现其负向盈余管理的目的。

7.4.3　稳健性检验

本章分别用流动操控性应计利润、非正常线性项目来度量盈余管理程度和方向，用托宾Q值、流动股每股市场附加值等变量来度量亏损上市公司的财务价值，然后再做相同的统计回归，其检验的结果仍然保持不变。另外，考虑内生性问题，当亏损上市公司财务价值较低时，管理层出于保护自身地位和突显权力绩效的目的，可能更加会积极采取盈余管理行为来制造公司价值较高的假象，因此，亏损上市公司财务价值反过来也可能会驱动管理层的盈余管理行为。基于此，本章借鉴一些研究，如Cole等（2008）、Harford等（2008），采用内生变量的滞后值作为工具变量的方法，视盈余管理方向、程度以及各种盈余管理途径为内生变量，使用其滞后一期值作为工具变量进行回归估计来解决可能存在的内生性问题。重新检验的结果发现，除了模型（7－6）中营业成本、资产减值损失的回归系数显著性水平有所减弱之外，其余模型中各变量的回归系数显著性水平基本保持不变，这进一步证实了上述实证结论的可靠性。

7.5　本章小结

本章以中国2003—2010年非金融类亏损上市公司为研究样本，分析了公司高管发生的盈余管理行为（包括方向、幅度和途径三种行为特征）对亏损上市公司财务价值的驱动效果。实证结果表明，绝大多数亏损上市公司在亏损当年会发生负向盈余管理行为，而且其盈余管理方向和幅度对亏损上市公司的财务价值均具有显著的正向驱动效应；操控营业成本、操控财务费用、操控资产减值损失以及操控公允价值变动损益等盈余管理途径对亏损上市公司的财务价值会产生显著的驱动效应。此外，分组样本检验发现，负向盈余管理幅度对亏损上市公司财务价值的驱动效应明显高于正向盈余管理幅度，当亏损上市公司在亏损当年扭亏有望时，管理层更倾向于操控营业成本、操控营业外收支项目、操控财务费用和操控投资收益等途径来实现其正向盈余管理的目的；而当亏损上市公司在亏损当年扭亏无望时，管理层更倾向于操控营业成本、操控财务费用和操控公允价值变动损益等途径来实现其负向盈余管理的目的。

本章研究的政策启示是：①对于投资者而言，随着我国上市公司发生亏损的频率日益增加，亏损上市公司管理层普遍存在盈余管理行为，投资者在评估亏损上市公司财务价值时，首先，要注意识别管理层发生盈余管理的方向和幅度，在合法合规的前提下，尽量选择那些发生了正向盈余管理、盈余管理幅度较大而且有利于提升公司财务价值的亏损上市公司进行投资。其次，要注意盈余管理方向和盈余管理途径的匹配关系。当管理层实施了正向盈余管理时，投资者应该更多地关注营业成本、营业外收支项目、财务费用和投资收益等项目的变化情况及其对亏损上市公司财务价值的影响；当管理层实施了负向盈余管理时，投资者应该更多地关注营业成本、财务费用和公允价值变动损益等项目的变化情况及其对亏损上市公司财务价值的影响。②对于监管部门而言，为了有效提高会计信息的质量，监管部门在审核和监督亏损上市公司的财务信息时，应该视亏损上市公司发生的盈余管理方向和幅度区别对待。具体而言，在判断管理层的盈余管理行为是否违法违规时，可以根据其盈余管理的幅度大小而定，如设置一个较为合理的盈余管理域值，对于那些超过此域值的盈余管理行为重点审查和监督，以此提高证券监督的效力。此外，从盈余管理具体途径上看，监管部门应该更多地审核营业成本、营业外收支项目、财务费用和资产减值损失等项目的变化情况。

本章研究的不足在于：在选择控制变量时，只包括了公司治理的有关变量，没有将对亏损逆转程度可能存在影响的经济周期、地区差异等变量纳入控制范围，对此，薛爽（2010）的研究认为公司所处的经济环境（包括宏观经济周期、行业景气度、国家的货币政策和财政政策等）与亏损定价之间存在一定的关联性[①]。此外，没有考虑到各个解释变量（特别是各种盈余管理途径）之间的交互影响效应，这些可能会对本章研究的结论造成一定的影响，也是未来需要进一步重点研究的方向和领域。

① 薛爽（2010）的研究发现，在宏观经济处于繁荣期但行业景气度较低时，亏损公司的定价最低。因为此时投资者对行业和公司的前景最不看好，预期亏损公司在未来扭亏的可能性大大降低。相反，在宏观经济处于衰退期但行业景气度较高时，投资者对整个行业的信心会增强，对股票的定价也较高。即亏损公司的价值与宏观经济走势负相关，与行业景气度正相关。另外，她还发现，积极的财政政策和宽松的货币政策可以减少亏损或者增加扭亏的概率，因此，对亏损公司股票价格有着正面影响。

8 资产重组行为对亏损上市公司财务价值的驱动研究

处于亏损状态的上市公司，特别是那些已经被 ST 的上市公司，如果不能在短时期内实现扭亏为盈，就将面临退市的风险。因此，许多亏损上市公司在自身经营难以好转的情况下，实施了资产重组，或者直接易主保牌。对它们而言，资产重组无疑是帮助其扭转业绩、起死回生的有效途径。Jensen(1989) 的研究表明，财务困境有助于改善企业的业绩和资本结构，高负债企业为避免企业价值的减少更愿意在财务困境时实行重组。Gertner 和 Scharfstcin(1991) 认为债务重组可以增加企业投资的有效性，其有效性的程度取决于企业财务困境的原因是过少投资还是过度投资以及企业资本结构的特点。Carter(2000) 指出重组公告后公司业绩有所提高但并非由于账面资产的会计影响而是由于重组后经济情况变化带来了长期收益。不过，尽管实施资产重组或换帅易主是许多亏损上市公司扭亏为盈、保壳护壳的捷径，但也可能出现"引狼入室"的负面效应，从而给本来身处逆境的亏损上市公司雪上加霜，最后只能是加速其退市甚至是破产。如，Magenheim 和 Mueller(1988) 的对照检验结果表明公司重组后的业绩有所下降，Agrawal Jaffe 和 Mandelker(1992) 则发现重组后的公司市场调整业绩不升反而下降。此外，资产重组也可能对亏损上市公司的业绩并无实质性影响。如 Bergstrom 和 Sundgren(2002) 考察了 28 家财务困境公司的重组绩效，结果表明重组后绩效并没有显著变化，财务困境对公司绩效的影响微不足道。由此可见，资产重组行为对亏损上市公司绩效或价值的影响并不稳定，那么，究竟是什么原因导致资产重组行为对亏损上市公司绩效或价值的影响不稳定呢？此前尽管也有学者觉察到资产重组对公司价值影响的不稳定现象，但他们多数是从资产重组动机和资产重组方式或途径上去寻找解释，而且始终没有很好地解释为什么同一种资产重组方式对亏损上市公司绩效或价值的影响也会有所不同。究其根源，是因为他们没有注意到实施资产重组的对象——亏损上市公司本身也存在许多方面的差异，如亏损频率、亏损原因及亏损幅度等（这里称之为亏损异质性）。事实上，可能正是上市公司之间存在的这种亏损异质性，才导致即使相同的资产重组方式对不同亏损类型的亏损上市公司绩效或价值都可能存在不同的影响，更何况是不同的资产重组方式对不同亏损类型的亏损上市公司绩效或价值。

基于此，本章提出从亏损异质的新视角，就不同类型的资产重组行为对不同亏损类型亏损上市公司的财务价值驱动效应进行比较和分析。本章的研究发现，资产重组对亏损上市公司产生的财务价值驱动效应不仅受到资产重组方式、重组频率以及重组幅度等反映资产重组行为自身特征的因素影响，还会受到重组对象（即亏损上市公司）之间的亏损异质性（亏损频率、亏损原因、亏损幅度等方面）的影响。即：不同类型的资产重组行为对同一类重组对象会产生不同的财务价值驱动效应，同一种资产重组行为对不同类型的重组对象也会产生不同的财务价值驱动效应。本章研究的意义在于：在理论上将进一步完善和丰富资产重组理论的内涵和特征，拓展和延伸资产重组、公司价值评估研究的内容；在实践中将为加强对上市公司资产重组行为的监控提出建议，即要提高对上市公司实施资产重组的监管力度，不仅要从重组频率、重组方式以及重组幅度等方面关注资产重组行为本身的特征，还要关注实施资产重组的行为主体、行为客体、行为环境以及重组对象的差异性。

8.1 文献综述

关于资产重组对公司绩效或价值的影响研究一直是学术界和商业界探讨的热点问题。特别是在我国步入经济高速增长的今天，为了提高资产证券化率，资产重组这一盘活存量资产的有效途径更是被许多上市公司青睐有加。对此，学者主要从上市公司进行资产重组的绩效或价值影响展开了研究。主要有以下三种观点：一是重组价值提升论。Gertner 和 Scharfstcin(1991) 认为债务重组可以增加企业投资的有效性，但有效性的程度取决于企业财务困境的原因是过少投资还是过度投资以及企业资本结构的特点。陈收、张莎（2004）用事件研究法考察了 2000 年重组的 28 家 ST 公司，认为 ST 公司重组后第一年绩效明显上升，而随后两年则呈现下降态势。余力和刘英（2004）的研究发现并购重组可以带给目标企业正的累计收益，平均累计超额收益率为 24.5%。李哲（2006）用回归法考察了 1998—2001 年重组的 ST 公司，认为重组次数多、重组规模大的公司摘帽的可能性较大；吕长江（2007）用事件研究法考察了 1999—2001 年重组的 78 家 ST 公司，认为重组对 ST 公司具有明显的影响，重组具有即时效应，但同时其作用有限，并未带来以后年度的业绩全面改善和提高。任汝娟（2009）用案例法考察了沪市 2006 年重组的 12 家 ST 公司，认为 ST 公司的资产重组行为确有提升公司业绩的短期财务效应，但是这种效应不具有持续性。张彤玉、丁业震（2010）认为，不同重组方式特点不同，重组后的绩效也不同。资产出售与转让、债务重组及混合重组的短期绩效较好，可持续性较差；长期来看资产置换类重组绩效明显优于其余重组方式。二是重组价值降低论。Harold Mulherin(2000) 考察了英国 233 个并购案例，发现重组后公司的盈利率呈现缓慢的下降趋势；Bruner(2002) 汇总分析了国外 1977—2001 年关于并购企业 15

项财务指标的研究，有 2 项研究显示收购后的业绩显著为负，4 项研究显著为正，而其余的研究结果在统计上并不显著。李善民等（2002）对 1999—2000 年深沪两市 349 起并购事件的研究结果表明，并购能给收购公司的股东带来显著的财富增加，而对目标公司股东财富影响不显著。张新（2003）对 1993—2002 年中国上市公司的 1 216 个并购重组事件是否创造价值进行了分析，指出并购重组为目标公司创造了价值，但对收购公司股东却产生了负面影响。三是重组价值无关论。陈信元和张田余（1999）以 1997 年上海证券交易所挂牌的有重组活动的全部公司为样本检验重组对公司价值的影响，发现在重组公告日公司股票的价格确实出现了波动，说明市场对资产重组有一定反应。但方差模型只是证明了反应的存在，并没有证明公司价值的变动且股权转让资产剥离和资产置换类公司的股价在公告前呈上升趋势随后逐渐下降，而市场对兼并收购类公司重组没有明显的反应。Bergstrom 和 Sundgren(2002）的研究表明，28 家财务困境公司的绩效在重组后并没有显著变化，财务困境对公司绩效的影响微不足道。陆玉梅（2003）的研究认为，相对于未发生资产重组的上市公司，发生重组的上市公司的业绩并未发现有显著性的改善。陈收、张莎（2004）的研究发现 ST 公司在重组当年的绩效并无明显改善。

综上所述，学者对资产重组对公司绩效或价值的影响研究结论并不完全一致，其不一致的原因主要在于研究角度、研究方法、业绩评价基准以及样本选择上的差异性等方面。除此之外，先前学者们对重组绩效或价值影响等问题的研究尚存在以下几个方面的缺陷：

其一是从研究对象来看，多数学者将研究集中于具有各种重组动机的混合型上市公司样本，这些样本中既有出于扩张动机的并购重组，也有出于保壳护壳的资产重组，还有出于投机动机的题材性重组，他们忽视了具有不同重组动机的上市公司在资产重组方式、重组绩效等方面的差异，有少数学者注意到了这种差异，但也仅仅是将ST类上市公司同其他上市公司区分开来，专门对ST类上市公司的重组绩效进行了分析。本章认为，这种划分还不够细致，由于ST类上市公司仅仅是那些已经连续两年亏损的公司，尽管ST类上市公司具有很强的重组扭亏动机，但那些仅亏损一次的亏损上市公司出于减亏、避免带上ST帽子，也可能同样会发生重组，还有那些连续两次以上亏损、尚未退市的上市公司为了寻求最后的"救命稻草"也可能发生重组。与此类似，薛爽（2002）在国内首先对亏损公司的盈余管理行为进行了研究，其结果表明，亏损公司在不同的时间选择不同的盈余管理行为。在亏损前一年，为了推迟亏损的时间以及由此所带来的后果，上市公司会通过提高经营性应计项目或各种形式的影响线下项目的交易安排来做高利润；在亏损年度，由于亏损在所难免，公司通过调低经营性应计项目或线下项目进行"大洗澡"，为以后年度扭亏预留空间，尽管所有亏损公司都存在显著的调低利润的管理行为，但首次亏损的公司在亏损年度盈余管理的程度要低于连续亏损的公司。这表明，在研究上市公司的亏损问题时，有必要考虑到亏损上市公司之间的异质性，因此，本章认为应该区分不同类型的上市公司，这里重点分析仅亏损一次的上市公司（以下简称首亏样本）、连续亏损两次或两次以上的上市公司（以下简称连亏样本），分别探讨资产重组对公司绩效或价值的影响。

其二是从研究内容来看，之前多数研究集中于资产重组动机和资产重组方式对公司绩效或价值的影响，而且多数研究结论表明，不同的重组动机和方式对上市公司绩效或价值的影响方向和程度是存在差异的。然而，由于没有注意到实施资产重组的亏损上市公司本身也存在许多方面的不同，如亏损频率、亏损原因、亏损幅度等方面（本章称之为亏损异质性），导致他们始终没有很好地解释为什么同一种资产重组方式对亏损上市公司绩效或价值的影响也会有所不同。事实上，可能正是因为上市公司之间存在这种亏损异质性，导致即使相同的资产重组方式或途径对不同亏损类型的亏损上市公司绩效或价值都可能存在不同的影响，更何况是不同的资产重组方式或途径对不同亏损类型的亏损上市公司绩效或价值。本章正是基于此，提出从亏损异质的新视角，就不同类型的资产重组行为对不同亏损类型亏损上市公司的财务价值驱动效应进行深入细致地比较和分析。

其三是从研究方法来看，先前的研究大多数仅仅将重组事件设置为哑变量，这只能反映亏损上市公司在亏损当年是否发生重组的情况，并没有反映出重组力度、重组方式、重组方向、重组频率等更为详细的行为特征信息。事实上，在发生了重组的亏损上市公司中，由于各家亏损上市公司实施重组的方向、方式、频率和重组幅度等方面均有可能存在较大差异，这些差异可能会导致具有不同信息特征的重组行为对亏损上市公司股价或价值的影响相差甚远，因此，仅仅将重组设置为哑变量所得到重组对亏损上市公司股价影响具有的显著正面影响的结论显然是不可靠的。由此，笔者认为，应该从重组方向、重组方式、重组频率和重组幅度等方面分别设置反映亏损上市公司资产重组行为特征的变量，区分不同信息特征的重组行为对亏损上市公司价值进行更为细致的研究。

8.2 理论分析与研究假设

亏损异质主要是指各类亏损公司在亏损频率、亏损原因以及亏损幅度等方面存在的差异性。学者对于亏损异质和公司价值之间的关系认识相对较晚，并且有着不同的观点。考虑到亏损的异质性，国外学者 Jenkins(2003) 首次按照亏损公司破产的可能性将其分为了四种破产概率不同的样本类型，并分别进行了回归分析，结果发现随着破产概率的增加，每股持久性盈余所预期的盈余有下降的趋势。也就是说，对于那些预期幸存的亏损上市公司而言，持久性盈余与其公司权益价值呈显著正相关性；而对于那些预期破产的亏损上市公司而言，其清算价值与其价值更为相关。之后，Peter Joos 和 George A. Plesko(2005) 利用亏损逆转模型将亏损上市公司分为了永久性亏损和短暂性亏损，对于短暂性亏损公司，由于亏损逆转的机会较大，执行清算期权的可能性较低，因而其公司价值较高；而永久性亏损公司扭亏的可能性很小，意味着公司出现了财务困境，极有可能执行清算期权，因此，其价值由其清算价值决定。这些研究尽管考虑到了亏损的异质性，但并未从预期的角度去深入探讨不同类型的亏损公司内在价值的驱动因素。而国内至今也尚无学者考虑从预期的角度对亏损公司的异质性和各类亏损公司的价值进行专门的区分研究。薛爽（2002，2008），孟焰、袁淳（2004），袁淳（2005）等学者的研究尽管将研究对象逐渐由亏损和盈利公司相混合的总体样本转移到专门针对亏损或盈利公司的分组样本（应该说在研究思路和方法上有较大的进步），但是，他们并未考虑到亏损公司内部存在的差异性。事实上，随着亏损上市公司的数量逐渐增加，各家亏损公司亏损的程度和性质会有所区别，把所有的亏损公司看作是同一种性质的研究样本进行研究，误认为对于所有的亏损公司，会计盈余与股票价格之间都是弱相关性甚至是负相关性的，这显然是不够准确的。本章考虑到亏损公司之间存在的异质性，拟从预期的角度重点分析资产重组行为对不同类型的亏损上市公司在重组当年、重组后第一年和重组后第二年的价值驱动效应[①]。

8.2.1 资产重组行为在重组当年对异质性亏损上市公司的价值驱动

现行的公司上市制度规定，上市公司出现财务状况或其他状

---

① 这里的价值驱动效应是指资产重组行为（包括重组频率、重组方式和重组幅度等）给目标公司（被重组方，这里指各类亏损样本）价值产生的影响。

况异常就要被特别处理成为ST公司；普通ST公司连亏两年就带星号，即被实施退市风险警告，向投资者表明该公司股票可能存在终止上市的风险；若第三年实现账面盈利将为自身重新赢得三年的时间。在此期间至少可以无需面对退市的风险；若公司连续三年亏损其股票即暂停上市；暂停上市后第一个半年度公司仍未扭亏，交易所将直接做出终止上市的决定。出于保壳护壳的动机，亏损上市公司都有一定的扭亏意愿，而资产重组则是许多亏损上市公司进行扭亏减亏的重要途径。不过，亏损状态不同的亏损上市公司在扭亏意愿的强烈程度、扭亏的价值效应和扭亏方式的选择上可能会存在较大的差异性。张昕（2008）的研究表明，如果亏损上市公司被预期在当年扭亏无望时，亏损上市公司会选择在亏损当年增加亏损（即实施负向盈余管理），为下一年度扭亏为盈做好准备；如果亏损上市公司被预期在当年扭亏有望时，亏损上市公司会选择在亏损当年采取正向盈余管理行为增加亏损当年的盈余，以避免公司在亏损当年出现更为严重的亏损或者是缩小当年亏损额与盈亏平衡点的距离。对于首次发生亏损的上市公司而言，由于是第一次发生亏损，管理层可能将其归咎于偶发性因素或者不可控因素，他们普遍对公司未来扭亏为盈充满信心，再加上首次亏损离退市标准至少还有两年的缓冲期，管理层可能会抱有侥幸心理或过度乐观而放松警惕，因此，他们借助于资产重组进行扭亏的意愿并不会十分强烈，具体表现为首亏上市公司较低的重组频率和较小的重组比例，同时会更倾向于资产置换的重组方式①。相比之下，那些已经发生过亏损的连亏上市公司由于有了以前年度亏损的历史，第二年的亏损很有可能引起管理层的高度

---

① 资产置换是指上市公司控股股东以优质资产或现金置换上市公司的呆滞资产，或以主营业务资产置换非主营业务资产等情况，包括整体资产置换和部分资产置换等形式。肖红等（2009）的研究表明，不仅资产置换公司具有相对更高的前期盈利能力、成长性以及当前的偿债能力，而且利用关联方资产置换改善公司盈利能力的动机也得到一定的缓解。因此，资产置换也被看做是见效较快的资产重组方式。

重视，而且这种后续亏损很有可能是前一次亏损后实施扭亏为盈失败后的产物，这在一定程度上会降低管理层利用资产重组扭亏的信心，而且会加重管理层对未来公司持续性亏损甚至破产的恐慌。此外，连亏上市公司本身也面临着更大的暂停上市或退市风险，出于保壳护壳的考虑，管理层会有更为强烈的利用资产重组进行扭亏为盈的动机，而且由于连亏两年到暂停上市之间只有一年的过渡期，管理层会因紧张心理和免职压力而急于求成，因此，连亏上市公司进行资产重组的意愿更为强烈，具体表现为连亏上市公司较高的重组频率和较大的重组比例，同时会更倾向于采取资产出售与转让和债务重组的方式①。由此，可以做出以下假设：

H1：在重组当年，连亏上市公司进行资产重组的意愿比首亏上市公司更强烈，即：连亏上市公司的重组频率和重组比例均显著高于首亏上市公司。

H2：在重组当年，连亏上市公司进行资产重组的方式更倾向于资产出售与转让和债务重组，而首亏上市公司进行资产重组的方式更倾向于资产置换。

H3：在重组当年，资产重组对连亏上市公司产生的财务价值驱动效应明显高于首亏上市公司。

8.2.2 资产重组行为在重组后第一年对亏损上市公司的价值驱动

考虑到中国上市公司重组的市场动机与利益机制的特殊性，

---

① 由于资产出售与转让多采取整体出售与转让的方式，因而上市公司的资产质量可以迅速提高，收益也可立竿见影；由于剥离不良资产或出售与主业关联不大的资产有利于提高资产管理能力、突出主业，同时又有大笔现金流入，增加了偿债能力。因此，资产出售与转让被理论和实务界普遍认为是见效较快的资产重组方式。债务重组是对上市公司进行重组以减轻上市公司债务负担改善财务结构的重要方式，它可以大幅度降低公司的负债比率，大幅提高公司的股东权益比率，改善公司的资产状况，因此，债务重组也是一种见效较快的资产重组方式。

张新（2003）提出了“体制因素下的价值转移与再分配”新假说，该假说认为，“有些重组本身不应该发生，或发生后并不一定会创造价值，但是现有的体制因素会导致以转移其他利益相关方的利益为代价提高重组公司的价值，这实际上是利益和价值在重组公司股东和其他利益相关者之间的一种再分配或者转移。”根据此观点，不难推测，重组行为发生后，短期内目标公司（被重组方）的控股股东和中小股东都会获益，被重组的亏损上市公司也会由于重组产生的经营协同效应、财务协同效应等而减亏或扭亏为盈；但从中长期看，重组行为也可能给目标公司价值带来负面影响。由于重组方的利益补偿主要来自于一级市场再融资或二级市场股票炒作，如果重组后，重组方发现无法提升业绩达到再融资标准，或者二级市场价格没有充分上升，那么就可能通过掏空目标上市公司来补偿自己，这样会使亏损上市公司在重组以后年度的财务质量又发生下降，其重组的价值驱动效应也会因此而降低。邹辉文（2005）的研究也认为，中国经济的转轨特征和上市公司所处的历史背景决定了存在着大量的通过资产重组的正价值效应创造价值的源泉，即重组中产生的管理效率效应、经营协同效应、财务协同效应、代理成本效应、价值低估信号效应等方面的作用，使得上市公司的资产重组在短期内的价值效应为正。然而，根据狂妄理论假说，中国的企业家尚不成熟，喜欢炒概念，追求时髦，进入自己并不熟悉的领域，相信自己的“错误判断”，这些使得公司的资产重组带有很大的盲目性，最终结果往往是损害了资产重组双方的价值。此外，中国上市公司的治理机制方面的缺陷导致内部人控制现象较为严重，独立董事和中小股东在资产重组决策中只能起到微乎其微的作用，这使得一些有损于公司未来价值的资产重组方案得以实现，导致公司资产重组的长期价值效应不佳。因此，我国上市公司在资产重组中，短期内的价值效应为正，但长期来看这种正向价值驱动效应会减弱甚至为负。而且，相对于首亏上市公司而言，连亏上市公司还可能在资产重组后被重组方掏空，导致其财务状况和资产质量恶化得更快，因此，连亏上市公司在进行资产重组后产生的价值驱动效应变化情况比首亏上市公司会更为明显。由此，可以做出以下假设：

H4：在重组后第一年，首亏上市公司和连亏上市公司进行资产重组产生的价值驱动效应都明显有所下降。

H5：在重组后第一年，资产重组对连亏上市公司产生的财务价值驱动效应变化幅度比首亏上市公司更大。

8.2.3 资产重组行为在重组后第二年对亏损上市公司的价值驱动

根据我国现行的法律法规，上市公司如果在被 ST 后出现连续两年亏损，其 ST 标志前就需要加带星号以特别标志，若在 ST 以后第三年扭亏为盈，将为自身重新赢得三年的保护期，这样该公司可以有效抵御退市的风险。若公司未能在保护期间实现扭转，进而出现连续三年亏损，证监会将会暂停其上市资格。如果暂停上市后第一个年度公司仍未扭亏，交易所将对其进行摘牌处理。相反，如果该公司在此后实现了盈利并且经过了注册会计师的审查认可，则可以申请恢复上市，但证券名称前要带星号。按照此规定，对于那些实施资产重组行为来扭亏的亏损上市公司，如果在重组后第一年实现了扭亏为盈，无论是首亏上市公司还是续亏上市公司都将获得三年的保护期，这将给各类亏损上市公司得以调整经营、重整业务足够的时间，而且，随着时间的推移，资产重组行为给亏损上市公司带来的价值驱动效应会逐渐弱化。如果在重组后第一年，亏损上市公司未能通过资产重组行为顺利扭亏，对于那些首亏上市公司而言，意味着连续两年亏损，将进入 ST 公司行列，此时，该类公司管理层为了避免公司带上星号的退市风险警示标志，会采取有效措施尽快扭亏为盈，而这些措施在一定程度上会抵消原来的资产重组行为对亏损上市公司产生的负面价值驱动效应；对于那些连亏上市公司而言，如果资产重组后第一年仍然无法扭亏，将陷入连续三年亏损的困境，即被 ST 后第一年出现亏损，倘若资产重组后第二年度再不扭亏，公司将被带上“特别警示标志”，因此，公司管理层会更加紧张，出于保壳的目的，他们会更加积极地采取措施扭亏，此时，资产重组给亏损上市公司带来的负面价值效应也同样会被抵消。由此，可以做出以下假设：

H6：在重组后第二年，首亏上市公司和连亏上市公司进行资产重组产生的价值驱动效应都明显有所下降。

H7：在重组后第二年，资产重组对连亏上市公司产生的财务价值驱动效应变化幅度与首亏上市公司并无明显差异。

8.3 研究设计

8.3.1 样本数据的选取

为验证上述的假设，同时考虑到要用到重组前一年、重组当年、重组后第一年以及重组后第二年的数据，本章这里选取从2003—2008 年处于亏损状态且在亏损当年实施了资产重组的上市公司为基础样本，实际使用的数据时间跨度为 2002—2010 年。又根据陈信元、张田余（2003）的研究，资产重组对公司价值的影响需要假以时日，市场对信息的消化需要一定的时间，这里适当拉长观察的窗口，试图分别比较各类样本公司在亏损当年的重组比率，在重组当年、重组后第一年、重组后第二年相对于重组前一年在重组意愿的强烈程度、重组方式的选择以及各种方式对亏损上市公司价值的驱动效应等方面的差异。考虑到财务报表和管制性质的特殊性，本章剔除了金融保险行业的上市公司；为确保数据的完整和准确性，本章也剔除了亏损逆转数据无法获得和数据异常的样本。部分缺失数据通过手工方式从中国上市公司资讯网上收集整理得以补充。经过上述处理之后，最终确定的样本量如表 8-1 所示。

表 8-1　研究样本的筛选过程

观测年度	2003	2004	2005	2006	2007	2008	合计
全部亏损上市公司年度观测值	197	223	303	223	147	327	1 420
剔除：							
金融保险类亏损上市公司	3	4	3	1	2	3	16
数据缺失的亏损上市公司	29	39	15	40	42	48	213
数据异常的亏损上市公司	22	25	15	25	29	30	146
最终选择的亏损公司年度样本量	143	155	270	157	74	246	1 045
发生重组的亏损公司样本量	63	63	112	65	27	85	415

注：由于考察的是各个年度样本在重组当年、重组后第一年、重组后第二年相对于重组前一年的财务价值变化情况，因此实际计算使用的数据涵盖了从 2002—2010 年共 9 个会计年度。

8.3.2　研究变量的设计

（1）资产重组行为特征的度量　为了反映亏损上市公司发生的资产重组行为特征，本研究设置了各类亏损上市公司在重组当年发生的重组比例、重组频率、重组方式以及重组幅度四项指标去综合度量。重组比例是以在亏损当年发生重组的样本公司数占亏损当年样本公司总数的比例来表示；重组频率是以亏损公司在资产重组当年发生重组的次数来表示；重组方式是以实施资产重组的具体交易类别来表示，这里包括资产出售与转让、资产置换、债务重组以及混合型重组四种方式。重组幅度是以资产重组涉及的交易金额占重组当年年末的资产总额的比例来表示，具体而言，不同方式下重组幅度度量：资产出售与转让以出售价格与重组当年末资产总额比值表示；资产置换以置出资产置换价格与重组当年末资产总额比值表示；债务重组以债务重组金额与重组当年末资产总额比值表示；混合型是以前三种情况比值之和表示。

（2）资产重组对象异质的度量 为了反映资产重组对象——亏损上市公司自身存在的异质性，本章将亏损样本按照亏损持续性分为首亏组和连亏组，用0表示连亏组，用1表示首亏组。

（3）亏损上市公司财务价值驱动效应的度量 目前的研究多以事件研究法和案例法为主，往往只选取少量样本数据进行分析，检验效能较低，而且事件研究法是通过计算重组消息宣布前后公司股票的累积超常收益来评价资产重组的绩效。事件研究方法基于两个假设：一是资本市场是有效的，公司的价值在股票价格变化中得到完全体现；二是在事件窗口中没有其他因素影响股票价格。赵息、周军（2008）认为，由于我国的资本市场还很年轻，市场投机行为较强，股票价格不能很好地反映股票的内在价值。为弥补以往研究的不足，本章收集了较多的样本数据，选取各个年度亏损样本公司在资产重组前一年、重组当年、重组后第一年以及重组后第二年的年度书中的9项指标值（具体包括反映公司盈利能力的指标：营业利润率、资产净利率、每股收益；反映公司营业能力的指标：总资产周转率；反映公司偿债能力的指标：股权权益比率、流动比率、速动比率；反映公司发展能力的指标：总资产增长率、营业收入增长率）为研究对象，采用因子分析法考察各类亏损上市公司在重组当年、重组后第一年、重组后第二年的因子综合得分，以因子综合得分的变化情况来度量资产重组行为对亏损上市公司产生的财务价值驱动效应，并就不同重组方式、重组频率以及重组幅度的资产重组行为对各类亏损上市公司产生的财务价值驱动效应进行了系统地比较和分析。

8.3.3 研究方法

为了全面地反映实施了资产重组总体样本公司的经营状况，本研究选取各样本公司的2003—2008年年终书中的9项指标值为研究对象，以主成分分析法计算出的因子综合得分来考察各类亏损上市公司在重组当年、重组后第一年、重组后第二年相对于重组前一年的财务价值变化情况，以此验证资产重组行为对各类亏损上市公司产生的财务价值驱动效应大小及其持续性。

（1）**因子分析的适当性检验** 在做因子分析时首先必须要对原有变量的相关性进行检验，本章采用KMO检验和巴特利特球检验，对4个观测期数据的检验结果见表8-2。

表8-2 KMO检验和巴特利特球检验结果

时期		重组前一年	重组当年	重组后第一年	重组后第二年
KMO值		0.604	0.620	0.592	0.567
巴特利特球检验	卡方值	2 445.118	1 933.769	1 601.784	1 206.507
	相伴概率	0.000	0.000	0.000	0.000

由表8-2可以看出，重组前一年、重组当年、重组后第一年、重组后第二年的KMO值分别为0.604、0.602、0.592和0.567，均高于0.5的通常标准；巴特利特球检验的相伴概率均为0.000，小于显著性水平0.10，检验结果表明各年度所用样本适合做因子分析。

（2）**提取因子** 这里采用主成分分析法提取因子，设定提取的因子数量为5，对4个观测期数据的分析结果见表8-3。

表8-3 因子方差贡献率

时期	重组前一年			重组当年		
因子	方差贡献	方差贡献率（%）	累积方差贡献率（%）	方差贡献	方差贡献率（%）	累积方差贡献率（%）
1	2.802	31.130	31.130	2.855	31.726	31.726
2	2.097	23.302	54.431	1.984	22.043	53.768
3	0.977	10.856	65.287	1.220	13.556	67.325
4	0.916	10.178	75.465	0.882	9.795	77.120
5	0.818	9.091	84.556	0.707	7.851	84.971

（续）

时期	重组后第一年			重组后第二年		
因子	方差贡献	方差贡献率（%）	累积方差贡献率（%）	方差贡献	方差贡献率（%）	累积方差贡献率（%）
1	2.769	30.763	30.763	2.371	26.345	26.345
2	1.764	19.600	50.364	1.800	19.998	46.343
3	1.172	13.023	63.387	1.397	15.522	61.865
4	1.012	11.248	74.635	1.011	11.232	73.097
5	0.885	9.836	84.471	0.847	9.415	82.512

在表 8－3 中，方差贡献率用来衡量各个因子对原始数据的解释能力，累计方差贡献率用来衡量 5 个因子对原始数据总的解释能力。观察累计方差贡献率可以看到，在重组前一年、重组当年、重组后第一年、重组后第二年，5 个因子对原始数据总的解释能力分别为 84.556％、84.971％、84.471％和 82.512％，都接近 85％的水平，这表明 5 个公共因子反映了原始数据的大部分信息，因子分析效果较理想。

（3）根据各样本的因子得分函数计算各样本在重组当年的各个因子得分 各样本的因子得分函数为：

$$FAC_{ij}=\sum \alpha_{imj}X_{im} \qquad i=1,\ 2,\ \cdots,\ n;$$

$$j=1,\ 2,\ \cdots,\ 5;\ m=1,\ 2,\ \cdots,\ 9$$

式中，FAC_{ij} 为第 i 个样本在第 j 个因子上的得分；α_{imj} 为第 i 个样本的第 m 个原始指标在第 j 个因子上的得分系数，其数值直接由因子得分系数矩阵得到；X_{im} 为第 i 个样本的第 m 个原始指标；n 表示各类样本量。

（4）根据各个因子的方差贡献率计算各样本在重组当年的综合因子得分 各样本的综合因子得分函数为：

$$FAC_i=\sum \beta_{ij}FAC_{ij} \qquad i=1,\ 2,\ \cdots,\ n;\ j=1,\ 2,\ \cdots,\ 5$$

式中，FAC_i 为第 i 个样本在重组当年的综合因子得分；β_{ij}

为第 i 个样本在第 j 个因子上的方差贡献率；FAC_{ij} 为第 i 个样本在第 j 个因子上的得分。

根据上述步骤利用 SPSS17.0 可计算得到各个样本在重组当年的综合因子得分，以此类推，也可分别计算各个样本在重组前一年、重组后第一年、重组后第二年的综合因子得分，然后以综合因子得分均值差额表示实施资产重组产生的财务价值驱动效应，再比较首亏和连亏样本组的重组价值驱动效应高低及其持续性。

8.4 实证分析

8.4.1 描述性统计分析

（1）各年度样本及全样本中连亏和首亏公司的重组比例比较 由表 8－4 的数据可知，从以上首亏样本和连亏样本在各个年度发生重组的比例来看，除了 2003 年和 2007 年之外，其余各年份连亏样本发生重组比例明显高于首亏样本组，而且 2003—2008 年全部样本中，连亏样本发生重组的比例也显然高于首亏样本组，这初步证明了在重组当年，连亏上市公司进行资产重组的意愿比首亏上市公司更强烈。同时，笔者推测 2003 年和 2007 年首

表 8－4 首亏组和连亏组在重组当年的重组比例比较

观测年度	2003	2004	2005	2006	2007	2008	合计
最终选择的亏损公司年度样本量	143	155	270	157	74	246	1045
亏损样本中重组总数	63	63	112	65	27	85	415
首亏样本数	61	61	88	30	18	83	341
首亏样本中重组数	29	18	35	9	8	20	119
首亏样本中重组比例	47.54%	29.51%	39.77%	30.00%	44.44%	24.10%	34.90%
连亏样本数	82	94	182	127	56	163	704
连亏样本中重组数	34	45	77	56	19	65	296
连亏样本中重组比例	41.46%	47.87%	42.31%	44.09%	33.93%	39.88%	42.05%

注：这里的连亏包括间断性地发生多次亏损和连续性地发生多次亏损两种情形。

亏样本发生重组比例异常高于连亏样本的原因可能与2003年刚开始实施的针对亏损上市公司的特别处理条例规定和2007年实施的新会计准则事件有关。为进一步证实首亏样本和连亏样本在重组比例上的差异性，笔者进一步绘制了观察各类亏损公司样本重组比例变化趋势图。从图8-1中可知，在整个观察期间，连亏样本组重组比例的变化趋势与首亏样本组重组比例变化趋势刚好相反，从而导致全样本重组比例在各个年份无明显变化。

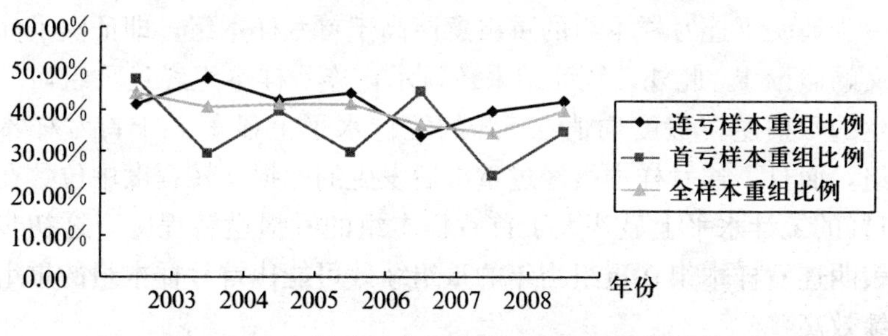

图8-1 各类亏损公司样本重组比例变化趋势

（2）在整个样本期间内，首亏样本组和连亏样本组的重组频率和重组幅度比较 从表8-5中的各样本组间重组频率和重组

表8-5 各样本组的重组频率和重组幅度均值和中位数

样本类别	首亏样本组（116）		连亏样本组（280）		两组样本比较	
重组变量	均值	中位数	均值	中位数	均值比较	中位数比较
重组频率（CZPL）	1.534 5	1	1.925 0	1	3.119**	2.855
重组幅度（CZFD）	0.071 1	0.033 2	0.120 4	0.062 0	3.710***	3.371**
亏损逆转程度（KSNZ）	0.058 4	0.048 6	0.186 4	0.098 2	2.952**	15.666***

注：①均值比较报告的是T检验的t统计量，中位数比较报告的是Mann-WhitneyU检验的Z统计量，***、**、*分别表示在1%、5%、10%的统计水平上显著。②本表及后续各表中的样本量是从重组比例样本量（415）中删去了重组幅度异常的19家公司年，最后保留了396家公司年。

幅度均值和中位数比较结果可知：连亏样本组的重组频率均值在5%的统计水平上显著大于首亏样本组的重组频率均值，但两类样本组重组频率中位数无差异；连亏样本组的重组幅度均值在1%的统计水平上显著大于首亏样本组的重组频率均值，而且连亏样本组的重组幅度中位数也在5%的统计水平上显著大于首亏样本组的重组频率中位数。这些说明连亏样本组的重组频率和幅度均明显高于首亏样本组，再结合前面的重组比例分析结果，进一步证明了连亏样本组的重组意愿高于首亏样本组，即证实了前文的假设1。此外，统计结果还显示，连亏样本组经过重组后发生的亏损逆转程度均值在5%的统计水平上显著大于首亏样本组，而且，连亏样本组经过重组后发生的亏损逆转程度中位数在1%的统计水平上显著大于首亏样本组的亏损逆转程度，这初步表明连亏样本组在重组当年的重组绩效可能比首亏样本组的重组绩效高些。

（3）在整个样本期间内，首亏样本组和连亏样本组的重组方式比较 从表8-6的结果看出，在整个样本期间内，首亏样本组的重组方式由高到低的顺序为资产出售与转让、资产置换、混合重组、债务重组；连亏样本组的重组方式由高到低的顺序为资产出售与转让、混合重组、债务重组以及资产置换。这与前文假

表8-6 首亏组和连亏组在重组当年的资产重组方式比较

重组方式	资产出售与转让	资产置换	债务重组	混合重组	合计
首亏样本组	79	18	8	11	116
所占比例	68.10%	15.52%	6.90%	9.48%	100%
连亏样本组	167	25	41	47	280
所占比例	59.64%	8.93%	14.64%	16.79%	100%
合计	246	43	49	58	396

注：这里根据锐思数据库对资产重组方式的分类方法，将其划分为资产出售与转让、资产置换、债务重组、混合重组四类。

设2不是完全相符，首亏组和连亏组在重组方式的选择上首先考虑的都是资产出售与转让，说明对于亏损上市公司而言，无论是首次亏损还是连续多次亏损，资产出售与转让都是它们扭亏为盈的首选途径。其原因可能是因为在中国现有的资本市场上，实施资产出售与转让所受的限制条件相对较少，对于亏损上市公司而言可以给它们带来节约交易成本的好处；其次，对于首亏组而言，选择资产置换的重组方式在债务重组方式之前，而对于连亏组而言，选择债务重组方式在资产置换之前，说明连亏组更倾向于选择那些重组效应较快的重组方式，而首亏组倾向于选择重组效应较慢的重组方式。

8.4.2 资产重组行为对亏损样本总体产生的价值驱动效应分析

表 8-7 整体样本统计量及其差异显著性检验结果

Paired Samples Test

配对数	各期样本综合得分差值	Paired Differences			t	df	Sig. (2-tailed)
		Mean	Std. Deviation	Std. Error Mean			
Pair 1	FAC0－FAC_1	0.000	0.541	0.027	0.000	395.000	1.000
Pair 2	FAC1－FAC_1	0.000	0.585	0.029	0.000	395.000	1.000
Pair 3	FAC2－FAC_1	0.003	0.565	0.028	0.089	395.000	0.929
Pair 4	FAC1－FAC0	0.000	0.463	0.023	0.000	395.000	1.000
Pair 5	FAC2－FAC1	0.003	0.487	0.024	0.104	395.000	0.918

表8-7中FAC_1、FAC0、FAC1、FAC2分别表示实施了资产重组的亏损上市公司在重组前一年、重组当年、重组后第一年以及重组后第二年的综合因子得分。从各期配对比较的结果来看，各期配对样本双尾t检验的显著性水平接

近或者为1，远远高于显著性水平5%，表明每两个年度综合得分差值的均值不存在显著差异，即重组前后全部样本的财务价值并没有显著改变，这说明在资产重组前后，资产重组行为从整体上并没有对亏损上市公司产生明显的财务价值驱动效应。

8.4.3 重组对象的亏损异质性对资产重组价值驱动效应的影响

为检验资产重组行为对各组样本是否存在显著的财务价值驱动效应以及他们之间是否存在显著差异，这里对基于亏损频率的分组统计量进行了单样本均值检验和独立样本均值检验，检验结果见表8-8。

在表8-8中，FAC0 _ 1表示实施了资产重组的亏损上市公司在重组当年的综合因子得分与重组前一年的综合因子得分之差，可反映资产重组行为在重组当年对亏损上市公司产生的价值驱动效应大小；FAC1 _ 1表示实施了资产重组的亏损上市公司在重组后第一年的综合因子得分与重组前一年的综合因子得分之差，可反映资产重组行为在重组后第一年对亏损上市公司产生的价值驱动效应大小；FAC2 _ 1表示实施了资产重组的亏损上市公司在重组后第二年的综合因子得分与重组前一年的综合因子得分之差，可反映资产重组行为在重组后第二年对亏损上市公司产生的价值驱动效应大小；FAC10表示实施了资产重组的亏损上市公司在重组后第一年的综合因子得分与重组当年的综合因子得分之差，可反映资产重组行为在重组当年对亏损上市公司产生的价值驱动效应在重组后第一年的持续性；FAC21表示实施了资产重组的亏损上市公司在重组后第二年的综合因子得分与重组后第一年的综合因子得分之差，可反映资产重组行为在重组后第一年对亏损上市公司产生的价值驱动效应在重组后第二年的持续性。

表 8-8 分组统计量及其差异显著性检验结果

综合得分差值	KSPL	N	Mean	One-Sample Test		Levene's Test for Equality of Variances		t-test for Equality of Means	
				t	Sig.	F	Sig.	t	Sig.
FAC0_1	0	280	0.002	0.069	0.945	1.454	0.229	0.135	0.893
	1	116	−0.006	−0.131	0.896			0.146	0.884
FAC1_1	0	280	0.053	1.412	0.159	2.993	0.084	2.818	0.005
	1	116	−0.128	−3.068	0.003			3.225	0.001
FAC2_1	0	280	0.086	2.483	0.014	0.363	0.547	4.700	0.000
	1	116	−0.199	−4.587	0.000			5.134	0.000
FAC10	0	280	0.051	1.787	0.075	1.366	0.243	3.420	0.001
	1	116	−0.122	−3.167	0.002			3.611	0.000
FAC21	0	280	0.033	1.098	0.273	0.494	0.482	1.960	0.051
	1	116	−0.072	−1.813	0.072			2.107	0.036

注：***、**、* 分别表示在 1%、5%、10%的统计水平上显著；在亏损频率（KSPL）变量中，1 表示首次亏损组（共 116 家），0 表示连续亏损组（共 280 家）。

通过分别对首亏组和连亏组做单样本检验（检验值为 0），从表 8 - 8 中 FAC0 _ 1、FAC1 _ 1、FAC2 _ 1 在各组中的显著性水平可知：资产重组行为在资产重组当年相对于重组前一年而言，无论是对连亏组还是对首亏组，都没有产生显著的财务价值驱动效应；资产重组行为在资产重组后第一年相对于重组前一年而言，对连亏组仍然没有显著的价值驱动效应，但对首亏组在 5%的统计水平上产生了明显的反向价值驱动效应，即降低了首亏组的财务价值；资产重组行为在重组后第二年相对于重组前一年而言，对首亏组在 5%的统计水平上产生了明显的反向价值驱动效应，对连亏组在 5%的统计水平上产生了明显的正向价值驱动效应，即降低了首亏组的财务价值、提升了连亏组的财务价值。这些结果表明，资产重组行为尽管对整个样本没有明显的价值驱动效应，但对按照亏损频率进行的分组样本会产生明显的价值驱动效应，但是，这种价值驱动效应只能是在重组后的年份才会体现出来，即具有滞后性，而且这种效应会降低首亏组样本的财务价值、提升连亏组样本的财务价值。其原因仍然可能是首亏组更多进行的是对亏损上市公司无实质性帮助的报表性重组行为，而连亏组迫于退市压力和政绩工程，更多地偏好于能够对亏损上市公司产生价值提升效应的实质性重组行为。

从表 8 - 8 中 FAC10 在各组中的显著性水平可知：在资产重组后第一年相对于重组当年而言，资产重组行为对连亏组产生的财务价值驱动效应在 10%的统计水平上明显上升，而资产重组行为对首亏组产生的财务价值驱动效应在 5%的统计水平上明显下降，这就无法证实前文的假设 4，其原因是连亏上市公司管理层更多倾向于实质性重组，其产生的价值驱动效应往往会滞后，而首亏上市公司管理层更多倾向于形式上重组，其产生的价值驱动效应往往是短暂性的，这样导致在重组后第一年，连亏组的重组价值驱动效应增强，而首亏组的重组价值驱动效应减弱。从表 6 - 8 中 FAC21 在各组中的显著性水平可知：在资产重组后第二年相对于重组后第一年而言，资产重组行为对连亏组产生的财务价值提升效应变化并不明显，而资产重组行为对首亏组产生的财务价值降低效应在的统计水平上明显下降，即无法证实前文的假设 6，这表明连亏组的资产重组价值提升效应具有持续性，而首亏组的资产重组价值降低效应具有明显的短暂性特征。

通过对首亏组和连亏组做独立样本检验，从表 8－8 中 FAC0 _ 1 的统计结果可知，Levene 检验显著性水平在 5%以上，说明两组样本方差是齐次的，对应的 T 检验显著性水平也在 5%以上，说明在资产重组的当年，相对于资产重组前一年而言，资产重组行为对首亏组和连亏组产生的财务价值驱动效应并无明显差异，表明前文假设 3 不成立。其原因可能是资产重组效应的滞后性所致，在重组当年，资产重组行为对各类亏损上市公司产生的财务价值驱动效应并不明显，导致它们之间的差异也不显著。

从表 8－8 中 FAC1 _ 1、FAC2 _ 1 的统计结果可知，Levene 检验显著性水平在 5%以上，说明两组样本方差是齐次的，对应的 T 检验显著性水平低于 5%，说明在资产重组后第一年和重组后第二年，相对于资产重组前一年而言，资产重组行为对首亏组和连亏组产生的财务价值驱动效应存在明显差异，而且从各组价值驱动效应综合得分均值来看，资产重组行为对连亏组产生的价值提升驱动效应明显高于对首亏组产生的价值降低驱动效应，这证实了前文的假设 5，即在重组后第一年，资产重组对连亏上市公司产生的财务价值驱动效应变化幅度比首亏上市公司更大。

从表 8－8 中 FAC10 的统计结果可知，Levene 检验显著性水平在 5%以上，说明两组样本方差是齐次的，对应的 T 检验显著性水平低于 5%，说明资产重组后第一年相对于资产重组当年，资产重组行为对连亏组产生的财务价值提升效应明显高于对首亏组产生的财务价值降低效应，这再次证实了前文的假设 5；从表 8－8 中 FAC21 的统计结果可知，Levene 检验显著性水平在 5%以上，说明两组样本方差是齐次的，对应的 T 检验显著性水平高于5%，说明资产重组后第二年相对于资产重组后第一年而言，资产重组行为对首亏样本组和连亏样本组产生的财务价值驱动效应并无显著性差异，这证实了前文的假设7，即在重组后第二年，资产重组对连亏上市公司产生的财务价值驱动效应变化幅度与首亏上市公司并无明显差异。这些结果表明：在评估资产重组绩效时应该考虑到重组样本在亏损频率上的差异性，而且再次证实了首亏组更多地倾向于形式上的资产重组，而连亏组则更多地倾向于实质性的资产重组，验证了前述研究结论的稳健性。

8.5 本章小结

本章从亏损异质的新视角，就不同类型的资产重组行为对不同亏损类型亏损上市公司的财务价值驱动效应进行了深入地比较和分析，研究发现，资产重组对亏损上市公司产生的财务价值驱动效应不仅受到资产重组方式、重组频率以及重组幅度等反映资产重组行为自身特征的因素影响，还会受到重组对象（即亏损上市公司）之间的亏损异质性的影响。即：不同类型的资产重组行为对同一类重组对象会产生不同的财务价值驱动效应，同一种资产重组行为对不同类型的重组对象也会产生不同的财务价值驱动效应。具体而言，在重组当年，连亏上市公司进行资产重组的意愿比首亏上市公司更强烈，即连亏上市公司的重组频率和重组比例均显著高于首亏上市公司，而且首亏组和连亏组在重组方式的选择上首先考虑的都是资产出售与转让。从资产重组行为整体对各类异质性样本对象产生的财务价值驱动效应影响来看，资产重组行为尽管对整个样本没有明显的价值驱动效应，但对按照亏损频率进行的分组样本会产生明显的价值驱动效应，但是，这种价值驱动效应只能是在重组后的年份才会体现出来，即具有滞后性，而且这种效应会降低首亏组样本的财务价值、提升连亏组样本的财务价值，在重组后第一年，资产重组对连亏上市公司产生的财务价值驱动效应变化幅度比首亏上市公司更大，而且首亏组可能更多地倾向于形式上的资产重组，连亏组则可能更多地倾向于实质性的资产重组。

本章的研究启示是：在评估资产重组绩效时不仅要考虑到重组方式、重组频率和重组幅度等反映重组行为自身的特征因素，还应该考虑到重组样本在亏损频率、亏损历史状况等方面的异质性。这为证监会加强对上市公司的监管提供了新视角，即要提高对上市公司实施资产重组的监管力度，不仅要从重组频率、重组方式以及重组幅度等方面关注资产重组行为本身的特征，还要关注资产重组对象的异质性。这要求上市公司在披露有关资产重组的信息时，要将重组对象公司以前发生亏损的历史状况、当期的亏损程度、亏损逆转的可能性等更为详细的信息向所有投资者说明和解释，以此来确保投资者能够对亏损上市公司的资产重组价值效应进行正确的识别和合理的评估。

9 研究结论与启示

9.1 研究结论

本书在对国内外相关研究进行梳理和国内制度背景分析的基础上，分别从财务行为目标、财务行为主体、财务行为客体、财务行为环境、财务行为方式和财务行为结果等方面对当前中国亏损上市公司的财务行为特征进行了较为深入地分析和探讨，以为合理评估亏损上市公司的财务价值奠定良好的理论基础。然后，分别研究了公司治理特征、债务融资行为以及资产重组行为对亏损上市公司财务价值的影响，实证结果表明：

9.1.1 公司治理特征对亏损上市公司财务价值的影响

在公司治理特征要素中，第一大股东持股比例、控制权市场对亏损上市公司财务价值存在明显的正面影响；国有股比例对亏损上市公司财务价值存在明显的负面影响，管理层持股、独立董事比例、董事会规模以及审计意见类型等公司治理要素并没有对亏损上市公司财务价值产生显著的影响。另外，在控制变量中，公司规模对亏损上市公司财务价值存在明显的负向驱动效应；而首次亏损与否、公司成长性对亏损上市公司财务价值不存在明显影响。

9.1.2 债务融资行为对亏损上市公司财务价值的驱动

债务融资期限结构对亏损上市公司的财务价值同时存在侵害和治理两种效应，并且随着流动负债比例的增加，亏损上市公司的财务价值表现出先升后降的趋势；从债务融资方式来看，银行借款的债务融资方式对亏损上市公司的财务价值也同时存在侵害效应和治理效应，但侵害效应更加明显，利用商业信用和临时性占用款进行债务融资的方式对亏损上市公司财务价值产生明显的反向驱动效应；债务融资规模对亏损上市公司的财务价值也同时存在侵害效应和治理效应，同样，随着负债比率的增加，亏损上市公司的财务价值也表现出先升后降的趋势。

9.1.3 盈余管理行为对亏损上市公司财务价值的驱动

绝大多数亏损上市公司在亏损当年会发生负向盈余管理行为，而且其盈余管理方向和幅度对亏损上市公司的财务价值均具有显著的正向驱动效应；操控营业成本、操控财务费用、操控资产减值损失以及操控公允价值变动损益等盈余管理途径对亏损上市公司的财务价值会产生显著的驱动效应。此外，分组样本检验发现，负向盈余管理幅度对亏损上市公司财务价值的驱动效应明显高于正向盈余管理幅度，当亏损上市公司在亏损当年扭亏有望时，管理层更倾向于操控营业成本、操控营业外收支项目、操控财务费用和操控投资收益等途径来实现其正向盈余管理的目的；而当亏损上市公司在亏损当年扭亏无望时，管理层更倾向于操控营业成本、操控财务费用和操控公允价值变动损益等途径来实现其负向盈余管理的目的。

9.1.4 资产重组行为对亏损上市公司财务价值的驱动

资产重组对亏损上市公司产生的财务价值驱动效应不仅受到资产重组方式、重组频率以及重组幅度等反映资产重组行为自身特征的因素影响，还会受到重组对象（即亏损上市公司）之间的亏损异质性的影响。即：不同类型的资产重组行为对同一类重组对象会产生不同的财务价值驱动效应，同一种资产重组行为对不同类型的重组对象也会产生不同的财务价值驱动效应。具体而言，在重组当年，连亏上市公司进行资产重组的意愿比首亏上市公司更强烈，即：连亏上市公司的重组频率和重组比例均显著高于首亏上市公司，而且首亏组和连亏组在重组方式的选择上首先考虑的都是资产出售与转让。从资产重组行为整体对各类异质性样本对象产生的财务价值驱动效应影响来看，资产重组行为尽管对整个样本没有明显的价值驱动效应，但对按照亏损频率进行的分组样本会产生明显的价值驱动效应，但是，这种价值驱动效应只能是在重组后的年份才会体现出来，即具有滞后性，而且这种效应会降低首亏组样本的财务价值、提升连亏组样本的财务价值，在重组后第一年，资产重组对连亏上市公司产生的财务价值驱动效应变化幅度比首亏上市公司更大，而且首亏组可能更多地倾向于形式上的资产重组，连亏组则可能更多地倾向于实质性的资产重组。

9.2 对我国资本市场的启示

随着我国股票市场的日趋成熟和国内国际竞争环境的日益激烈，资本市场中发生亏损的上市公司有增无减，借助于国外学者在亏损公司价值评估领域已经取得的研究成果对于丰富公司价值评估理论体系、完善我国亏损上市公司的退市制度和信息披露制度、指导投资者和政府部门对亏损上市公司进行合理地价值判断等具有重要的启示和借鉴意义。

9.2.1 提高公司治理效率

公司治理结构的优劣影响着公司管理的效率，而公司管理的效率又直接影响公司的财务状况，内部管理混乱、内部控制薄弱等都将削弱公司的财务能力，进而影响到公司的价值。对于已经处于亏损状态的上市公司而言，其薄弱的公司治理机制很有可能会阻碍亏损上市公司的扭亏行为和降低其扭亏能力，这将延缓上市公司发生亏损逆转的速度，降低亏损上市公司在亏损以后发生亏损逆转的程度，更为严重的情况是可能增强上市公司的亏损持续性，进一步恶化上市公司的财务危机，这无疑将加大上市公司的退市风险和破产风险，最终降低亏损上市公司的财务价值。总之，无论是哪种情况发生，薄弱的公司治理机制都将降低亏损上市公司的财务价值；反之，如果公司在亏损当期的内部治理结构和外部治理机制较为健全，则其在亏损时能够运用合理的公司治理结构化解当期的财务风险，增强公司自身的扭亏能力，从而提高公司的财务价值。对于中国的亏损上公司而言，应该从改善公司治理结构、提高公司治理效率等方面入手，尤其要注意发挥第一大股东的公司治理作用、进一步激活控制权市场以及减少国有股权的比例。

9.2.2 完善融资约束制度

从我国的现实情况来看，要正确发挥债务融资行为对亏损上市公司财务价值的正向驱动效应，应该控制好债务融资的期限结构、选择恰当的债务融资方式和合理的债务融资规模。具体而言，在确定债务融资的期限结构时，要注意流动负债与非流动负债的匹配关系，流动负债在债务融资中的比例过高和过低都不利于提升亏损上市公司的财务价值；在选择债务融资方式时，要尽可能发挥银行在公司治理结构中的正向治理作用，允许银行对公司适当持股，让银行直接介入公司治理结构，以制约“内部人控制”现象的发生。为避免商业信用和临时性占用款对亏损上市公司财务价值的负面影响，公司应该尽可能压缩商业信用和临时性占用款去融通长期资金的比例，将其尽量与短期资金的需要相匹配；在确定债务融资规模时，要将公司的资产负债率控制在合理的范围之内，以避免出现因负债过度给亏损上市公司带来财务危机甚至是破产的额外风险。

9.2.3 规范资产重组程序

在评估资产重组绩效时不仅要考虑到重组方式、重组频率和重组幅度等反映重组行为自身的特征因素，还应该考虑到重组样本在亏损频率、亏损历史状况等方面的异质性。这为证监会加强对上市公司的监管提供了新视角，即要提高对上市公司实施资产重组的监管力度，不仅要从重组频率、重组方式以及重组幅度等方面关注资产重组行为本身的特征，还要关注资产重组对象的异质性。这要求上市公司在披露有关资产重组的信息时，要将重组对象公司以前发生亏损的历史状况、当期的亏损程度、亏损逆转的可能性等更为详细的信息向所有投资者说明和解释，以此来确保投资者能够对亏损上市公司的资产重组价值效应进行正确的识别和合理的评估。

9.2.4 认识亏损公司的异质性

亏损异质性研究属于一个全新的财务研究领域，而且学者对亏损异质性的研究尚处于初期阶段，特别是对亏损异质性研究概念的内涵，还是各抒己见，存在偏颇，大多学者只看到了亏损异质性的一个或两个方面。对亏损异质性概念认识的不一致，必将导致学者对此的研究丧失一个横向可比的平台，因此，要实现对亏损异质性的理论研究和实践应用的提升，应该建立在对亏损异质性概念的内涵明确的基础之上。因此，这里明确提出亏损异质性研究的概念：亏损异质性研究是深入分析和探讨由于规模、行业属性、亏损历史、亏损逆转概率等方面的不同而引起的各类亏损公司在亏损信息含量、亏损持续性、投资者信息不对称程度、分析师预测、管理层报酬及亏损公司价值等方面的差异。当然，这一概念的内涵尚需后续的研究者随着亏损类型的多样化和亏损公司所处环境的复杂化而不断地丰富和拓展，以适应新环境变化和实践应用的需要。

9.2.5 识别盈余管理方向和幅度

对于投资者而言，随着我国上市公司发生亏损的频率日益增多，亏损上市公司管理层普遍存在盈余管理行为，投资者在评估亏损上市公司财务价值时，首先，要注意识别管理层发生盈余管理的方向和幅度，在合法合规的前提下，尽量选择那些发生了正向盈余管理、盈余管理幅度较大而且有利于提升公司财务价值的亏损上市公司进行投资。其次，要注意盈余管理方向和盈余管理途径的匹配关系。当管理层实施了正向盈余管理时，投资者应该更多地关注营业成本、营业外收支项目、财务费用和投资收益等项目的变化情况及其对亏损上市公司财务价值的影响；当管理层实施了负向盈余管理时，投资者应该更多地关注营业成本、财务费用和公允价值变动损益等项目的变化情况及其对亏损上市公司财务价值的影响。对于监管部门而言，为了有效提高会计信息的质量，监管部门在审核和监督亏损上市公司的财务信息时，应该视亏损上市公司发生的盈余管理方向和幅度区别对待。具体而言，在判断管理层的盈余管理行为是否违法违规时，可以根据其盈余管理的幅度大小而定，如设置一个较为合理的盈余管理域值，对于那些超过此域值的盈余管理行为重点审查和监督，以此提高证券监督的效力。此外，从盈余管理具体途径上看，监管部门应该更多地审核营业成本、营业外收支项目、财务费用和资产减值损失等项目的变化情况。

9.2.6 重视投资者预期因素

以前的公司价值评估往往局限于利用每股盈余、每股净资产、每股经营现金流量等传统财务指标的分析，而忽视了对上市公司清算价值、重组、重大关联方交易、股权分置、债务展期或和解等非财务信息的分析，这有可能使投资者丧失良好的投资机会。特别是对亏损上市公司的价值判断，投资者应该转变传统的仅仅看其现有业务未来现金流量的现值总和的投资理念，更加关注其各种未来投资机会的现值总和。这些未来投资机会实质上就是公司持有的实物期权，这些期权会增加亏损公司的价值，从而抬高亏损上市公司的股价。在中国独特的制度背景下，亏损上市公司往往存在着许多特殊交易的安排，正是这些安排改变了投资者的预期，赋予了亏损上市公司新的价值“卖点”，从而影响了亏损公司的股票价格。因此，在给亏损上市公司的股票进行定价时，不应单一地考虑某一个或几个方面的因素，而应该站在投资者的角度，综合考虑各种预期因素去探讨它们对各类异质性亏损上市公司的价值驱动路径，从而对亏损上市公司的价值做出合理的评估。

9.3 研究的局限性

（1）由于时间和精力所限，本书只选择了公司治理特征、债务融资行为、资产重组行为对亏损上市公司财务价值的影响进行了研究，没有全面考虑其他如关联交易、高管变更等可能对亏损上市公司财务价值产生影响的因素。

（2）尽管本书就债务融资和资产重组两种财务行为驱动亏损上市公司财务价值的内在机理进行了较为深入的研究，但没有考虑到各种财务行为之间可能存在的相互影响，这可能会遗漏一些更为具体而有意义的价值驱动规律。

（3）由于数据收集的限制，本书只使用了从 2002—2010 年的数据进行资产重组效应分析，如果能够加入 2011 年的财务数据，可能会使得实证检验的结果更加符合当前的实际情况。

（4）在选择控制变量时，没有将对亏损逆转程度可能存在影响的经济周期、地区差异等变量纳入控制范围，对此，薛爽

(2010) 的研究认为公司所处的经济环境（包括宏观经济周期、行业景气度、国家的货币政策和财政政策等）与亏损定价之间存在一定的关联性。

克服上述研究中存在的局限性可能会使本书的研究结论更有参考价值，对于完善我国公司治理制度、资本市场制度可能会更具指导意义。这些不足之处也是笔者今后将进一步研究的方向和内容。

参 考 文 献

陈晓，陈小悦，刘钊．1999. A股盈余书的有用性研究［J］. 经济研究（6）：21－28.

陈信元，张田余．1999. 资产重组的市场反应——1997年沪市资产重组实证分析［J］. 经济研究（9）：47－55.

陈信元，张田余．2007. 资产重组的市场反应［J］. 经济研究（9）：47－55.

迟海燕，马晔华．2000. 各种资产重组方式的比较分析［J］. 预测（2）：2－29.

戴娜．2001. ST公司的资产重组和益余管理［J］. 证券市场导报（1）：12－16.

冯根福，吴林江．2001. 我国上市公司并购绩效的实证研究［J］. 经济研究（1）：54－61.

冯益湘．2001. 上市公司资产重组绩效的实证分析［J］. 湖南商学院学报（3）：60－62.

傅蕴英，陈子奇．2002. 上市公司资产重组的动因及绩效［J］. 重庆大学学报（11）：142－145.

李常青，张兆伟．2003. 扣除非经常性损益后会计盈余指标的有用性［J］. 厦门大学学报（哲学社会科学版）（2）：114－121.

李善民，陈玉罡．2002. 上市公司兼并与收购的财富效应［J］. 经济研究（11）：27－35.

李双飞，陈收．2007. 上市公司债务融资与公司价值的实证研究［J］. 证券市场导报（8）：73－77.

陆玉梅．2003. 上市公司资产重组的绩效分析［J］. 辽宁工程技术大学学报（社会科学版）（3）：29－31.

茅宁，王宁．2006. 有限理性个体投资者行为机理的实证研究［J］. 财经理论与实践（1）：80－82.

孟焰，袁淳．2004. 亏损上市公司会计盈余价值相关性实证研究［J］. 会计研究（9）：42－46.

宋增基，宁家耀，张宗益 .2008. 董事会行为、公司治理与绩效：来自中国的经验证据 [J]. 软科学（6）：42 - 46.

汪辉 .2003. 上市公司债务融资、公司治理与市场价值 [J]. 经济研究（8）：28 - 35.

王震，刘力，陈超 .2002. 上市公司被特别处理（ST）公告的信息含量与影响因素 [J]. 金融研究（9）：61 - 72.

温忠麟，张雷，侯杰泰 .2005. 调节效应与中介效应的比较和应用 [J]. 心理学报，37(2)：268 - 274.

吴世农，李常青，等 .2001. 我国上市公司现金流量的市场反应和信息含量分析 [J]. 首都经济贸易大学学报（3）：5 - 9.

夏新平，肖佃华，汪宜霞 .2002. 上市公司负债规模与经营业绩的相关性实证分析 [J]. 华中科技大学学报（人文社会科学版）（4）：64 - 66.

肖虹，曲晓辉，肖静怡 .2009. 公司资产置换财务绩效特点变化及其计量属性规范实施效果 [J]. 会计研究（5）：38 - 47.

谢军 .2006. 股利政策、第一大股东和公司成长性：自由现金流量理论还是掏空理论 [J]. 会计研究（4）：51 - 57.

薛爽 .2002. 亏损公司的股票价格是如何确定的？[J]. 中国会计与财务研究（4）：100 - 115.

薛爽 .2008. 经济周期、行业景气度与亏损公司定价 [J]. 管理世界（7）：145 - 150.

杨雄胜 .2009. 高级财务管理 [M]. 大连：东北财经大学出版社：42 - 89.

于东智 .2003. 董事会、公司治理与绩效——对中国上市公司的经验分析 [J]. 中国社会科学（3）：29 - 41.

余光，杨荣 .2006. 企业购并股价效应的理论分析和实证分析 [J]. 当代财经（7）：17 - 22.

余力，刘英 .2004. 中国上市公司并购绩效的实证分析 [J]. 当代经济科学（4）：68 - 74.

袁淳 .2005. 会计盈余质量与价值相关性：来自深市的经验证据 [J]. 经济理论与经济管理（8）：36 - 39.

张文璋，顾慧慧 .2002. 我国上市公司并购绩效的实证研究 [J]. 证券市场导报（9）：45 - 51.

张新 .2003. 并购重组是否创造价值？——中国证券市场的理论与实证研究

[J]. 经济研究（6）：1－10.

赵宇龙 . 1998. 会计盈余信息披露的信息含量——来自上海股市的经验证据[J]. 经济研究（9）：26－34.

邹辉文，刘融斌，陈德棉 . 2003. 资本市场中代表风险资产的选择问题［J]. 同济大学学报（自然科学版）（8）：995－1000.

邹辉文，汤兵勇 . 2004. 风险资产市场组合的替代品问题的理论探讨［J]. 中国管理科学（5）：17－22.

Allena F，Qianb J，Qianb M. 2005. Finance and Economic Growth in China [J] . Journal of Financial Economics(77)：57－116.

Amihud，Y.，Lev，B. 1981. Risk Reduction as a Managerial Motive for Conglomerate Mergers[J]. Bell Journal of Economics(12)：605－617.

Ang，J.，Cole，R.，Lin，J. 1999. Agency costs and ownership structure [J]. Journal of Finance(55)：81－106.

Ashiq Ali，Paul Zarowin. 1992. The Role of Earnings Levels in Annual Earnings－Returns Studies[J]. Journal of Accounting Research(30)：286－295.

Asquith，P. 1983. Merger Bids，Uncertainty，and Stockholder Returns [J]. Journal of Financial Economics，11(1)：51－81.

Ball，R.，P. Brown. 1968. An Empirical Examination of Accounting Income Numbers[J]. Journal of Accounting Research(6)：159－178.

Basu，S. 1997. The conservatism principle and the asymmetric timeliness of earnings[J]. Journal of Accounting and Economics（24)：3－37.

Baysinger，B.，Butler，H. 1985. Corporate Governance and the Board of Directors：Performance Effects of Changes in Board Composition[J]. Journal of Law，Economics and Organizations(1)：101－124.

Beaver，Dukes. 1972. Interperiod tax allocation，earnings expectation，and the behavior of security prices[J]. The Accounting Review，(3)：320－333.

Beaver，Lambert，D. Morse. 1980. The information content of security prices [J] . Journal of Accounting and Econmics（2)：3－28.

Bruner R F. 2002. Does M &A pay? a survey of evidence for the decision maker[J]. Journal of Applied Finance，12(1)：48－68.

Burgstahler，D.，I. 1997. Dichev，Earnings，adaptation and equity value [J]. Accounting Review(72)：187－215.

Cheng, S. 2008. Board Size and the Variability of Corporate Performance. Journal of Financial Economics, 87 (1): 157-176.

Coles, J. L., Daniel, N. D., Naveen, L. 2008. Boards: Does one size fit all? [J]. Journal of Financial Economics(87): 329-356.

Collins, D. W., M. Pincus, H. Xie. 1999. Equity valuation and negative earnings: The role of book value of equity[J]. The Accounting Review (74): 29-62.

Collin. W., S. P. Kothari. 1989. An analysis of inter temporal and cross—sectional determinants of earnings response coefficients[J]. Journal of Accounting and Economics(11): 143-181.

Crutchley E. Claire et al. 2002. An Examination of Board Stability and the Long term Performance of Initial Public Offerings[J]. Financial Management(8): 63-90.

Dahya, J., Dimitrov, O., McConnell, J. 2008. Dominant shareholders, corporate boards, and corporate value: A cross-country analysis [J]. Journal of Financial Economics(87): 73-100.

Dechow, P., Skinner, D. 2000. Earnings Management: Reconciling the Views of Accounting Academics, Practitioners, and Regulators[J]. Accounting Horizon(14): 235-250.

D. Givoly, Carla Hayn, and R. Lehavy. 2000. The Quality of Analysts' Forecasts of Cash Flows[J]. Journal of Accounting and Economics(29): 287-320.

Easton, P., Zmijewski, M. 1989. Cross-sectional variation in the stock market response to accounting earnings announcements[J]. Journal of Accounting and Economics(11): 117-141.

Fama, E., Jensen, M. C. 1983. Separation of Ownership and Control[J]. Journal of Law and Economics(26): 301-325.

Fama, E. 1980. Agency Problems and Theory of the firm[J] . Journal of Political Economy(88): 288-307.

Fama, E. F., M. C. Jensen. 1983. Separation of Ownership and Control[J]. Journal of Law and Economics, 26(2): 301-325.

Fama, E. F. 1980. Agency Problems and the Theory of the Firm[J]. Journal of Political Economy, 88(2): 288-307.

Guney, Yilmaz, Aydin Ozkan, Neslihan Ozkan. 2007. International evidence on the on - linear impactof leverage on corporate cash holdings[J]. Journal of Multinational Financial Management, 17(1): 45 - 60.

Hand, J. R. 2003. The value relevance of financial statements within and across private and public equity markets[D]. Kenan - Flagler Business School in University of North Carolina at Chapel Hill, Working Paper.

Harford, J., Mansi, S. A., Maxwell W. F. 2008. Corporate governance and firm cash holdings in the US[J]. Journal of Financial Economics(87): 535 - 555.

Harold Mulherin J, Boone A L. 2000. Comparing acquisitions and divestitures[J]. Journal of Corporate Finance, 6(2): 117 - 139.

Harry, Linda, Douglas. 1992. Dividends and Losses[J]. Journal of Finance, 47(5): 1837 - 1863.

Hart, O., Moore, J. 1995. Debt and Seniority: An Analysis of Hard Claims in Constraining Management[J]. American Economic Review, (85): 567 - 587.

Hayn. C. 1995. The Information Content of Losses[J]. Journal of Accounting and Economics(20): 125 - 153.

Jenkins, David S. 2003. The Transitory Nature of Negative Earnings and the Implications for Earnings Prediction and Stock Valuation[J]. Review of Quantitative Finance & Accounting, 21(4): 379 - 404.

Jensen, M. C., J. B. Warner. 1988. The Distribution of Power among Corporate Managers, Shareholder, and Directors[J]. Journal of Financial Economics, 20(1/2): 3 - 24.

Jensen, M. C., Meckling, W. H. 1976. Theory of the Firm: Managerial Behavior, Agency Costs and Ownership Structure[J]. Journal of Financial Economics, 3(4): 305 - 360.

Jensen, M. C., R. S. Ruback. 1983. The Market for Corporate Control: The Scientific Evidence[J]. Journal of Financial Economics, 11(1): 5 - 50.

Jensen, M. C. 1983. Takeover: Their Causes and Consequences[J]. Journal of Economic Perspective, 2(1): 21 - 48.

Jensen, M. C. 1984. Takeover: Folklore and Science[J]. Harvard Business Review(11): 109 - 121.

Jensen, M. C. 1993. The Modern Industrial Revolution, Exit, and the Failure of Internal Control Systems[J]. Journal of Finance, 48(3): 831 - 880.

Jensen, M. C. Meckling, W. H. 1976. Theory of the Firm: Managerial Behavior, Agency Costs and Ownership Structure[J]. Journal of Financial Economics, 3(4): 305 - 360.

Johnson, Simon, Rafael La Porta, Florencio Lopez - De - Silanes, Andrei Shleifer. 2000. Tunneling[J]. American Economic Review, 90(2): 22 - 27.

J. E. Core, C. M. Schrand. 1999. The effect of accounting - based debt covenants on equity valuation[J]. Journal of Accounting and Economics, February(27): 1 - 34.

Kogan, N. , Wallach, M. 1966. Modification of Judgmental Style through Group Interaction[J]. Journal of Personality and Social Psychology, (4): 165 - 174.

Kormendi, R. , R. C. Lipe. 1987. Earnings innovation, earnings persistence, and stock returns[J] . Journal of Business(60): 323 - 345.

La Porta, R. , Lopez, de. , Silanes, F. , Shleifer, A. , Vishny, R. 1999. Corporate Ownership Around the World [J]. Journal of Finance, 54(2): 471 - 517.

Linck, J. S. , Netter, J. M. , Yang, T. 2008. The determinants of board structure[J]. Journal of Financial Economics(87): 308 - 328.

Lipe, R. 1986. The information contained in the components of earnings[J] . Journal of Accounting Research(24): 37 - 68.

Lipton, M. , Lorsch, J. 1992. A Modest Proposal for Improved Corporate Governance[J]. Business Lawyer (48): 59 - 77.

Martikainen, M. 1997. Accounting losses and earnings response coefficients: the impact of leverage and growth opportunities[J]. Journal of Business Finance and Accounting, 24(2): 277 - 291.

Martikainen, M. 1998. The information content of losses around earnings announcements in the Finnish stock market[J]. Applied Economics Letters (5): 343 - 346.

Martikainen, Teppo, Kallunki, Juha - Pekka, Perttunen. 1997. Finnish earnings response coefficients: the information content of losses[J]. European Accounting Review, 6(1): 69 - 81.

Masako Darrough Jianming Ye. 2007. Valuation of Loss Firms in a Knowledge - Based Economy[J]. Review of Accounting Studies, 12(1): 61 - 93.

McKnight, P. J., Weir, C. 2009. Agency costs, corporate governance mechanisms and owership structure in large UK. publicly quoted companies: A panel data analysis [J]. Quarterly Review of Economics & Finance, 49(2): 139 - 158.

Pawlina, Grzegorz, Renneboog, Luc. 2005. Is Investment - Cash Flow Sensitivity Caused by Agency Costs or Asymmetric Information? [J] European Financial Management, 11(4): 483 - 513.

Peter Joos, George A. Plesko. 2005. Valuing Loss Firms[J]. The Accounting Review(80): 847 - 870.

Pettway R H, Yamada T. 1986. Mergers in Japan and their impacts upon stockholders' wealth[J]. Financial Management(4): 43 - 52.

Rajan, R., Winton, A. 1995. Covenants and Collateral as Incentives to Monitor[J]. Journal of Finance(50): 1113 - 1146.

Rayburn, J. 1986. The association of operating cash flow and accruals with security returns[J]. Journal of Accounting Research Supplement(24): 112 - 133.

Rayburn. 1987. Firm size and the information content of prices with respect to earnings[J]. Journal of Accounting and Economics(9): 111 - 138.

Rosenstein, S., Wyatt, J. G. 1990. Outside directors, board independence, and shareholder wealth[J]. Journal of Financial Economics(26): 411 - 422.

Samantha Sin, Edward Watts. 2000, The Information Content of Losses: Shareholder Liquidation Option and Earnings Reversals [J]. Australian Journal of Management, 25(3): 327 - 338.

Satin, D. 1992. Accounting information and the valuation of loss firms[D]. University of California, Berkeley.

Shleifer, A., R. Vishny. 1986. Large Shareholders and Corporate Control [J]. Journal of Political Economy(94): 461 - 488.

Singh, Davidson. 2003. Agency costs, ownership structure and corporate governance medianisms[J]. Journal of banking &finance, 27(5): 793 - 806.

Zhang, G. 2000. Accounting Information, Capital Investment Decisions, and Equity Valuation: Theory and Empirical Implications[J]. Journal of Accounting Research Autumn(27): 1 - 295.

后　记

在本书完成之际，心情感慨万分。首先要感谢我的博士后合作导师刘星教授、博士生导师干胜道教授，在整个博士和博士后工作漫长的研究过程中，两位导师始终以耐心严谨的治学态度要求我，从研究的视角、思路、定位到论述问题的方式、关键概念的内涵和解释力等，两位导师都一一指点迷津。每一次的请教都大大加深了我对问题的理解，明确了努力的方向。导师严谨的治学态度、对现实及学术问题敏锐的直觉和深邃的洞察力，使我受益匪浅，也是我未来努力追求的境界。两位导师在公司财务领域和实证会计领域的丰硕成果和对科学研究的崇高追求时时激励着我，使我顽强地前进在财务管理的科研之路上，就此表示诚挚的谢意！

其次，我要感谢中国博士后科学基金的资金资助，正是由于科学基金的资助才使得我能够顺利的开展实地调研、数据收集与分析，在此表示衷心地感谢。感谢我所在的工作单位西南大学校领导以及西南大学经济管理学院各位领导和同事对我的关心和帮助，他们为我的科研工作提供了坚实的基础。

此外，我还要特别感谢我的家人。我的父母、岳父母，他们时常惦记我的身体和学业，在此向他们的关心深表感谢，同时祝他们健康长寿！我的爱人陈建英对我的关心、爱护和支持是我完成博士后科研工作最有力的后盾，我的儿子杜泽铭时常让我笑脸常开，使我劳逸结合。

谢谢所有关心和关爱我的老师、同学、友人和家人！

杜　勇

2012年3月于重庆